高等职业教育汽车检测与维修技术专业新形态教材

汽车检测设备运用与数据分析

主　编　陈兆俊
副主编　张洪雨　朱德桥　张　亮

北京理工大学出版社
BEIJING INSTITUTE OF TECHNOLOGY PRESS

内 容 提 要

本书以常见典型的汽车专业检测设备运用为主线，突出介绍对汽车专业检测设备的运用及其所测数据的分析方法，完成对汽车的整体性能检测，共分9个项目，19个工作任务。从汽车检测维修实践中最常用的汽车专用诊断仪器使用开始，到汽车专业的示波器运用，介绍汽车动力系统及汽车电气系统的检测分析方法；通过常用的尾气分析仪使用，说明汽车尾气排放方面常见问题及解决措施。汽车动力性能检测虽然在维修实践中运用不多，但在车辆的性能检测中常与尾气排放控制密切相关。书中对汽车检测线配置的底盘测功机使用及汽车动力性能的检测方法做了比较详细的介绍。汽车底盘性能的检测分为制动性能、侧滑定位及减振悬架3个项目，分别通过侧滑试验台、制动试验台及悬架振动试验台的检测使用操作进行逐一详细介绍。通过常用的灯光检测仪对车辆灯光检测操作介绍，说明车辆对灯光的技术要求及灯光检测仪的使用方法。最后还介绍了对汽车噪声的检测及评价方法。

本书可作为高等院校汽车类相关专业教材，也可作为汽车检测技术培训参考教材、汽车维修企业技术人员自学参考用书。

版权专有　侵权必究

图书在版编目（CIP）数据

汽车检测设备运用与数据分析 / 陈兆俊主编. --北京：北京理工大学出版社，2021.8（2021.11重印）
 ISBN 978-7-5763-0139-7

Ⅰ.①汽…　Ⅱ.①陈…　Ⅲ.①汽车－检测－车辆维修设备－教材　Ⅳ.①U472.9

中国版本图书馆CIP数据核字（2021）第164311号

出版发行 /	北京理工大学出版社有限责任公司
社　　址 /	北京市海淀区中关村南大街5号
邮　　编 /	100081
电　　话 /	（010）68914775（总编室）
	（010）82562903（教材售后服务热线）
	（010）68944723（其他图书服务热线）
网　　址 /	http://www.bitpress.com.cn
经　　销 /	全国各地新华书店
印　　刷 /	河北鑫彩博图印刷有限公司
开　　本 /	787毫米×1092毫米　1/16
印　　张 /	16
字　　数 /	380千字
版　　次 /	2021年8月第1版　2021年11月第2次印刷
定　　价 /	48.00元

责任编辑 / 阎少华
文案编辑 / 阎少华
责任校对 / 周瑞红
责任印制 / 边心超

图书出现印装质量问题，请拨打售后服务热线，本社负责调换

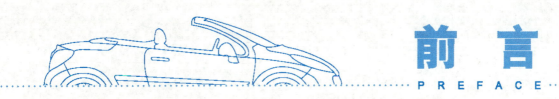

前 言
PREFACE

随着人们对环保、舒适、动力及安全等要求不断提高，汽车新技术不断涌现，尤其是计算机和电子控制技术在汽车上得到普及应用，使现代汽车维修技术也随之发生了变革，汽车检测与维修作业中对汽车专业检测设备运用及其数据分析的能力要求也越来越高。

本书结合汽车实际检测与维修工作任务，选择典型的汽车专用检测设备，以实际的操作项目为载体，介绍汽车专业检测设备的运用方法及检测数据的分析方法。本书旨在培养实践操作能力，从实践环节出发，图文并茂，内容全面、具体，实用性强。

本书可作为高等院校汽车类相关专业的教学用书，也可供从事汽车、工程机械相关行业的技术人员阅读，还可供相关单位职工培训使用。希望能够满足高等院校汽车相关专业的教学需要，同时也希望为从事汽车检测与维修的人员能够熟练运用汽车专业检测设备提供帮助。

本书由大连职业技术学院陈兆俊担任主编，由张洪雨、朱德桥、张亮担任副主编，本书编写过程中得到了北京喜沃思咨询有限公司、大连耐跑汽车服务有限公司、大连鑫太乙汽车服务有限公司等汽车技术及检测维修企业的大力支持，在此对他们为本书编写工作所付出的努力深表感谢。

本书编写具体分工如下：陈兆俊负责编写项目一、项目二、项目三、项目四，张洪雨负责编写项目五、项目六，张亮负责编写项目七及项目八，朱德桥负责编写项目九。

由于编者水平以及掌握资料的限制，书中难免会有错漏及不妥之处，恳请同行专家及读者批评指正。

编 者

目录 CONTENTS

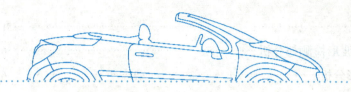

项目一　汽车数据流检测与数据分析 ··· 1

　工作任务一　汽车专用检测仪器使用 ·· 2
　　一、电脑通信式检测 ··· 2
　　二、电路的在线测量方式 ··· 5
　　三、元器件模拟方式 ··· 6

　工作任务二　汽车 OBD 检测与分析 ··· 10
　　一、OBD 的发展历程 ·· 11
　　二、OBD-Ⅱ 的工作原理与特点 ··· 12
　　三、OBD 与 OBD-Ⅱ 故障代码 ··· 18

　工作任务三　汽车数据流检测与分析 ·· 24
　　一、数据流概述 ··· 24
　　二、数据流参数分类 ··· 25
　　三、数据流分析方法 ··· 25
　　四、发动机数据流分析 ·· 28
　　五、进气相关数据流分析 ··· 30
　　六、燃油控制相关数据流分析 ·· 31
　　七、供电与点火相关数据流分析 ··· 34
　　八、排放控制相关数据流分析 ·· 35
　　九、变速器数据流分析 ·· 37
　　十、空调数据流分析 ··· 39

项目二　汽车波形检测与分析 ·· 43

　工作任务一　汽车示波器使用 ·· 44
　　一、汽车电子信号 ··· 44
　　二、汽车基本波形分析 ·· 48

三、汽车示波器 ... 51

工作任务二　汽车典型传感器波形检测与分析 ... 56
　　一、空气流量计（MAF）波形分析 ... 56
　　二、进气压力传感器 ... 61
　　三、氧传感器 ... 63
　　四、温度传感器 ... 66
　　五、节气门位置传感器 ... 68
　　六、爆震传感器 ... 70
　　七、转速传感器 ... 71

工作任务三　汽车典型执行器波形检测与分析 ... 77
　　一、喷油器波形检测与分析 ... 78
　　二、点火波形检测与分析 ... 84

工作任务四　汽车 CAN 信号波形检测与分析 ... 92
　　一、汽车 CAN 网络基础 ... 93
　　二、CAN 波形检测与分析 ... 96

项目三　汽车功率检测与数据分析 ... 101

工作任务一　汽车动力评定 ... 102
　　一、汽车动力性评价指标 ... 102
　　二、汽车行驶的条件 ... 103
　　三、影响汽车动力性的主要因素 ... 106

工作任务二　汽车功率检测与分析 ... 108
　　一、发动机功率检测方法 ... 108
　　二、汽车底盘测功机 ... 110
　　三、汽车驱动轮输出功率的检测 ... 115
　　四、检测结果分析 ... 117

项目四　汽车尾气排放检测与数据分析 ... 123

工作任务一　汽车污染物排放与控制 ... 124
　　一、汽车污染排放物的主要成分及危害 ... 124
　　二、废气的生成机理 ... 125
　　三、影响排放污染物的主要因素 ... 129

四、控制汽车排放污染物的技术措施 131
　　五、汽车污染物排放量表示方法 134
　工作任务二　汽油车尾气排放检测与分析 136
　　一、汽油发动机尾气成分分析方法 137
　　二、汽油车尾气检测方法 139
　　三、检测结果判定与分析 146
　工作任务三　柴油机尾气排放检测与分析 149
　　一、柴油机排气成分分析方法 149
　　二、柴油机烟度检测 151
　　三、柴油机烟度分析 156

项目五　汽车制动性能判定、检测与分析 161
　工作任务一　汽车制动性能评定 162
　　一、汽车制动性能及评价 162
　　二、制动装置 167
　　三、制动检测标准 169
　工作任务二　汽车制动性能检测与分析 172
　　一、制动性能检测设备 173
　　二、制动性能检测方法 177
　　三、制动性能分析 179

项目六　汽车侧滑检测与分析 183
　工作任务一　汽车车轮定位 184
　　一、车轮定位基础 184
　　二、前轮定位 185
　　三、后轮定位 188
　　四、四轮定位的检测与调整 190
　工作任务二　汽车侧滑检测与分析 195
　　一、车轮侧滑 195
　　二、滑板式侧滑检测台 197
　　三、侧滑检测步骤 199
　　四、检测数据分析 200

项目七　汽车悬架性能检测与分析 ... 203
  一、影响汽车平顺性的主要因素 ... 204
  二、悬架性能评价 ... 207
  三、悬架性能检测 ... 208
  四、悬架性能的检测与分析 ... 212

项目八　汽车前照灯检测与数据分析 ... 217
  一、汽车前照灯 ... 218
  二、前照灯的检验指标 ... 219
  三、汽车前照灯的配光特性 ... 220
  四、前照灯检测仪的检测原理 ... 222
  五、前照灯检测仪的类型 ... 223
  六、汽车前照灯的检测与分析 ... 226

项目九　汽车噪声检测与数据分析 ... 231
  一、噪声的主要物理参数 ... 232
  二、噪声的评价指标 ... 233
  三、声级计 ... 234
  四、噪声检测方法 ... 235
  五、汽车噪声的类型及影响因素 ... 239

参考文献 ... 248

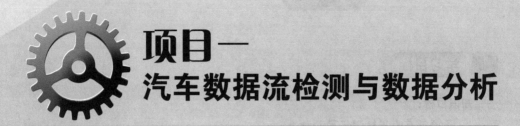
项目一
汽车数据流检测与数据分析

工作任务一　汽车专用检测仪器使用
工作任务二　汽车 OBD 检测与分析
工作任务三　汽车数据流检测与分析

工作任务一　汽车专用检测仪器使用

学习目标

知识目标：
1. 了解汽车专用检测仪器的种类；
2. 熟悉汽车专用检测仪器的功能；
3. 掌握汽车专用检测仪器的使用方法。

技能目标：
能够选择、使用汽车专用检测仪器。

素养目标：
1. 能够遵守安全操作规范，具有安全意识；
2. 能够运用各种途径自主学习，崇尚工匠精神。

任务引入

由于现代汽车电子技术的发展和广泛应用，现代汽车检测与维修技术也在不断地提高。当汽车发生故障时，通常在仪表盘上会有相应的故障提示信息来提醒驾驶员。维修检测人员可以通过专用的检测仪器来获取相关故障信息。

在汽车检测维修过程中对汽车检测仪器的依赖程度越来越高。汽车检测仪器除具有读取和清除汽车电控系统中的故障码功能外，还具有动态测试功能（数据流读取功能）。利用故障诊断仪的动态数据流功能，可以读出汽车电控系统中传感器和执行器的输入和输出信号的参数状态。通过对这些数据进行分析，可以更容易地判断故障的类型和发生部位。

相关知识

一、计算机通信式诊断

计算机通信式诊断是使用国内俗称"解码器"的汽车计算机诊断仪，通过汽车上的计算机诊断接口建立汽车与计算机之间的通信来完成测试工作，如图1-1所示。诊断仪一般可分为专用诊断仪和通用诊断仪两种。

1. 专用诊断仪

专用诊断仪是各汽车厂家生产的专用测试设备，是由汽车生产商配备给其特约维修站的测试设备。它具有专业性强、测试功能完善等优点，除具有读码、解码、数据扫描等功能外，还具有传感器输入信号和执行器输出信号的参数修正实验、计算机控制系统参数调整、系统匹配和标定及防盗密码设定等专业功能。

（1）读取故障码。可将存储在车用计算机中的故障码和含义显示在屏幕上，以便阅读。

（2）清除故障码。通过专用诊断仪简单的操作即可清除存储在车用计算机上的故障码。

（3）数据流测试。运用诊断仪

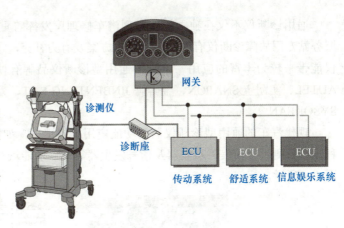

图 1-1 计算机通信式诊断

可对传感器和执行器的动态参数进行实时监测。例如，发动机转速、节气门开度、喷油脉冲宽度、点火提前角、车速及怠速开关、空调开关、继电器、变速器挡位状态等。

（4）动作元件测试。运用专用诊断仪可通过车用计算机向执行元件发出指令，并执行相应动作。例如，燃油泵驱动、电子节气门打开、散热器风扇运转等。

（5）系统匹配。运用诊断仪可对汽车电子控制系统进行基本调整和设置。例如，发动机的怠速设定、电子节气门开度的初始化、钥匙匹配等。

（6）具有专家系统。该系统提供了详尽的原厂维修资料信息，如电路图、元件位置图、技术服务公告、拆装图及各种准确的技术参数等，还可自动根据读入的故障码或输入的故障现象引导维修人员从表到里进行故障分析、故障查询，直到排除故障。

（7）其他功能。部分专用诊断仪还具有万用表、示波器、打印输出和网络升级等功能。专用诊断仪的功能随测试软件的版本而异，也随被测车系和年款不同而不同，有的能检测几个系统，有的只能检测一个系统。

常见的专用诊断仪产品有通用汽车的 MDI［图 1-2（a）］，福特汽车的 VCM［图 1-2（b）］，丰田汽车的 OTC［图 1-2（c）］，日产汽车的 CONSULT，大众汽车的 ODIS［非车载（离线）诊断信息系统］、VCDS（又名 5053）等。

图 1-2 专用诊断仪模块
(a) MDI；(b) VCM；(c) OTC

2. 通用诊断仪

通用诊断仪的主要功能有控制模块版本的识别、故障码读取和清除、动态数据参数显示、传感器和部分执行器的功能测试与调整、某些特殊参数的设定、维修资料及故障诊断提示及路试记录等。通用诊断仪可测试的车型较多，适应范围也较宽，因此，被称为通用型仪器，但它与专用诊断仪相比，无法完成某些特殊功能，这也是大多数通用型仪器的不足之处。

通用诊断仪不仅在独立的综合型汽车修理厂发挥着重要作用,它还是单一车辆品牌专营服务站专用故障诊断仪有效的替代解决方案及有力补充,这种没有车辆制造商标志的故障诊断仪能带来较为丰富的应用。常见的通用型诊断仪品牌有博世 BOSCH、元征 LAUNCH、道通 AUTEL、实耐宝 SNAPON、金奔腾 JINBENTENG S&T、爱夫卡 FCAR（friend of car）、三原 SYSOKEAN 等。

现代汽车的通用型诊断仪器的功能应用扩展很广,如博世 FS740（图 1-3）就同时具有多种车型检测、万用表、示波器及信号发生器等多项功能汽车综合检测仪,相应的多功能接口如图 1-4 所示。

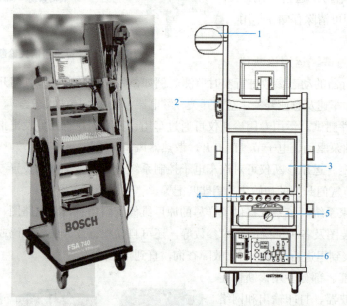

图 1-3　博世 FS740

1—测量模块；2—KTS520；3—PC；4—电源；5—打印机；6—BEA050 尾气分析仪

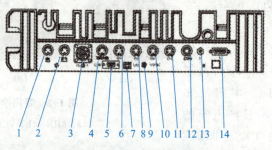

图 1-4　博世 FS740 功能接口

1—温度传感器；2—电平正负极连接线；3—1 端、15 端 /EST/TN/TD 连接线；4—触发钳或传感器环形夹适配线；5—RS-232 串行端口（无功能）；6—次级负极传感器；7—同 PC 进行连接的 USB 口；8—次级正极传感器；9—模块电源输入口；10—万用表测量通道 1 或 30 A 电流测量钳；11—万用表测量通道 2 或 30 A 电流测量钳、1 000 A 电流测量钳；12—正时灯；13—空气压力测量口；14—无功能（功能扩展口）

二、电路的在线测量方式

电路的在线测量方式，是通过对控制模块电路的在线检测（主要是指计算机的外部连接电路），将控制模块各输入端、输出端的电信号直接送给电路分析仪的测量方式。电路分析仪一般有汽车万用表和汽车示波器两种。

1. 汽车万用表

在发动机电控系统故障的检测与诊断中，除经常需要检测电压、电阻和电流等参数外，还需要检测转速、闭合角、频宽比（占空比）、频率、压力、时间、电容、电感、温度、半导体元件等。这些参数对于发动机电控系统的故障检测与诊断具有重要意义。但是，这些参数用一般数字式万用表无法检测，需用专用仪表即汽车万用表。

汽车万用表是一种数字多用仪表，其外形和工作原理与袖珍数字万用表（图1-5）几乎没有区别，只是增加了几个汽车专用功能挡。

(a)　　　　　　(b)

图1-5　数字万用表与汽车万用表

(a) 数字万用表；(b) 汽车万用表

（1）信号频率测试。测试项目选择开关置于频率（Freq）挡，将黑线（自汽车万用表搭铁座孔引出）搭铁，红线（自汽车万用表公用座孔引出）接被测信号线，显示屏即显示被测频率。

（2）温度检测。测试项目选择开关置于温度（Temp）挡，按下功能按钮（℃/℉），将黑线搭铁，探针线插头端插入汽车万用表温度测量座孔，探针端接触被测物体，显示屏即显示被测温度。

（3）点火线圈一次侧电路闭合角检测。测试项目选择开关置于闭合角（Dwell）挡，将黑线搭铁，红线接点火线圈负接线柱，运转发动机，显示屏即显示点火线圈一次侧电路闭合角。

（4）频宽比测量。测试项目选择开关置于频宽比（Duty Cycle）挡，将红线接电路信号，黑线搭铁，运转发动机，显示屏即显示脉冲信号的频宽比。

（5）转速测量。测试项目选择开关置于转速（RPM）挡，转速测量专用插头插入搭铁座孔与公用座孔中，感应式转速传感器（汽车万用表附件）夹在某一缸高压点火线上，在发动机工作时，显示屏即显示发动机转速。

（6）启动机启动电流测量。测试项目选择开关置于400 mV挡（1 mV相当于1 A的电流，即用测量电流传感器电压的方法来测量启动机启动电流），先将霍尔式电流传感夹夹到蓄电池线上，其引线插头插入电流测量座孔，按下最小/最大功能按钮，然后拆下点火高压线，用启动机转动曲轴2～3 s，显示屏即显示启动电流。

（7）氧传感器测试。拆下氧传感器线束连接器，将测试项目选择开关置于"4 V"挡，按下DC功能按钮，使显示屏显示"DC"，再按下最小/最大功能按钮，将黑线搭铁，红线与氧传感器相连；然后以快怠速（2 000 r/min）运转发动机，使氧传感器工作温度达360 ℃以上。此时，如混合气浓，氧传感器输出电压约为0.8 V；如混合气稀，氧传感器输出电压为0.1～0.2 V。当氧传感器工作温度低于360 ℃时（发动机处于开环工作状态），氧传感器无电压输出。

（8）喷油器喷油脉冲宽度测量。测试项目选择开关置于频宽比挡，在测出喷油器工作脉冲频率的频宽比后，把测试项目选择开关置于频率（Freq）挡，测出喷油器工作脉冲频率（Hz），然后按下式计算喷油器喷油脉冲宽度为

$$S_p = \eta / f_p$$

式中　S_p——喷油脉冲宽度（s）；

　　　η——频宽比（%）；

　　　f_p——喷油频率（Hz）。

汽车万用表除具备数字万用表的功能外，还具有汽车专用项目测试功能。其不仅有测量交流电压与电流、直流电压与电流、电阻、频率、电容、占空比、温度、闭合角及转速的功能外，还有自动断电、自动变换量程、模拟条形图显示、峰值保持、读数保持（数据锁定）及电池测试（低电压提示）等功能。为实现某些功能（类如测量温度、转速），汽车万用表还配有一套配件，如电偶适配器、热电偶探头、电感拾取器及AC/DC感应式电流钳等。汽车万用表及附件如图1-6所示。

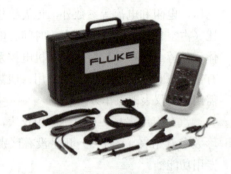

图1-6　汽车万用表及附件

2. 汽车示波器

汽车示波器是用波形的方式显示电路中电信号动态变化过程的专业仪器。它能够对电路上的电信号进行连续性图形显示，是分析复杂电路上电信号波形变化的专业仪器，如图1-7所示为OTC汽车示波器。汽车示波器通常有两个或两个以上的测试通道，可以对多路电信号进行同步显示，具有高速动态分析各信号之间相互关系的优点。汽车示波器通常设有测试菜单，使用时无须像普通示波器那样烦琐地设定操作，只需点一下要测试的传感器或执行器的菜单就可以自动进入测量。汽车示波器还具有连续记忆和重放功能，便于捕捉间歇性故障，同时也可以通过一定的软件与PC连接，将采集的数据进行存储、打印及再现

图1-7　OTC汽车示波器

（注：示波器的具体内容将作为专项课题详细讲解）。

三、元器件模拟方式测量

元器件模拟方式测量是通过信号模拟器替代传感器向控制模块输送模拟的传感器信号，并对控制模块的响应参数进行分析比较的测量方式。信号模拟器有单路信号模拟器和同步信号模拟器两种。

（1）单路信号模拟器是单一通道信号发生器。它只能输出一路信号，模拟一个传感器的动态变化信号。主要信号有可变电压信号（0～5 V）、可变直流频率信号（0～10 Hz）、可变电阻信号，另一个是用可变模拟信号去动态分析模块控制系统的响应性，进而分析控制模块及系统的工作情况。

（2）同步信号模拟器是两通道以上的信号发生器。它主要用于产生有相关逻辑关系的信号，如曲轴转角和凸轮轴传感器同步信号。其用于模拟发动机运行工况，完成在发动机未转动的情况下对控制模块进行动态响应数据分析的试验。同步信号模拟器可以用对比方式比较传感器品质的好坏，进而分析计算机控制系统的响应数据参数。在维修实践的过程中，也可以直接采用元件替换的方式来进行验证。

常用的故障检测方式：通过诊断仪读取电子控制单元（Electronic Control Unit，ECU）的数据流、故障码的计算机通信式；利用示波器读取波形，利用万用表等进行在线测量式；采用换件对比方法等的元器件模拟式。表1-1就这几种检测方法进行了对比。

表1-1 检测方式对比表

项目	计算机通信式	在线测量式		元件模拟对比式
仪器/工具	检测仪	示波器	万用表	信号发生器、元件
获取信息	ECU接收到的传感器信号；执行器信号；其他ECU的相关信息；ECU数据流信息；参数超过限值时记忆的故障码，并记录故障发生时的部分重要状态数据	传感器输出信号；执行器的控制信号	检测对象的数据	模拟信号对比；新、旧件外观对比；换件后故障状态情况
操作便利性	连接检测仪、操作方便	元件测试需要选择性连接，操作较复杂	元件测试需要选择性连接，操作较复杂	模拟信号操作比较复杂，对相同元器件进行对比较方便
分析方便性	需要一定的基础	需要专业的知识	需要专业的知识	比较方便
检测准确性	可以看到读取的实际信息，准确性较高	能直接读取检测对象的实际信号，准确性较高	准确性一般	多数情况下比较准确
使用成本	成本较低	精度高的示波器或综合分析仪，成本较高	成本低	专修店，同款车型较多，运用方便

任务实施

一、操作安全注意事项

1. 使用环境安全的注意事项

（1）警告：废气 。在封闭空间内（如车库）对车辆进行检查时，如果发动机运行，要保持适当的通风。注意不要吸入废气，废气含有一氧化碳——一种无色无味但可导致人昏迷或死亡的危险气体。

（2）警告：停车制动 。为了避免人员受伤，在对车辆进行任何检查或修理之前，请设置停车制动锁住车轮。

2. 操作汽车控制系统检测的注意事项

对装备了计算机控制系统的汽车进行诊断操作时，应注意以下事项：

（1）当点火开关接通时，不能断开汽车内部电器装置，因为在断开时，由于线圈的自感作用，将会产生较高的瞬时电压，可能会造成传感器及 ECU 的损坏。

（2）不能将无线电扬声器等磁性物体置于靠近计算机的地方，否则可能会损坏 ECU 中的电路和元件。

（3）当在汽车上进行焊接作业时，事先应切断 ECU 系统电源。

（4）在靠近 ECU 或传感器的地方进行修理作业时，应多加注意，以免损坏 ECU 和传感器。

（5）在拆装可编程只读存储器时，作业人员应自己搭铁，否则身上的静电会损坏 ECU 及电路。

（6）除在测试程序中特别说明外，不能用指针型欧姆表测试 ECU 和传感器，而应使用高阻抗的数字仪表进行测试。

（7）不要用测试灯去测试与 ECU 有关的电气装置，以防止 ECU 或传感器损坏，除非另有说明。

（8）应可靠地连接 ECU 线束接头，否则可能损坏 ECU 内部的集成电路等电子元件。

3. 使用检测仪的注意事项

（1）检测仪器为精密电子仪器，使用中切勿摔碰。

（2）开始使用检测仪之前，确信所有的电缆和连接器都已连接牢固。

（3）尝试新的程序之前，应仔细阅读说明书。

（4）测试时，发动机点火瞬间主机屏幕可能会发生闪烁，属正常现象。

（5）插入或取出 PCMCIA 卡前应先关闭电源。建议不要连续取出或重复插入 PCMCIA 卡。插入卡槽之前，应将所有的卡和元件都仔细对齐，且确保插入到位。

（6）尽量轻拿轻放，避免撞击，不使用时须将电源拔下。

（7）拔出插头时应握住插头拔出，而不是拉扯电源线。

（8）放置检测仪时不要让倾斜支架与车辆电池的接线端接触，否则可能会造成电池短路。

二、认识与操作

参照检测仪器使用手册的要求，了解检测仪器的功能及安全操作事项，按照相应任务工单要求完成检测仪的连接、功能选择、数值参数读取、安全退出、关机等操作步骤。完成检测仪及万用表功能认识与操作任务工单（表1-2）。

表1-2 任务工单

班级		姓名		学号	

任务一　汽车检测仪功能认识与操作

1. 写出常见的五种汽车检测仪的名称（三种专用检测仪和两种通用型检测仪）。
　　_____

2. 对应写出标注按键的功能。

　　1. _____
　　2. _____
　　3. _____
　　4. _____
　　5. _____
　　6. _____

3. 连接检测仪器并说明连接操作的注意事项。

　　_____
　　_____
　　_____
　　_____

4. 记录检测仪主菜单显示的内容。

任务二　汽车万用表的认识与操作

1. 说出汽车专用万能表按键的各个功能及名称。

2. 测量蓄电池电压。
启动前_____　　启动中_____　　启动后_____

3. 测量启动电流。

4. 发电机充电状况检测。
最大充电电压_____　　最小充电电压_____　　平均充电电压_____

自我评价（个人技能掌握程度）：□非常熟练　□比较熟练　□一般熟练　□不熟练
教师评语（包括工作单填写情况、语言表达、态度及沟通技巧等方面，并按等级制给出成绩）
实训记录成绩_____　　教师签字：_____　　　年　月　日

习题与思考

1. 举例说明常用的汽车检测仪器的种类有哪些？
2. 汽车电控系统诊断有哪些方式？
3. 关于汽车电气系统检修安全操作的注意事项有哪些？

工作任务二　汽车 OBD 检测与分析

学习目标

知识目标：
1. 了解汽车 OBD-Ⅱ 的含义；
2. 了解汽车 OBD-Ⅱ 检测原理；
3. 掌握汽车故障码的分析方法。

技能目标：
1. 能够检测与清除故障码；
2. 能够进行故障码的检测与分析。

素养目标：
1. 能够遵守安全操作规范，具有安全意识；
2. 能够运用各种途径自主学习，崇尚工匠精神。

任务引入

汽车电子控制系统日趋复杂，给汽车维修工作增加了难度，对汽车维修技术人员的要求也越来越高；同时要求电子控制系统具有安全容错处理能力，不能因为电子控制系统自身的突发故障导致汽车失控和不能运行。针对这种情况，设计人员在汽车电子控制系统设计中增加了具有故障自诊断功能的控制模块。

相关知识

一、OBD 的发展历程

OBD 的全称为 On-Board Diagnostic System，其含义为车载在线诊断系统，是一种车用故障诊断标准，监控与排放质量相关的零部件和子系统。OBD 的概念起源于美国加利福尼亚州空气资源管理委员会（CARB），目的是降低和控制汽车尾气对大气的污染。在汽车运行全程中不断监视尾气的排放质量，一旦发现汽车在运行过程中与控制尾气排放的相关元件出现故障，就会立刻报警，从而提醒驾驶员立即对车辆进行检修，以确保汽车尾气排放达到环保要求状态。

自 20 世纪 80 年代开始，世界各汽车制造厂就在车辆上配备全功能的控制和诊断系统。这些新系统在车辆发生故障时可以警示驾驶员，系统自诊断后得到的有用信息可以为车辆的维修和保养提供帮助，维修人员可以利用汽车原厂专用仪器读取故障码，从而可以对故障进行快速定位，以便在对车辆的检修时减少人工诊断的时间，这便是车载诊断系统。1985 年，美国加利福尼亚州大气资源局（CARB）开始制定法规，要求各车辆制造厂在加利福尼亚州销售的车辆必须装置 OBD 系统，这些车辆上配备的 OBD 系统被称为 OBD-Ⅰ（第一代随车诊断系统）。OBD-Ⅰ必须符合下列规定：

（1）仪表板必须有"发动机故障报警灯"（图 1-8），以提醒驾驶员注意特定的车辆系统（通常是废气控制相关系统）已发生故障。

（2）系统必须有记录和传输相关废气控制系统故障码的功能。

（3）电器组件监控必须包含氧传感器、废气再循环装置（EGR）、燃油箱蒸气控制装置（EVAP）。

图 1-8　发动机故障报警灯

最初，加利福尼亚州大气资源局制定 OBD-Ⅰ的用意是要减少车辆废气排放及简化维修流程，但由于 OBD-Ⅰ没有对三元催化器的效率、油气蒸发系统的泄漏及发动机是否缺火等状态监测，再加上 OBD-Ⅰ的监测线路敏感度不高，等到发现车辆故障再进厂维修时，事实上已排放了大量的废气。

OBD-Ⅰ除无法有效地控制废气排放外，还存在汽车制造厂各自发展自己的诊断系统、检修流程、专用工具等，没有通用性问题，给非特约维修站技师的维修工作带来许多困扰。加利福尼亚州大气资源局发现 OBD-Ⅰ系统离当初制定的目标越来越远，便开始发展 OBD-Ⅱ（第二代随车诊断系统），如图 1-9 所示。美国从 1996 年规定，在市场上销售的新车的诊断仪器、故障编码和检修步骤必须相似，必须符合 OBD-Ⅱ程序规定。OBD-Ⅱ的推广使汽车故障诊断工作变得简单而统一，维修人员检查车辆故障时不再需要专门学习某品牌汽车的故障诊断系统。

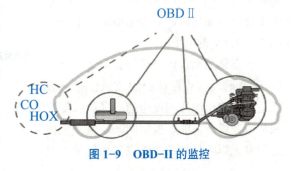

图 1-9　OBD-Ⅱ的监控

OBD-Ⅱ可在发动机的运行状态下持续不断地监控尾气排放,当发动机控制系统出现故障时,点亮故障(MIL)灯或检查发动机(Check Engine)警告灯,同时发动机计算机将故障信息存入存储器,通过程序可以将故障码从发动机计算机中读出。根据故障码的提示,维修人员就能迅速准确地确定故障的性质和部位。

二、OBD-Ⅱ的工作原理与特点

1. OBD-Ⅱ的功能

OBD-Ⅱ比OBD-Ⅰ增加了新的监测区域,包括催化转换器转换效率和决定发动机缺火的曲轴速度,可以获得任何时间的发动机缺火、碳氢化合物排放增加的信息。简单来说,OBD-Ⅱ系统必须具有下列功能:

(1)记录失效或故障发生时的运行工况条件。
(2)触发故障警示灯(MI)。
(3)采用标准方法通过配备标准的诊断接口读取ECU中的数据。
(4)监测与排放有关的零部件和子系统如下:
1)监测氧传感器;
2)监测三元催化器;
3)监测二次空气系统;
4)监测油箱通风系统;
5)监测废气再循环系统;
6)失火监测。

2. OBD-Ⅱ的监测原理

(1)监测氧传感器。电控发动机控制系统中的氧传感器是现代汽车中一个非常重要的传感器,用来监测发动机排气中氧的含量或浓度,并根据所测得的数据输出一个信号电压,反馈给计算机,从而控制喷油量的大小。它通常安装在排气系统中,直接与排气气流接触。

氧传感器的工作原理与干电池相似,氧传感器中的氧化锆元素起到类似电解液的作用。在一定温度条件下被铂催化剂催化,利用氧化锆内、外两侧的氧浓度差,产生电位差,且浓度差越大,电位差越大,其工作原理如图1-10所示。氧传感器将感应出废气流中的氧气含量,并输出一个0~1.0 V的电压值。若稀于理论空燃比(大约为14.7∶1)时,氧传感器将产生一个0~0.45 V的电压值。若浓于理论空燃比时,氧传感器将产生一个0.45~1.0 V的电压值。

在车辆启动及闭环燃油控制条件下,OBD-Ⅱ通过检查燃油控制或氧传感器有无适当的输出电压与反应速率(从稀变浓或从浓变稀所需的切换时间),监测氧传感器有无影响排放的故障或劣化情况。根

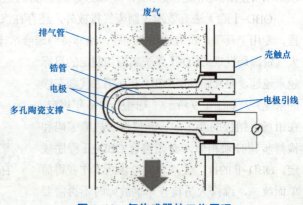

图 1-10 氧传感器的工作原理

据氧传感器的电压信号，计算机按照尽可能接近理想空燃比（14.7∶1）来控制混合气的浓度。

（2）监测三元催化器。催化剂是一种可以促发化学反应并提高化学反应速度而本身保持不变的材料。催化剂还可以降低化学反应的温度。催化转换器中的催化剂采用了经特殊处理的蜂巢式结构，蜂巢式结构中充有催化活性贵金属，如图 1-11 所示。废气与催化剂接触时，可以变为基本无害的物质。

三元催化器是安装在汽车排气系统中最重要的机外净化装置，它可将汽车尾气排出的 CO、HC 和 NOx 等有害气体通过氧化和还原作用转变为无害的 CO_2、H_2O 和 N_2。由于这种催化器可同时将废气中的三种主要有害物质转化为无害物质，故称为三元催化器。

图 1-11 催化器蜂巢式结构

随着催化剂的加热，转化效率快速上升。转化效率超过 50% 的温度叫作催化剂起燃温度。大多数催化剂的起燃温度为 246 ℃～301 ℃（475 ℉～575 ℉）。快速起燃催化器是位于排气歧管附近的三元催化转化器，如图 1-12 所示。位于排气歧管附近的催化器，相较位于车身下方的催化器能更快地起燃和减少排放。催化剂一旦达到起燃温度，就可以迅速实现最大转化效率，催化器最优的催化效率温度为 400 ℃～800 ℃。

图 1-12 三元催化器位置

三元催化器监测利用一个位于催化转换器上游和下游的氧传感器（图 1-13），根据催化转换中"氧"的含量来推断碳氢化合物等排放物的转换效率。发动机计算机将不断比较催化器上游氧传感器和下游氧传感器的信号使之保持在一定的转换比例上。当催化器老化时或者三元催化器损坏时，就会严重削弱其氧化-还原能力，从而造成发动机尾气严重超标。

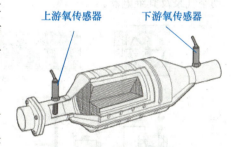

图 1-13 三元催化器监测

上游氧传感器不断检测发动机尾气中的剩余氧含量。根据剩余氧含量的多少决定吸入发动机的混合气是稀或浓，剩余氧含量多，混合气就稀；剩余氧含量少，混合气就浓。在正常的闭环燃油控制情况下，高效的催化转换器存储大量的氧气，与催化转换器前方的加热氧传感器（HO_2S）相比，后方的加热氧传感器（HO_2S）的信号切换频率变得十分缓慢，而且其切换振幅也将减小。当催化转换效率变差后，存储氧气的能力衰退，催化转换器后段或下游的 HO_2S 信号开始以较快的频率及较大的振幅进行切换，接近催化转换器前段或上游的 HO_2S 的切换频率及振幅，发动机计算机就会立刻通过发动机故障报警灯（MIL）对外发出警报。图 1-14 所示为三元催化器工作状态对比。

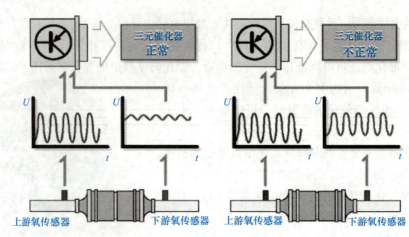

图 1-14 三元催化器工作状态

(3) 监测二次空气喷射。二次空气喷射（图 1-15）就是发动机在冷启动时，由于必须在冷启动下供给较浓的混合气，在低温下发动机燃烧往往不是很好，故会将大量的 CO 排放到大气中。为了降低此时的尾气污染及暖机阶段的有害物排放，二次空气喷射装置将新鲜空气喷入发动机排气管，使废气中的可燃烧成分继续燃烧，以减少污染物的排放量，达到排放控制要求。

喷入发动机排气管中的空气可以与废气中的有害气体在排气过程中发生氧化反应，降低发动机尾气中有害物的含量，同时未完全燃烧的 HC 及 CO 与新鲜空气在排气过程中继续燃烧，可以对三元催化器进行快速预热，大大缩短三元催化器的反应时间。在三元催化器达到工作温度后，应停止二次空气喷射，以免造成三元催化器过热而毁坏。因此，在发动机冷启动后，二次空气喷射装置工作 80～120 s 便停止。OBD-Ⅱ在发动机运行过程中监测组合阀的空气流量、电动空气泵及其继电器。

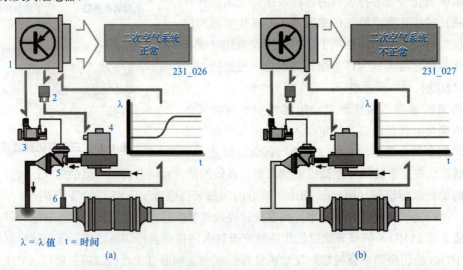

图 1-15 二次空气泵
（a) 新鲜空气喷入；(b) 无新鲜空气喷入
1—发动机计算机；2—空气泵继电器；3—空气泵进气阀；4—组合阀；5—空气泵；6—上游传感器

(4) 监测燃油蒸发控制系统。燃油蒸发控制系统的作用是防止油箱内蒸发的汽油蒸气排入大气中。它由蒸气回收罐（也称活性炭罐）、电磁阀及相应的蒸气管道和真空软管等组成。蒸气回收罐内充满了活性炭颗粒，当油箱内的汽油蒸气经蒸气管道进入蒸气回收罐时，蒸气中的汽油分子被活性炭吸附。蒸气回收罐上方的另一个出口经真空软管与发动机进气歧管相通，真空软管中部有一个电磁阀，用来控制管路的通断。当发动机运转时，如果电磁阀开启，则在进气歧管真空吸力的作用下，新鲜空气将从蒸气回收罐下方进入，经过活性炭后再从蒸气回收罐的出口进入发动机进气歧管，把吸附在活性炭上的汽油分子（重新蒸发的）送入发动机中燃烧，使之得到充分的利用。

必须对进入进气歧管的回收燃油蒸气量加以控制，以防破坏正常的混合气成分。这一控制过程由计算机根据发动机的水温、转速、节气门开度等运行参数，通过操纵电磁阀的开、闭来实现。

在发动机运行过程中，OBD-Ⅱ对活性炭罐电磁阀及其他相关联的传感器进行监测。当燃油蒸发控制系统工作时，一部分气化的汽油将通过活性炭罐被送入进气歧管，这无疑增加了混合气的浓度。燃油-空气混合气的改变可以通过氧传感器来检测，当燃油蒸发控制系统正常时，伴随着活性炭罐电磁阀的开启，混合气会被加浓，氧传感器的电压就会上升；当燃油蒸发控制系统不正常时，活性炭罐没有燃油蒸气，尽管活性炭罐电磁阀开启，但是混合气也不会被加浓，氧传感器的电压就不会受燃油蒸发控制系统的影响（图1-16）。这种变化由三元催化器前（上游）λ传感器记录下来，并以此来确定燃油箱通风系统的功能是否正常。

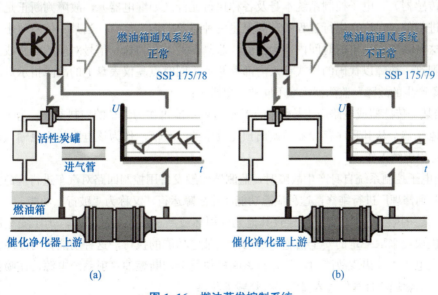

图1-16 燃油蒸发控制系统
(a) 混合气会被加浓；(b) 混合气未被加浓

(5) 失火监测。失火监测在于监测发动机的失火情况，并且辨别出发生失火问题的特定气缸。所谓"失火"，是指因为没有火花、燃油计量不准、压缩不足或其他因素，而使气缸中不发生燃烧的一种现象。失火监测只有在基本发动机的特定条件得到满足后才能运行。当发动机点火系统发生损坏时，吸入缸内的混合气不能及时被点燃，大量的HC便直接排出气缸。一部分HC在排气管中发生燃烧，导致三元催化器损坏；另一部分HC没有完全燃烧便直接排向大气中。

OBD-Ⅱ在发动机运行过程中监控发动机的失火率，每次监测周期为1 000转曲轴转数。HC超出正常的1.5倍时相当于发动机的失火率达2%。

通常，发动机转动不是匀速的，每缸在做功时都有一个加速，不做功就没有加速，四缸机每转动720°应有4个加速。正常情况下，发动机压缩、做功，先是减速后是加速，属于正常现象。当发动机失火时，除发动机压缩期间转速瞬时有所减缓外，由于发动机失火，缺乏做功时的加速，因此，发动机缺火时的转速波动极大。发动机失火会改变曲轴的圆周旋转速度，导致发动机曲轴转速不稳。根据这一特性，发动机计算机可以通过安装在曲轴上的转速位置传感器感知瞬时的角速度变化情况，以此监控发动机曲轴旋转平稳情况，从而确定哪一缸出现失火，如图1-17所示。

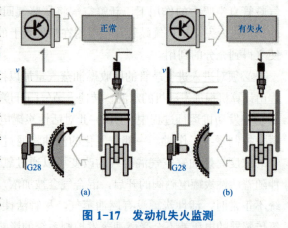

图1-17 发动机失火监测
(a) 无失火；(b) 有失火

3. OBD-Ⅱ的工作特点

（1）OBD-Ⅱ系统监测器。OBD-Ⅱ系统监测器监测的对象是电控汽车上的各种传感器（如空气流量传感器）、电子控制系统本身及各种执行元件（如继电器），故障判断正是针对上述三种对象进行的。在汽车运行过程中监测上述三种对象的输入信息，当某一信号超出了预设的范围值且这一现象在一定的时间内不会消失，监测器便判断为这一信号对应的电路或元件出现故障，并把这一故障以代码的形式存入内部存储器，同时点亮仪表盘上的故障指示灯。针对三种监控对象产生的故障，监测器采取不同的应急措施：

1）当某一传感器或电路产生故障后，其信号就不能再作为汽车的控制参数，为了维持汽车的运行，监测器会从其程序存储器中调出预先设定的经验值，作为该电路的应急输入参数，以保证汽车可以继续工作。

2）当电子控制系统自身产生故障时，监测器便触发备用控制回路对汽车进行应急控制，使汽车可以开到修理厂进行维修，这种应急功能叫作故障运行，又称为"跛行"功能。

3）当某一执行元件出现可能导致其他元件损坏或严重后果的故障时，为了安全起见，故障自诊断模块会采取一定的安全措施，自动停止某些功能的执行，这种功能称为故障保险。例如，当点火电子组件出现故障时，故障自诊断模块就会切断燃油喷射系统电源，使喷油器停止喷油，防止未燃烧混合气体进入排气系统烧毁催化器。

OBD-Ⅱ系统可以在任何驾驶模式下对故障进行连续性监测，或是在特定的驾驶模式下，在每个驾驶循环中对故障进行非连续性监测。连续性监测包括发动机间歇不点火监测、燃油喷射系统监测（燃油修正）和传感器监测；非连续性监测包括排放系统的监测，如催化转化器监测、废气再循环监测、燃油蒸发监测、氧传感器及其加热监测、二次空气喷射监测、曲轴通风监测等。

（2）OBD-Ⅱ的监测特点。OBD-Ⅱ除具有第一代系统OBD的检测传感器的功能，判断传感器及电路是否有故障外，最主要的功能是有效地控制废气排放，不仅能对催化转化器效率进行监控，还能对燃油蒸发回收系统的泄漏进行监控，监测发动机失火故障。另外，OBD-Ⅱ系统的监测电路的敏感度也有所增高。

OBD-Ⅱ采用统一含义的故障码及意义，能使用统一协议的监测工具、标准化的诊断接口，接口的位置一般如图1-18所示。OBD-Ⅱ接口是一个T形接口，采用16针封装。OBD-Ⅱ接口的引脚定位：长边向上短边向下，长边从左到右依次是1～8脚，短边从左到右依次是9～16脚。诊断接口端子如图1-19所示，其端子说明见表1-3。

A区域：通用、大众、宝马、福特、丰田、现代、雪铁龙等品牌的绝大部分车型。

B区域：大众途安、进口雷克萨斯等少量车型；

C区域：东风雪铁龙等少量车型。

D区域：东风雪铁龙等少量车型。

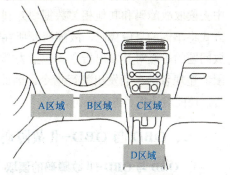

图1-18　诊断接口位置

OBD-Ⅱ可分为欧洲标准（ISO）和美国标准（SAE—J1850）。美国公司生产车辆，如别克系列轿车采用SAE—J1850标准，数据传输使用诊断插座（DLC）中的2端子和10端子。欧洲及其他汽车公司生产的轿车多采用欧洲标准，它的诊断插座（DLC）的7端子和15端子是双向数据线，5端子是数据信号接地，4端子是供电接地，16端子是供电正极。

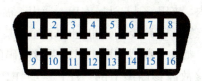

图1-19　诊断接口端子

表1-3　接口端子含义说明

端子	用途	端子	用途
1	生产厂家自行设定	9	生产厂家自行设定
2	SAE—J1850美款车BUS+线	10	SAE—J1850美款车BUS-线
3	生产厂家自行设定	11	生产厂家自行设定
4	直接在车身搭铁	12	生产厂家自行设定
5	信号搭铁	13	生产厂家自行设定
6	CAN-H	14	CAN-L
7	ISO 09141欧款车K-Line	15	ISO 09141欧款车L-Line
8	生产厂家自行设定	16	接蓄电池"+"极

OBD-Ⅱ诊断信息多样化。除可获得故障码外，OBD-Ⅱ还可提供传感器检测数值、控制状态、控制参数和执行器通/断等信息。

虽然 OBD-Ⅱ对监测汽车排放十分有效，但是驾驶员接受不接受警告全凭"自觉"。为此，比 OBD-Ⅱ更先进的 OBD-Ⅲ产生了。OBD-Ⅲ系统可以使汽车的检测、维护和管理合为一体，以满足环境保护的要求。OBD-Ⅲ系统会分别进入发动机、变速箱、ABS 等 ECU 电子控制单元中去读取故障码和其他相关数据，并利用小型车载通信系统，例如，GPS 导航系统或无线通信方式将车辆的身份代码、故障码及所在位置等信息自动通告管理部门，管理部门根据该车辆排放问题的等级对其发出指令，包括去哪里维修的建议、解决排放问题的时限等，还可对超出时限的违规者的车辆发出禁行指令。因此，OBD-Ⅲ系统不仅能对车辆排放问题向驾驶者发出警告，还能对违规者进行惩罚。

三、OBD 与 OBD-Ⅱ故障码

1. OBD 与 OBD-Ⅱ故障码的读取

（1）人工跨线法。在装备 OBD 的车辆上，都设有诊断座。诊断座是故障诊断通信接口（Trouble Diagnostic Communication Link，TDCL）的简称。它一般安装在保险丝盒上、仪表盘下方或发动机舱内。丰田、马自达、本田、通用、福特、克莱斯勒及欧洲各汽车公司生产的大部分轿车均可利用"跨接线"跨接诊断插座上某两个或某几个指定的接线端子，即可触发自诊断系统来读取故障码。

如人工跨线调取丰田车系故障码的方法：打开点火开关，不启动发动机，用专用跨接线短接故障诊断座上的"TE1"与"E1"端子（图 1-20），仪表盘上的故障指示灯"CHECK ENGINE"即闪烁输出故障码。

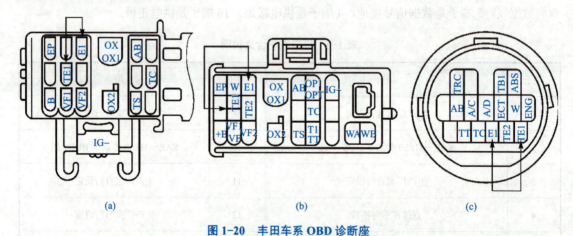

图 1-20 丰田车系 OBD 诊断座
(a) 位于保险丝盒上；(b) 位于发动机舱内；(c) 位于仪表盘下方

丰田车系故障码为两位数，"CHECK ENGINE"灯闪亮与熄灭的时间间隔均为 0.52 s，闪亮的次数代表故障码数值，一个故障码的十位与个位之间有 1.5 s 熄灭的间隔，两个故障码之间有 2.5 s 熄灭的间隔，每一循环重复显示之间有 4.5 s 的间隔，如图 1-21 所示。故障码的含义见表 1-4。

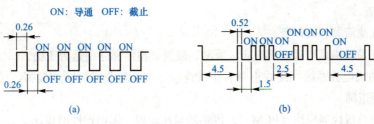

图 1-21 故障码显示时间（s）

（a）正常代码显示时间；（b）故障码"13""31"显示时间

表 1-4 丰田 OBD 故障码的含义

故障码	含义	故障码	含义
11	ECU 电源电路故障	31、32	空气流量计或电路故障
12	凸轮轴/曲轴位置传感器或电路故障	31、35	进气绝对压力传感器或电路故障
13	凸轮轴/曲轴位置传感器或电路故障	41	节气门位置传感器或电路故障
14	点火控制器或电路故障	42	车速传感器或电路故障
15	点火控制器或电路故障	43	点火开关或启动电路故障
16	自动变速器 ECU 故障	47	辅助节气门位置传感器或电路故障
21	左主氧传感器或电路故障	51	A/C、P/N 开关或电路故障
22	冷却液温度传感器或电路故障	52	1 号爆震传感器或电路故障
24	进气温度传感器或电路故障	53	ECU 爆震控制系统故障
25	混合气过稀故障	55	2 号爆震传感器或电路故障
26	混合气过浓故障	71	EGR 控制电磁阀或电路故障
27	左辅助主氧传感器或电路故障	72	燃油切断控制电磁阀或电路故障
28	右主氧传感器或电路故障	78	燃油泵或电路故障
29	右辅助主氧传感器或电路故障		

（2）诊断仪器法。诊断仪器必须接至数据链路端子（DLC）才能与车辆通信。诊断仪器的使用方法各有不同，有关诊断仪器的安装及操作的特殊信息，须参阅诊断仪器制造厂商所提供的使用手册。

1）目视检查。

①检查空气滤清器和入口管。

②检查所有发动机真空管有无损坏、泄漏、破裂、扭结和路径是否正确。

③检查发动机电控系统线路线束是否正确连接，有无弯曲或折断的接脚，接脚有无腐蚀、松脱、路径是否正确。

④检查动力总成控制模块（PCM）、传感器与作动器有无物理性的损坏。

⑤检查发动机冷却液的高度及混合是否正确。

⑥检查变速箱油的液面高度和品质。

⑦在继续快速测试前完成所有必需的修护。

2）车辆准备工作。

①执行启动和运转车辆测试所需的所有安全步骤。拉上停车制动，将排挡杆牢固地排至P挡位置（手动变速箱则排至空挡）且挡住车轮。

②关掉所有的电气负荷：收音机、灯光、A/C、鼓风机和风扇。

③在进行快速测试前先启动发动机并使之达到正常工作温度。

3）快速测试。快速测试分成三项测试：KOEO要求自检、KOER要求自检、连续内存自检。

快速测试是当诊断仪要求时，检查电控发动机（EEC）系统的完整性与功能，并将测试结果输出。快速测试也提供动力总成控制系统的快速终端检查，通常是在各个诊断步骤开始与所有附件关闭时实施。快速测试也在很多定点测试后执行，作为修复的确认且用来确定修复完先前的故障时，没有其他的故障出现。当没有故障码DTC输出与诊断仪没有通信故障存在时，屏幕将显示"系统通过"。系统通过表示PCM监控的硬件的操作在正常的操作范围。屏幕上仅显示系统通过，DTC或未完成的OBD-Ⅱ驾驶循环（P1000）。

① KOEO要求自检。KOEO（key on engine off）要求自检是在钥匙"ON"位置，发动机"OFF"状态的情况下进行的动力总成控制模块功能测试。测试将对某些传感器与执行器线路实施检查。故障必须在测试时出现，才能在KOEO自检时监测故障。当监测到故障且诊断仪要求时，故障码（DTC）将会在测试结束时在诊断仪上显示。

② KOER要求自检。KOER（key on engine run）要求自检是在钥匙"ON"位置，发动机运转但车辆停止的情况下进行的动力总成控制模块功能测试。测试将在正常工作条件和在温度下，对某些输入及输出实施检查。故障必须在测试KOER要求自检时出现才能监测故障。当监测到故障且诊断工具要求时，故障码（DTC）将会在测试结束时在诊断仪上显示。

③连续内存自检。连续内存DTC测试是一个在钥匙"ON"位置，发动机在运转或OFF状态下所实施的动力总成控制模块功能测试。不同于仅在要求时才能作动的KOEO与KOER自检，连续自检一直均在有效状态。故障不需在测试连续内存故障码的时候出现，因此，在诊断间歇故障时，特别有用。此测试会监测驾驶性能或排放方面的故障。车辆可能需要驾驶或完成OBD-Ⅱ驾驶循环PCM才能监测故障。当有故障存储在内存中且诊断仪要求时，故障码（DTC）将会在测试结束后输出显示在诊断仪上。

2. OBD-Ⅱ故障码的含义

OBD-Ⅱ使用标准化的16针诊断座（DLC）进行检测，采用统一协议的故障码。故障码通常采用 5 位码样式，由 1 个字母加 4 个数字组成。

（1）第一位为字母代表故障的位置位于哪个系统内：

P—动力控制系统（发动机和自动变速器）；

B—车身控制系统；

C—底盘控制系统；

U—网络通信系统。

（2）第二位用阿拉伯数字表示，"0" 代表美国汽车工程师学会（SAE）定义的故障码，其余 1～9 为汽车厂家自行定义的故障码。

（3）第三位用阿拉伯数字表示，由美国汽车工程师学会（SAE）定义，代表具体系统的故障点，其含义见表 1-5。

表 1-5　第三位故障码含义

第三位故障码	定义故障范围	第三位故障码	定义故障范围
1	燃油或进气系统	5	怠速控制系统
2	燃油或进气系统	6	计算机或元件
3	点火系统	7	自动变速器控制系统
4	废气排放控制系统	8	自动变速器控制系统

（4）第四、五位数字则代表了具体的故障类型。

3．OBD-Ⅱ故障码的分类

OBD-Ⅱ故障码一般分为 A、B、C 和 D 四种类型。

（1）A 类故障码：A 类故障码是与排放相关的故障码。计算机诊断程序连续一个循环即可检测到该类故障，并点亮故障指示灯。A 类故障码是最严重的一类，如发动机间歇不点火、混合气过浓过稀等会显示该类故障码。A 类故障码提醒驾驶员车辆排放系统有问题，会造成催化转换器损坏。为了诊断方便，当 A 类故障码被设置时，OBD-Ⅱ系统同时还存储了一个历史故障码、失效记录和一个冻结帧数据。

（2）B 类故障码：B 类故障码是次严重的一类排放问题。在故障指示灯点亮之前，这类故障应在两次连续的行驶过程中至少发生一次。若在一次行驶过程中发生，而在下一次行驶过程中没有发生，则该故障的码还未"成熟"，故障指示灯不点亮。当故障指示灯点亮的条件满足时，所存储的历史故障码、失效记录和一个冻结帧数据与触发 A 类故障码时完全相同。

（3）C 类和 D 类故障码：C 类和 D 类故障码是进行与排放无关的故障测试得出的。C 类故障码点亮故障指示灯（或其他报警灯），但 D 类故障码不点亮故障指示灯。

一旦故障码已经设置，若工作状况恢复正常，只有在通过了 3 次连续的行驶过程，OBD-Ⅱ系统自诊断后，故障指示灯才会熄灭。经过 40 个行驶过程，不再有故障出现后，计算机可清除该故障码及冻结帧数据。像间歇不点火、混合气过浓或过稀这样的故障码，则需要 80 个行驶过程才能清除故障码。

行驶过程不只是一次点火循环，而是一次暖机循环，即启动发动机，行驶车辆让冷却液温度升高至少 22 ℃（如果启动时温度低于 72 ℃）。

OBD-Ⅱ需要计算机能快速留下或存储所有故障指示出现时的数据，便于用检测仪提取这些数据，这些被存储的数据就称为冻结帧数据。当故障指示出现时，冻结帧数据主要包括发动机转速、发动机负荷、燃油修正（短期和长期）、发动机冷却液温度、计算得出的负荷值、工作模式（开环和闭环）、车辆速度、故障码等。

4．OBD-Ⅱ故障码的分析

在对汽车的故障码检测的过程中，经常会发现车辆并没有故障但存在有故障码。也就说车辆的故障码在车辆实际中可以分为当前故障码和历史故障码两种。所谓的当前故障码是指当前正发生着的故障生成的故障码。历史故障码是指当前车辆没有生成，但在过去曾经有过的故障码。也可以把一旦出现就始终存在的故障称为持续性故障，把时有时无的故障称为间歇性故障。有的故障现象与所显示的故障码完全对应，也有的故障现象与故障码之间没有任何联系。

例如：水温传感器开路故障，伴随着冷车不易着车的故障现象，也能够读出水温传感器开路的故障码，这就是典型的故障码与故障现象完全对应的情况。也有这样的实例，当某一气缸喷油器积炭堵塞，出现喷油不良、发动机运转不平稳的故障现象，在一般情况下并没有喷油器的相关故障码出现。当一些参考信号出现问题，并没有影响车辆的正常运行，即使出现了相应的故障码，也看不出车辆在性能上有何变化，如空气温度传感器，起到空气密度修正，对空燃比的影响较小，就属于上述情况。故障码分析的过程中应依照下列步骤进行：

（1）读取故障码。

（2）清除故障码（并未排除故障）。

（3）路试（再现故障码）。

（4）再读故障码。

（5）分析故障码。

在分析的过程中要注意：故障码的当前性与历史性；故障的持续性与间歇性；故障码与故障现象的相关性。在所有类型的故障诊断中，最难诊断的是间歇性故障，间歇性故障出现的条件可能是发动机过热、过冷或潮湿。采用解码器进行常规检测时无法检测到这些间歇性故障。

必须先确定故障出现时发动机的工作状况，模拟发动机重复出现的条件和环境，进行验证。常用的模拟方法有振动法、加热法、水淋法、电器全接通法、道路模拟实验法等。

任务实施

参考维修手册对试验车辆进行故障码检测操作，并完成被检测车辆故障码检测与分析任务工单（表 1-6）。

表 1-6 任务工单

班级		姓 名		学 号	

故障码检测与分析

1. 填写车辆信息。
车辆 VIN 码：_____

车型：_____ 生产年份：_____ 发动机型号：_____ 变速器型号：_____

2. 车辆故障特征描述。
车辆行驶里程：_____

故障警告灯：□故障灯亮 □故障灯不亮

车辆故障现象：_____

3. 选用检测仪型号。

4. 连接检测仪器并说明连接操作注意事项。
_____
_____
_____

5. 检测并记录故障码。
故障码：_____

故障码含义：_____
_____
_____

6. 清除故障码：□清除后无故障 □清除后还有故障

7. 再检测并记录故障码。
_____
_____
_____

8. 故障码分析。
故障码生成条件：_____
_____
_____

故障码清除条件：_____

自我评价（个人技能掌握程度）：□非常熟练 □比较熟练 □一般熟练 □不熟练

教师评语（包括工作单填写情况、语言表达、态度及沟通技巧等方面，并按等级制给出成绩）

实训记录成绩_____   教师签字：_____   年   月   日

习题与思考

1. OBD-Ⅱ的功能有哪些？
2. OBD-Ⅱ故障码是如何分类的？
3. 汽车故障码的检测与清除方法有哪些？

工作任务三　汽车数据流检测与分析

学习目标

知识目标：
1. 熟悉汽车数据流的含义；
2. 掌握汽车数据流的分析方法。

技能目标：
1. 能够选择仪器读取汽车数据流；
2. 能够对检测的数据流进行分析。

素养目标：
1. 能够遵守安全操作规范，具有安全意识；
2. 能够运用各种途径自主学习，崇尚工匠精神。

任务引入

检测仪除具有读取和清除汽车自诊断系统的故障码功能外，还具有数据流测试功能。利用检测仪可以读取汽车控制系统中各种传感器和执行器输入、输出信号的静态或动态数据，通过对数据流进行分析，可以更容易地判断故障的类型和发生部位。

相关知识

一、数据流概述

汽车数据流是指电子控制单元（ECU）与传感器和执行器交流的数据参数，它是通过诊断接口，由专用检测仪读取的数据，且随着时间和工况而变化。数据流是采用串行方式进行通信的，所以也叫作串行数据流，顾名思义，这些发送和接收的数据参数是按顺序一个接一个进行，因而数据流的刷新频率由传递数据的个数（总字节长度）和通信速率（通信波特率）来决定。数据流只能通过专用诊断仪器读取，汽车电子控制单元（ECU）中所记忆的数据流真实地反映了各传感器和执行器的工作状态，为汽车故障诊断提供了依据。

二、数据流参数分类

（1）数据流参数按显示方式可分为数值参数和状态参数。

1）数值参数是指有一定单位、一定变化范围的参数，它通常反映出电控系统部件的工作电压、压力、温度、时间及速度等。

2）状态参数是指那些只有两种工作状态的参数，如开或关、高或低、是或否等，它通常表示电控装置中的开关和电磁阀等元件的工作状态。

（2）数据流参数根据 ECU 的控制原理又分为输入参数和输出参数。

1）输入参数是指各传感器或开关信号输入给 ECU 的各个参数。输入参数可以是数值参数，也可以是状态参数。

2）输出参数是指 ECU 送出给各执行器的输出指令。输出参数大多是状态参数，也有少部分是数值参数。

（3）数据流中的参数可以按汽车和发动机的各个系统进行分类，不同类型或不同系统的数据流分析方法各不相同。在进行电控装置故障诊断时，还应当将几种不同类型或不同系统的数据流进行综合对照分析。不同厂家及不同车型的汽车，其电控装置的数据流参数的名称和内容也不完全相同。

三、数据流分析方法

1. 数值分析法

汽车电子控制系统在工作过程中，控制模块（ECU）对传感器的输入信号进行分析与处理，并向各执行器发出控制指令，使被控对象工作在设定目标范围内。闭环控制还将被控对象的工作状态信息通过相关传感器反馈给 ECU，ECU 根据相应传感器的反馈信号对控制信号再加以修正。在这些输入与输出信号中，一些信号以数值大小反映被控对象的工况与状态。因此，用诊断仪器读取这些信号参数后，需要通过所测得数据流的数值来分析被控对象的状态和系统的工作情况。例如，启动机转速正常，但发动机不能启动，通过读取发动机的转速信号（正常启动转速数据为 150～300 r/min），如果数据较小或接近于零，则说明是转速信号过弱引起发动机不能启动。因为发动机转速信号是发动机控制系统进行点火控制和喷油控制必不可少的信号，如果发动机的转速参数过小，ECU 则不能进行正常的点火和喷油控制，发动机也不能启动。

有些汽车发动机的冷却风扇由发动机 ECU 控制，ECU 根据发动机冷却液温度传感器的电压信号来判断发动机冷却液温度，当温度达到极限值时，ECU 输出控制信号，通过控制风扇继电器使风扇工作。例如，一辆本田雅阁 2.3 轿车，发动机启动不久，发动机温度还未达到正常工作温度时冷却风扇就开始工作，这说明冷却风扇控制不正常。连接故障诊断仪，未能读取故障信息；读取数据流，发动机冷却液温度是 112 ℃，而该车发动机电动风扇的工作温度为 91 ℃～95 ℃（开关 A 低速挡）和 103 ℃～109 ℃（开关 B 高速挡）。分析发动机冷却液温度数据流的数值和冷却

风扇能转动的实际情况，可以确定 ECU 对冷却风扇的控制及控制电路正常，问题出在 ECU 得到的温度信号不正确。温度信号不正确的原因是冷却液温度传感器、线束接头或 ECU 内部的输出信号处理电路等有异常。经检查发现，冷却液温度传感器的阻值不正确，更换后一切正常。

2. 时间分析法

时间分析法是通过对所获取的数据流数值随时间的变化进行分析，从中得到被测对象正常与否的数据流分析方法。进行数据流分析时，某些数据参数不仅要考虑其数值大小，而且需要看其工作时限是否超越正常的范围。时限是指在一定单位时间内应发生的次数，或应达到的状态。通过工作时限判断是否有故障的传感器主要有冷却液温度传感器、发动机爆震传感器和氧传感器等。

在正常情况下，发动机启动后几分钟，冷却液的温度就可以达到正常的工作温度。如果发动机启动 10 min 后，发动机电子控制器检测到的冷却液温度还未达到 60 ℃，ECU 就会诊断为冷却液温传感器有故障，并存储故障码。

迅速踩下加速踏板，在发动机转速为 1 500 ~ 4 500 r/min 时，发动机电子控制器至少应收到爆震传感器 2 次大于或等于 3 kHz 的信号。如果 ECU 未能接收到应有的信号，就会认为爆震传感器可能有故障，并存储故障码。如果没能及时给出故障码，需运用数据流分析，判断传感器的信号是否过弱。

氧传感器的信号不仅要求有信号电压值的变化，而且信号电压值的变化频率在一定时间内要超过一定的次数［如某些车要求大于 6 次 / (10 s)］，当小于此值时，就会产生故障码，表示氧传感器响应过慢。如果氧传感器信号电压变化的频率在限定值内，但反应较迟缓时，并不会产生故障码，可以接上检测仪观察氧传感器数据的变化状态以判断传感器的好坏。对采用催化转化器前后均有氧传感器的，前后氧传感器的信号变化频率是不一样的。通常后氧传感器的信号变化频率至少应低于前氧传感器的一半，否则可能是催化转化效率已降低了。

3. 因果分析法

因果分析法是对相互联系的数据之间响应情况和响应速度的分析，从中获得被测对象状态和故障信息。汽车电子控制系统在控制过程中，许多参数具有因果关系。当氧传感器的混合气过浓或过稀信号输入 ECU，必然会使 ECU 输出的喷油脉冲信号有所改变。ECU 根据一个输入对应一个输出，当某个控制过程出现异常时，将这些有因果关系的输入与输出参数连贯起来观察，就可以分析与判断控制系统的故障出现在何处。

在自动空调系统中，当按下空调开关（AC）时，该开关并不是直接接通空调压缩机电磁离合器，而是将该开关信号作为空调制冷请求信号发送给发动机 ECU。ECU 接收到此信号后，检查是否满足设定的条件，若满足，就会向空调继电器发出控制指令，接通继电器线圈，继电器触点闭合，接通压缩机电磁离合器，使压缩机工作。因此，当空调系统不工作时，可观察在按下空调开关后，空调请求（选择）、空调允许、空调继电器等这些有因果关系的参数的状态变化，据此来判断故障出自何处。

对于降低氮氧化物（NO_x）排放的废气再循环（EGR）控制系统，ECU 根据发动机转速传感器、进气流量传感器（或进气压力传感器）、发动机温度传感器、节气门位置传感器等确定是否废气再循环及再循环流量，输出相应的控制信号控制 EGR 电磁阀工作，并根据 EGR 位置传感器的反馈信号来判断 EGR 阀的工作状态。当出现 EGR 系统未工作的故障码时，可在相应工况（非禁止废气循环工况）下检查 ECU 输出的 EGR 电磁阀控制信号和 EGR 位置传感器的反馈信号。如果 ECU 无控制信号输出，可能是反映发动机工况与状态的相关传感器有故障，或是 ECU 本身有故障；如果 ECU 输出的 EGR 电磁阀控制信号变化正常，而 EGR 位置传感器反馈信号值没有变化，则可能是 EGR 位置传感器、传感器线路或 EGR 阀（包括废气通道）有问题。

判别 EGR 阀本身和废气通道有无问题，可在发动机怠速运转的情况下，直接将一定的真空施加于 EGR 阀上，使 EGR 阀打开。如果这时发动机出现明显的抖动或熄火，说明 EGR 阀本身和废气循环通道无问题，可能是 EGR 位置传感器及线路或 ECU 有故障；如果无明显抖动，则可能是 EGR 阀或废气循环通道有异常。

4. 关联分析法

关联分析法是通过对彼此有关联的数据流进行分析比较，找到故障的真正原因。电子控制系统在工作时，ECU 对几个相关传感器信号进行比较，当发现它们之间的关系出现不合理的状况时，就会做出有故障的判断，并会给出一个或几个故障码，或指出某个信号不合理。在这种情况下，不能轻易断定是某个传感器不良，应根据它们之间的相互关系做进一步的检测和分析，以便得到正确的诊断结果。

例如：发动机 ECU 自诊断系统给出了节气门位置传感器信号不正确的故障码，但实际检测结果表明节气门位置传感器及其设定值都无问题。在这种情况下，就需要注意检查相关联的传感器。通过检测发动机转速信号，发现发动机转速信号不正确，更换曲轴上的曲轴位置传感器（CKP 传感器）后，故障排除。故障原因是 ECU 接收到不正确的发动机转速信号后，不能判断转速信号是否正确（因 CKP 信号并未超出规定的正常范围），而是比较此时的节气门位置传感器信号，认为其信号与接收到的错误转速信号不相符，故给出节气门位置传感器的故障。

又如：空气流量与节气门开度关联，节气门开度增加，空气流量随之变大；反之变小。如果空气流量信号与节气门开度信号的关联系统出现矛盾，但两个信号都没有超过正常的电压范围时，通常情况下 ECU 会判定喷油的主信号异常，并记忆该传感器的故障码。因此，当空气流量与节气门开度两个关联信号出现矛盾时，电控单元会存储空气流量传感器的故障码。鉴于此，当有空气流量传感器故障码，但检查结果又正常时，要注意检查节气门位置传感器的数据流，观察节气门位置传感器的信号与节气门的实际开度变化是否相符。

5. 比较分析法

比较分析法是对相同车型及系统在相同条件下的相同数据组进行分析比较，以确定被测对象是否正常。

在很多时候，没有足够的详细技术资料和详尽的标准数据，无法正确地断定某个器件的好坏。此时，可以与同类车型或者同类系统的数据加以比较。在修理中，很多人会使用替换试验进行判断，这也是一种简单的方法。但在进行时应注意首先做基本诊断，在基本确定故障趋势后，再替换被怀疑有问题的器件，不可以盲目更换。盲目更换的结果可能是更换了所有器件都未能解决问题。再一个要注意的问题是用于替换的器件一定是要确认良好的，而不一定是新的，因为新的未必就是良好的，这是做替换试验的基本原则。

比较分析法还可以应用于同一车型不同工作状态下的相关数据流的比较。例如：车辆出现冷车无故障而热车工作不良，或者热车正常而冷车工作不良时，可通过分析比较冷车或热车正

常时的相关数据，找出不正常数据，并确定故障的原因。

四、发动机数据流分析

1. 发动机转速分析

读取电控装置数据流时，在检测仪上显示出来的发动机转速是由电子控制单元（ECU）根据发动机点火信号或在曲轴位置传感器的脉冲信号计算而得到的。它反映了发动机的实际转速，发动机转速的单位一般采用 r/min，其变化范围为 0 至发动机的最高转速，可以对比目标转速加以分析。

当发动机启动时，发动机转速由启动机带动，其单位为 r/min，显示的数值范围为 0～800 r/min。该参数是发动机控制启动喷油量的依据。分析发动机启动转速可以分析其启动困难的故障原因，也可以分析发动机的启动性能。

2. 发动机启动信号分析

启动信号是一个状态参数，其显示内容为 YES 和 NO。该参数反映由控制单元检测到点火开关的位置或启动机回路启动时是否接通。在点火开关转至启动位置、启动机回路接通运转时，该参数应显示为 YES，其他情况下为 NO。

发动机控制单元根据这一信号来判断发动机是否处于启动状态，并由此来控制发动机启动时的燃油喷射、怠速和点火正时。在进行数值分析时，应在发动机启动时检查该参数是否显示为 YES。如果在启动时该参数仍显示为 NO，说明启动系统至控制单元的信号电路有异常，这会导致发动机出现启动困难等故障。

3. 冷却液温度分析

发动机冷却液温度是一个数值参数，其单位可以通过检测仪选择为 ℃ 或 ℉。在单位为 ℃ 时，其温度变化范围为 -40 ℃～199 ℃。该参数表示计算机根据冷却液温度传感器送来的信号计算后得出冷却液温度值。该参数的数值在发动机冷车至热车的过程中逐渐上升，在发动机完全热车后怠速时的冷却液温度应该为 85 ℃～105 ℃。当冷却液温度传感器或线路断路时，该参数显示为 -40 ℃。若显示超过 185 ℃，则说明冷却液温度传感器或线路短路。

在有些车型中，发动机冷却液温度参数的单位为 V，表示这一参数的数值直接来自冷却液温度传感器的信号电压。该电压与冷却液之间的比例关系依据控制电路的方式不同而不同。通常成反比关系。在冷却液温度传感器低时电压高，冷却液温度高时电压低，但也可能成正比关系。在冷却液温度传感器正常工作时，该参数数值的范围为 0～5 V。如果发动机工作时，冷却液的节温器已经完全打开，而冷却液温度不是逐渐上升，而是下降好几度，这就表明冷却液温度传感器已经损坏。

某些车型的计算机会将点火开关刚接通那一瞬间的冷却液温度传感器信号存在存储器内，并一直保存至发动机熄火后下一次启动时。在进行数值分析时，检测仪会将计算机数据流中的这一信号以启动温度的形式显示出来，可以将该参数的数值和发动机冷却液温度的数值进行比较，以判断冷却液温度传感器是否正常。在发动机冷状态启动时，启动温度和此时的发动机冷却液温度数值是相等的。随着发动机在热状态下启动，发动机冷却液温度应逐渐升高，而启动温度仍然保持不变。若启动后两个数值始终保持相同，则说明冷却液温度传感器或线路有故障。

4. 车辆防盗燃油中止分析

车辆防盗燃油中止是一个状态参数，其显示内容为"启动"或"未启动"。防盗燃油启用电路是从车辆防盗控制模块输入的，该模块向 ECU 发送信号，使其在接收合适的信号条件下启用喷油器。扫描工具正常时显示"未启动"。若车辆防盗控制模块将校正防盗燃油信号发给 ECU，显示器则转换为"启动"且燃油系统中止。

5. 车速参数分析

车速参数是由发动机或自动变速器计算机（ECM/TCM）根据车速传感器的信号计算出的汽车车速数值。车速参数的显示单位有 mile/h（英里／小时）或 km/h（千米／小时）两种，可以通过调整检测仪来变换。车速参数是计算机控制自动变速器的主要参数，也是进行巡航控制的重要参数。该参数一般作为对自动变速器的其他控制参数进行分析的参考依据。

6. 发动机负荷分析

发动机负荷是一个数值参数，单位为 ms 或 %，在怠速时的数值范围为 1.3～4.0 ms 或 15%～40%。用来反映发动机负荷大小的喷油时间是一个纯计算的理论值。在怠速下的发动机负荷可以理解为发动机克服自身摩擦力和驱动相关附件装置所需的油量，通常用观察怠速时的发动机负荷（喷油时间）来判断车辆是否存在故障。海拔每升高 1 000 m，发动机负荷就会降低约 10%。当外界温度很高时，发动机输出功率也会降低，最大降低幅度可达 10%。汽车行驶中，当发动机达到最大负荷，在 4 000 r/min 时显示值应达到 7.5 ms，在 6 000 r/min 时显示值应达到 6.5 ms。

《轻型汽车污染物排放限值及测量方法（中国第六阶段）》（GB 18352.6—2016）：计算负荷值（Calculated Load Value，CLV）是指当前空气流量除以最大空气流量（如适用对最大空气流量进行海拔修正）的指示值。该定义提供了一个与发动机无关的无量纲数，并向维修人员提供了发动机能力使用比例的指示值（节气门全开时为 100%）。发动机负荷异常相关故障见表 1-7。

$$CLV = \frac{当前空气流量}{最大空气流量（海平面处）} \times \frac{大气压力（海平面处）}{大气压力}$$

表 1-7 负荷异常相关故障

项目	可能的故障原因	故障排除
<10%	发动机处于倒拖工况	—
10%～15%	有未经计量的空气进入	检查进气泄漏、检查空气流量计
>35%	怠速抖动、某缸工作不良	喷油器或火花塞故障
	开启了用电设备	关闭用电设备
	动力转向处于极限位置	将转向盘转至正中位置
	AT 处于行驶挡	将变速杆置于 P 挡或 N 挡
	空气流量计损坏	检查空气流量计

7. 故障指示灯（MIL）信号分析

故障指示灯是一个状态参数，其显示内容为接通或断开。当发动机各控制电路正常时，ECM/PCM 的输入与信号电压将在规定范围内变化，此时仪表板上故障指示灯（MIL）不亮，故障指示灯显示 OFF。当某一电路出现超过规定范围的信号电压时，ECM/PCM 便判定该电路信号

出现故障，故障指示灯（MIL）被点亮，故障指示灯数据显示 ON。

五、进气相关数据流分析

1. 大气压力参数分析

大气压力是一个数值参数。它表示大气压力传感器送给计算机的信号电压的大小，或计算机根据这一信号经过计算后得出的大气压力的数值。该参数的单位有 V、kPa、cmHg 三种，其变化范围分别为 0～5.12 V、0～125 kPa 和 0～100 cmHg。有些车型的计算机显示两个大气压力参数，其单位分别为 V 和 kPa 或 cmHg。这两个参数分别代表大气压力传感器电压的大小及计算机根据这一信号计算后得出的大气压力数值。大气压力数值与海拔高度有关：海平面附近为 100 kPa 左右，高原地区大气压力较低，在海拔 4 000 m 附近为 60 kPa 左右。在数值分析中，如果发现该参数和环境压力有很大的偏差，说明大气压力传感器或计算机有故障。

2. 进气歧管压力参数分析

进气歧管压力是一个数值参数。它表示由进气管压力传感器（MAP）送给计算机的信号电压，或表示计算机根据这一信号电压计算出的进气管压力数值。该参数的单位有 V、kPa、cmHg 三种，其变化范围分别为 0～5.12 V、0～205 kPa 和 0～150 cmHg。进气管压力传感器所测量的压力是节气门后方进气歧管内的绝对压力。在发动机运转时，该压力值取决于节气门的开度和发动机的转速。在相同转速下，节气门开度越小，进气歧管的压力就越低（即真空度越大）；在相同节气门开度下，发动机转速越高，该压力就越低。涡轮增压发动机的进气歧管压力在增压器起作用时，则大于 101 kPa（大气压力）。在发动机熄火状态下，进气歧管压力应等于大气压力。如果在数值分析时发现该参数值和发动机进气歧管内的绝对压力不符，则说明传感器不正常或计算机有故障。

3. 空气流量参数分析

空气流量是一个数值参数。它表示发动机计算机收到的空气流量计的进气量信号。该参数的数值变化范围和单位取决于车型和空气流量计的类型。

采用翼板式空气流量计、热线式空气流量计及热模式空气流量计的车型，该参数的单位为 V，其变化范围为 0～5 V。在大部分车型中，该参数的大小与进气量成反比，即进气量增加时，空气流量计的输出电压下降，该参数的数值也随之下降，5 V 表示无进气量，0 V 表示最大进气量。也有部分车型，该参数的大小与进气量成正比，即数值大表示进气量大，数值小表示进气量小。采用涡流式空气流量计的车型，参数单位为 Hz 或 ms，其变化范围 0～1 600 Hz 或 0～625 ms。在急速时，不同排气量的发动机数值为 25～50 Hz。进气量越大，该参数的数值也越大。在 2 000 r/min 时为 70～100 Hz。

如果在不同工况时该参数的数值没有变化或与标准有很大差异，说明空气流量计有故障。进气流量不准确常会引起加速不良、发动机回火或放炮等故障现象。当产生空气流量计相关故障码后，数据流中显示的进气量信号不是真实的，而是一个替代值。正常情况下，吸入空气流质量，在急速时 2～5 g/s，慢加速时 14 g/s 左右，急加速能达到 40 g/s。在全开节气门加速状态可能达到 100 g/s，某些发动机即使在发动机熄火后也会有一个很低的读值（2～8 g/s）。

4. 进气温度分析

进气温度是一个数值参数，其数值单位为 ℃ 或 ℉，在单位为 ℃ 时其变化范围为 –50 ℃～185 ℃。该参数表示计算机按进气温度传感器的信号计算后得出的进气温度数值。在进行数值分析时，应检查该数值与实际进气温度是否相符。在冷车启动之前，该参数的数值应与环境温度基本相同；在冷车启动后，随着发动机的升温，该参数的数值应逐渐升高。若该参数显示为 –50 ℃，则表明进气温度传感器或线路断路；若该参数显示为 185 ℃，则表明进气温度传感器或线路短路。

5. 节气门开度分析

节气门开度是一个数值参数。其数值的单位根据车型不同有三种：单位为 V（电压），数值范围为 0～5.1 V；单位为角度（°），数值范围为 0°～90°；单位为 %，则数值范围为 0%～100%。

该参数的数值表示发动机 ECU 接收到的节气门位置传感器信号值，或根据该信号值计算出的节气门开度的大小。其绝对值小，表示节气门开度小；其绝对值大，表示节气门开度大。在进行数值分析时，应检查在节气门全关时参数的数值大小。以电压为单位的，节气门全关时参数的数值应低于 0.5 V；以角度为单位的，节气门全关时的参数的数值应为 0°；以百分数为单位的，节气门全关时的参数的数值应为 0%。如大众装有 EPC（电子节气门）节气门开度：怠速时为 2%～3%；EPC 有故障时为 7%～10%，这一开度的作用是保证车辆跛行回家；大负荷开度可达 100%。若有异常，则可能是节气门位置传感器有故障或调整不当，也可能是线路或 ECU 内部有故障。

6. 进气怠速控制分析

进气怠速控制是一个数值参数，它表示 ECU 所控制的发动机节气门体上的怠速控制阀的开度。在检测时，根据不同的车型，该参数有采用百分数（%）及不采用百分数两种情况，其数值范围有 0～100%、0～15 和 0～255 三种。数值小，表示怠速控制阀的开度小，经怠速控制阀进入发动机的进气量较小；数值大，表示怠速控制阀的开度大，经怠速控制阀进入发动机的进气量多。在数值分析时，通过观察该数值参数可以监测到 ECU 对怠速阀的控制情况，以作为判断发动机怠速故障或其他故障时的参考。

六、燃油控制相关数据流分析

1. 喷油脉冲宽度信号分析

喷油脉冲宽度是发动机 ECU 控制喷油器每次喷油的时间长度，是喷油器工作是否正常的最主要指标。该参数所显示的喷油脉冲宽度数值单位为 ms。该参数显示的数值大，表示喷油器每次打开喷油的时间较长，发动机将获得较浓的混合气；该参数显示的数值小，表示喷油器每次打开喷油的时间较短，发动机将获得较稀的混合气。喷油脉冲宽度没有一个固定的标准，它将随着发动机转速和负荷的不同而变化。影响喷油脉冲宽度的主要因素：空燃比调节；活性炭罐的混合气浓度；空气温度与密度；电源电压（喷油器打开得快慢）。

2. 目标空燃比分析

该参数不是通过测量得到的发动机实际空燃比，而是发动机计算机在闭环控制时根据各种传感器信号计算后得出的应该提供的空燃比，计算机将依照此参数的大小来控制喷油器的喷油量。该参数的显示值一般为 14.7 左右，低于此值表示 ECU 要提供较浓的混合气，高于此值表示 ECU 要提供较稀的混合气。有些车型以状态参数的方式显示这个参数，其显示的内容为浓或稀。

3. 氧传感器信号分析

车型不同，数据流的含义也有所不同。有些车型以状态参数的形式显示出来，其变化为浓或稀；也有些车型将它以数值参数的形式显示出来，其数字单位为 V。浓或稀表示排气的总体状

态，数值表示氧传感器的输出电压。通常该参数在发动机热车后以中速（1 500～2 000 r/min）运转时，呈现浓稀的交替变化或输出电压在 100～900 mV 来回变化，每 10 s 内的变化次数应大于 8 次（0.8 Hz）。若该参数变化缓慢或不变化或数值异常，则说明氧传感器或控制模块内的反馈控制系统有故障。

以大众车型为例，如管型氧传感器（LSH）和平板型氧传感器（LSF）产生的电压是一样的，过稀＜0.45 V、过浓＞0.45 V。宽域氧传感器（LSU）产生的电压，过稀＜1.5 V、过浓＞1.5 V。后氧传感器都是 LSH/LSF 型氧传感器，电压基本保持为 0.6～0.8 V，当进行系统测试时会在 0.2 V 左右。

4. 短期燃油修正分析

短期燃油修正（Short Term Fuel Trim，STFT）是发动机控制模块内部的一个程序，用于修正喷油脉宽。短期燃油修正量是根据上游氧传感器信号确定的，在诊断仪界面中通常显示的是一个百分比系数。

（1）STFT=0：表示喷油量不需要修正，发动机控制模块按照基本喷油量进行喷油；

（2）STFT 为正数，如 5%，表示当前喷射量在基本喷油量的基础上增加 5%；

（3）STFT 为负数，表示需要减少喷油量。

当氧传感器信号反馈混合气过浓时，发动机控制模块持续减小短期燃油修正系数，以减少喷油量，当喷油量减少到一定程度后，氧传感器信号反馈混合气过稀，发动机控制模块相应加大 STFT 以增加喷油量，直到氧传感器信号再次反馈混合气过浓。控制过程如此往复循环，始终将实际空燃比控制在理论空燃比附近。

如果发动机控制模块持续加大或减小 STFT，但不能使氧传感器信号在理论空燃比附近切换，则发动机控制模块将判断为故障，相应设定故障码（DTC）。发动机电控系统不同，短期燃油修正调节范围也不同，如有的品牌发动机电控系统，其短期燃油修正调节范围为 ±33%。

5. 长期燃油修正分析

长期燃油修正系数（Long Term Fuel Trim，LTFT）也是发动机控制模块内部的一个程序，用于修正喷油脉宽。这种控制策略又称为"自适应燃油策略"，该控制策略的特点是能够"学习"，将闭环控制状态下的燃油修正结果记录在发动机控制模块内，即使发动机停机后也不会丢失。

长期燃油修正也是按百分比系数进行计算的，该系数的含义：如果短期燃油修正系数长时间保持为正数或负数，那么发动机控制模块会判断喷油量出现偏差，需要调整基本喷油量，使得 STFT 回到 0。此时，调整喷油量的幅度就是长期燃油修正系数。

长期燃油修正系数一旦确定后就会存储到发动机控制模块的存储器内，并且应用在发动机的所有工作状态，包括开环工作状态和闭环工作状态，即使氧传感器失效，长期燃油修正系数也不会丢失。发动机电控系统不同，长期燃油修正调节范围也不同，如有的品牌发动机电控系统，其长期燃油修正调节范围为 ±33%。

无论任何时候，影响发动机工作的部件被更换后，自适应记忆值应重设（复位或归零），如果没有这样操作，那么当发动机启动后运行在开环模式下时，其控制模块将延用故障检修前的长期自适应记忆值，这会造成发动机工作粗暴。

6. 开、闭环控制与燃油修正分析

当发动机处在相对稳定的工作状态时，发动机控制模块根据氧传感器的反馈修正喷油量，使空燃比尽可能接近理论空燃比，这种控制模式称为闭环燃油喷射控制。当发动机控制模块没有根据氧传感器信号进行燃油喷射量修正时，这种控制模式称为开环燃油喷射控制。

（1）实际燃油修正量的计算。发动机电控系统的实际燃油修正量是短期燃油修正与长期燃油修正之和，即实际燃油修正量 =STFT+LTFT。如 STFT 为 –10%，LTFT 为 8%，则实际燃油修正量为 –2%。

（2）短期燃油修正与开、闭环控制模式的关系。只有在闭环控制模式下，发动机控制模块才能启用短期燃油修正程序。在发动机运行过程中，相对稳定的工况如怠速、缓加速 / 减速等，系统采用长期闭环控制策略。当快速改变工况时，如急加速、急减速等，系统将暂时取消闭环控制模式，进行开环控制模式调控，以便优先满足发动机的动力需求。当点火开关关闭后，短期燃油修正值自动清除。

（3）长期燃油修正与开、闭环控制模式的关系。长期燃油修正在开环和闭环控制模式下均工作，长期燃油修正值间隔进行调整并被存储，当点火开关关闭后，长期燃油修正值依然能够保存并在下次启动后继续延用。

（4）燃油修正闭环控制失效的常见原因。一般来说，发动机轻微的机械或电控故障不会导致燃油修正闭环控制失效，这也是为了尽可能使发动机处于闭环控制模式下运行，满足降低排放的要求。

只有当发动机出现严重故障时，如直接影响排放的故障，闭环控制模式才会被取消，切换为开环控制模式，发动机控制模块忽略前氧传感器参数，同时启用相应的故障运行模式，维持发动机的基本运行功能。导致燃油修正闭环控制失效的常见原因如下：

1）前氧传感器故障。如加热器损坏或线路连接不良，氧传感器供电、接地、信号线路连接不良，氧传感器本身损坏、性能老化等。

2）电子节气门故障。如电子节气门卡滞、损坏或线路连接不良等。

3）严重的点火系统故障。如点火线圈、火花塞损坏、性能老化等。

4）严重的燃油系统故障。如喷油器短路、断路、堵塞、泄漏、性能老化，高压油泵损坏或电路失效，轨压传感器损坏或导线连接不良等。

5）发动机控制模块功能性损坏。如发动机控制模块内部的喷油器驱动模式损坏，导致对应的喷油器无法喷油，系统检测到失火故障（缺缸），燃油修正闭环控制模式失效。

7. 减少燃油模式分析

减少燃油模式是一个状态参数，其显示状态为启动或未启动。显示的启动表示发动机控制模块已检测到减少燃油模式中相应的操作状况。当检测到节气门位置突然减小，同时车辆以高于 40 km/h 速度行驶，PCM 则指令减少燃油模式。当处于减少燃油模式时，发动机控制模块会通过进入开路并减小喷油器脉宽来减少所供给的油量。

8. 燃油泵指令分析

燃油泵指令是一个状态参数，其显示状态为接通或断开（ON/OFF），表示燃油泵继电器驱动电路的指令状态。控制模块控制燃油泵继电器动作，驱动燃油泵工作。当点火开关第一次转至"ON"位置时，控制模块便激发燃油泵继电器动作，使燃油泵开始工作。燃油泵继电器在发动机运转期间，且控制模块能接收到参考信号脉冲的情况下，一直处于导通状态。如果没有参考信号存在，燃油泵继电器在点火开关被转至"ON"位置2 s内停止。控制模块可以检测到燃油泵继电器控制电路中的故障，如果控制模块检测到燃油泵继电器控制电路中存在电气故障，将设置相关故障码（燃油泵继电器控制电路不良）。

七、供电与点火相关数据流分析

1．蓄电池电压分析

蓄电池电压是一个数值参数，该参数反映了发动机ECU所检测到的蓄电池电压，其数值变化范围为0～25 V。发动机控制系统中没有专门检测蓄电池电压的传感器，发动机ECU根据其内部电路对输入ECU的电源电压进行检测后获得这一数值。在发动机运转时，该参数实际数值通常接近正常的充电电压，怠速时为13.5～14.5 V。在数值分析时，可将该参数值与蓄电池接线柱上的电压进行比较。

当蓄电池电压过低时，发动机ECU的某些功能会发生变化。例如，当发动机ECU检测到蓄电池电压降至低限值以下时，就会发出指令，使发动机以高怠速运转，以提高发电机的转速，增加充电量。控制单元的电压过低，易引起发动机怠速不稳、熄火、加速不良、启动困难等故障。

2．基准电压分析

大部分汽车控制单元的基准电压均为5.0 V左右。基准电压是一个数值参数，它表示控制单元向某些传感器输出的基准工作电压的数值，其变化范围为0～5.12 V。该电压是衡量控制单元工作是否正常的一个基本标志，若该电压异常，则表示控制单元有故障。

3．点火提前角分析

点火提前角是一个数值参数，该参数表示由发动机ECU控制的总点火提前角（含基本点火提前角），变化范围为−90°～90°。在发动机运转过程中，该参数取决于反映发动机工况与状态的相关传感器的信号，通常为10°～60°。

在进行数值分析时，应检查点火提前角参数能否随发动机工况与状态的改变而变化。发动机怠速运转时，该参数值大约为15 °；发动机转速升高时，该参数值应随之增大。如果点火提前角参数值在发动机不同工况下保持不变，则表示发动机ECU有故障。

可以用正时灯检测发动机点火提前角的实际值，并与发动机ECU点火提前角参数值进行比较。如果用正时灯检测的实际点火提前角与发动机ECU的点火提前角参数值不相符，则说明曲轴位置传感器不良或其安装位置不正确，应按规定进行检查和调整。

4．点火控制信号分析

点火控制是一个状态参数，该参数的显示内容为YES和NO。点火控制参数表示发动机ECU是否在控制点火提前角。通常，在发动机启动过程中，发动机ECU不进行点火提前角控制。此时，点火正时由点火控制模块控制，点火控制参数显示为NO。发动机启动后，由发动机ECU控制点火提前角。此时，点火控制参数应显示为YES。如果在发动机运转中点火控制参数仍显示为NO，说明在发动机电子控制系统中的某些传感器有故障，使发动机ECU无法控制点火提前角。

5．爆震信号分析

爆震是一个状态参数，该参数的显示方式也是YES和NO。爆震参数表示发动机ECU是否接收到爆震传感器送来的爆震信号。当爆震参数显示为YES时，说明发动机ECU已经接到爆震信号；爆震参数显示为 NO 时，则表示没有接到爆震信号。在进行数值分析时，可在发动机怠速运转时急加速。此时，爆震参数应显示为 YES，然后又显示为 NO。如果在发动机急加速时爆震参数没有显示为 YES 或在发动机转速稳定时仍显示为 YES，说明爆震传感器或其线路有故障。

6. 爆震计数分析

爆震计数是一个数值参数，其变化范围为 0 ~ 255。它表示发动机 ECU 根据爆震传感器信号所计算出的爆震的次数和相关的持续时间。爆震计数参数值并非爆震的实际次数和持续时间，只是一个与爆震次数和持续时间成正比的相对数值。任何大于 0 的数值都表示已发生爆震。数值低表示爆震次数少或持续时间短，数值高表示爆震次数多或持续时间长。

7. 爆震推迟分析

爆震推迟是一个数值参数，该参数的变化范围为 0°~ 99°，它表示发动机 ECU 在接收到爆震传感器送来的爆震信号后，得出将点火提前角推迟的具体数值，其单位为度（°）。爆震推迟参数不代表点火提前角的实际数值，而是表示点火提前角相对于当前工况下最佳点火提前角向后推迟的角度。

8. 电气负荷开关分析

电气负荷开关是一个状态参数，该参数显示的内容为 ON 或 OFF。电气负荷开关参数表示汽车电气系统的负荷状态。当使用前照灯、制动灯、空调等耗电量较大的用电设备时，电气负荷开关参数显示为 ON；当所有附属用电设备关闭时，该参数显示为 OFF。当发动机处于怠速工况时，发动机 ECU 会根据电气负荷开关参数对充电系统做出补偿控制：当该参数为 ON，发动机又处于怠速工况时，发动机 ECU 就会对怠速控制电磁阀输出控制信号，通过提高发动机怠速来增加交流发电机的发电量，以避免发动机在怠速工况下因电气负荷大而造成蓄电池亏电。

八、排放控制相关数据流分析

1. 炭罐指令分析

炭罐指令是一个状态参数，显示内容为 ON 或 OFF。它表示 ECU 输出至活性炭罐电磁阀的控制信号。ECU 在冷车或怠速运转时让电磁阀关闭，切断发动机进气歧管至活性炭罐的真空通路，停止活性炭罐的净化回收工作，此时该参数显示为 OFF。发动机在热车并以高于怠速转速运转时，ECU 控制电磁阀打开，导通炭罐至发动机进气歧管的真空通路。此时，该参数显示为 ON。如果在进行数值分析时发现该参数显示规律有异常，说明 ECU 或某些传感器有故障。

2. 废气再循环指令分析

废气再循环指令是一个状态参数，其显示内容为 ON 或 OFF。该参数表示 ECU 是否输出控制信号让废气再循环控制电磁阀打开。该参数显示为 ON 时，表示 ECU 输出控制信号，废气再循环控制电磁阀接到信号通路，打开真空通路，让真空进入废气再循环阀，使废气再循环装置开始工作。该参数显示为 OFF 时，电磁阀不通电，切断废气再循环阀的真空。该参数在汽车停车或发动机处于怠速、开环控制状态时显示为 OFF，在汽车行驶状态下通常显示为 ON。该参数仅仅反映 ECU 有无输出控制信号，不表示废气再循环控制电磁阀是否接到该信号及是否已打开。

3. 废气再循环温度分析

废气再循环温度是一个数值参数，其变化范围为 0 ~ 5.12 V 或 –50 ℃ ~ 320 ℃。该参数表示安装在废气再循环通路上的废气再循环温度传感器送给ECU的反馈信号,这一信号以温度变化的形式间接地反映废气再循环的流量。当废气再循环流量大时,再循环通路上的废气温度升高,该参数的数值增大;废气再循环流量小或停止时,该参数的数值减小。在数值分析时,可以将该参数的变化和废气再循环指令对照。当废气再循环指令参数为ON时,废气再循环温度数值应上升,否则说明废气再循环装置不工作或废气再循环温度传感器有故障。

在EGR系统中排气歧管排放气体中的部分气体再循环到进气歧管,这一部分就由EGR阀控制。要保证EGR阀门系统工作正常,必须由EGR监测温度传感器时刻监视它的工作。在排放法规中,已强制要求安装EGR监测温度传感器,以监视EGR阀的工作状况,减少汽车尾气中NO_x的含量。

EGR监测温度传感器用热敏电阻制成,作用就是检测EGR阀下游的再循环气体的温度变化情况,以此来监视EGR阀的工作状况。在一般工况下,EGR阀附近废气温度为100 ℃~200 ℃;高温、重负荷时为300 ℃~400 ℃;不工作时为50 ℃左右。当EGR系统发生故障导致没有废气再循环时,其原因可能是EGR监测温度传感器连接电路断路或短路;EGR控制系统发生故障,引起系统停止工作;EGR管路中的沉积物堵塞了通路。此时应检查EGR监测温度传感器的电阻与温度的关系。

4. EGR阀位置分析

EGR阀位置是一个数值参数,其数值范围为0~5.1 V。该参数是以EGR阀升程传感器的电压来表示EGR阀的位置。当EGR阀的开度增加时,电压读数也相应提高。

EGR阀升程传感器又称EGR高度传感器或EGR位置传感器。在EGR阀上方装有EGR阀高度传感器(电位器),用于监控EGR阀的开度。EGR阀高度传感器以电压信号(0~5 V)将EGR阀的开度反馈给ECU,ECU即将它与理想的开度值进行比较。若两者不同,ECU便会调整其控制脉冲的占空比,通过改变EGR控制电磁阀的开、闭时间来调节EGR阀的开度,从而适应发动机的工况。

5. 二次空气喷射指令分析

二次空气喷射指令是一个状态参数,其显示内容为NORM或DIV。该参数表示发动机ECU向空气喷射系统送出的指令。当参数显示为NORM时,表示ECU向电磁阀输出控制信号,使电磁阀移动空气喷射阀的阀门,让空气喷向排气歧管或排气门;该参数为DIV时,表示ECU控制电磁阀移动阀门,使空气喷向大气或三元催化器。

6. OBD-Ⅱ准备状态监测分析

OBD-Ⅱ准备状态监测是一个状态参数,其显示内容为就绪、未就绪或无。

使用OBD-Ⅱ系统的车型,其PCM随时监测各种与排放物有关的电路和器件的功能和工作效率。当一个被监测的电路或器件工作不正常时,将设定诊断故障码(DTC)。

每个监测器在监测相关电路前,都要求具备一定的条件。随被监测电路和器件的不同,监测器所需的条件也不同。OBD-Ⅱ准备状态监测参数显示这些监测器的状态。当一个OBD-Ⅱ准备状态监测参数显示为"就绪"时,表示所要求的条件已满足,监测器已为报告故障和设定故障码准备就绪。当准备状态监测参数显示为"未就绪"时,表示所要求的条件未满足,因此,监测器不能报告故障和设定故障码。当准备状态监测器参数显示为"无"时,表示该车型未配备该监测器。

九、变速器数据流分析

1. 锁止离合器指令分析

锁止离合器是一个状态参数，显示内容为 ON 或 OFF。它表示自动变速器锁止离合器（TCC）电磁阀的工作状态。与锁止离合器相关的参数还有 TCC 负荷周期（0～100%）、TCC 释放压力（是或否）、TCC 滑动速度（-4 080～+4 080 r/min）、TCC 延时（0～25 s）、TCC 强制脱开（YES 或 NO）。

2. 制动开关分析

制动开关是一个状态参数，其显示的内容为 ON 或 OFF。该参数表示常开制动开关的位置状态。当松开制动踏板时，该参数显示为 OFF；当踩下制动踏板时，该参数显示为 ON，并被送至 ECM/PCM。踩下制动踏板，PCM 将脱开变矩器的锁止离合器。

3. 速比分析

速比是指自动变速器输入转速与输出转速之比，此参数为数值参数。该参数反映变速器实际输入转速与输出转速比的差，变速器控制模块将比较指令与内部计算值以确定是否存在故障。如 4T65E 变速器的各挡位速比：1 挡：2.921∶1；2 挡：1.568∶1；3 挡：1.000∶1；4 挡：0.705∶1；倒挡：2.385∶1。

动力系统控制模块根据来自自动变速器输入轴转速传感器和车速传感器的数据计算齿轮传动比。动力系统控制模块对每个被选择的挡位，将已知的变速器齿轮传动比与计算得到的传动比进行比较，如动力系统控制模块检测到因变速器中过多的滑动引起的错误的传动比，则设置 DTC P0730。同时，不允许变速器跳入 4 挡也不允许 TCC 结合，并升高管路压力，进入安全模式。与速比相关的参数还有输入转速、输出转速、涡轮转速、TCC 滑移转速（或离合器滑移转速）、超速比、车速。

4. 压力控制电磁阀（PCS）实际电流分析

压力控制电磁阀（PCS）实际电流是一个数值参数，单位为安培（A），其变化范围为 0～1.1 A。该参数反映流过 PCS 电路的实际电流，高的电流表示低的管道压力，低的电流表示高的管道压力，如 4T65E 变速器 PCS 电流与管路压力关系如图 1-22 所示。

PCS 电磁阀位于阀体上，动力系统控制模块基于节气门位置和其他输入信号来控制 PCS 电磁阀电流得到需要的管路压力，动力系统控制模块随时监视电磁线圈的实际电流。如果 PCM 检测到指令的电流与实际的电流之间的差值大于标定数值，则设置故障码 DTC P0748。与压力控制电磁阀（PCS）相关的参数还有 PCS 电磁阀荷载周期（0%～100%）；PCS 压力（0～255 psi）；PCS 实际电流与额定电流之差（0～4.98 A）；PCS 低电压（YES/NO）；PCS 占空比（0%～100%）；压力控制（0%～100%）；指令管压（396～1 530 kPa）。

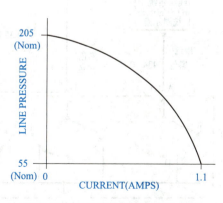

图 1-22 PCS 电流与管路压力关系

5. ATF 温度分析

ATF 温度是一个数值参数，单位为 ℃ 或 ℉。在单位为 ℃ 时，其变化值为 -40 ℃～199 ℃。该参数表示计算机根据自动变速器油温传感器送来的信号计算后得出的油温数值。该参数的数值应能在汽车行驶过程中逐渐升高，正常时，油温应为 60 ℃～80 ℃。

有些车型中，自动变速器油温参数的单位为 V，表示这一参数的数值直接来自油温传感器的信号电压。该电压与油温之间的比例关系依据电路的方式不同而不同，一般成反比关系，即油温低时信号电压高，油温高时信号电压低。但也可能成正比关系。油温传感器正常工作时，该参数的数值范围是 0～5.0 V。

当变速器油温超过 130 ℃ 并在 5 s 后没有冷却到 120 ℃ 则进入热运行模式，热运行模式的显示为状态参数（ON/OFF）。当参数显示为 ON 时，TCC 在 4 挡结合直到油温降到 130 ℃ 以下或制动或 TPS 电压信号较低时才断开，如果变速器油温超过 154 ℃、时间在 1 s 以上，则变速器将保持热运行模式直到下一个点火循环。

6. 变速器挡位分析

变速器挡位是一个数值参数，其数值范围为 P、R、N、D、3、2、1。它反映了变速器操纵手柄目前所处的位置。

挡位开关有两种形式：一种是滑动开关式；另一种是多功能组合开关式。

滑动开关式是根据滑动触点在不同位置，接通相对应挡位的电路。此类挡位开关在早期的车型中应用广泛，如丰田、本田等车型都采用此类挡位开关。多功能组合开关式是由若干个常闭或常开开关组成，根据各开关的组合方式来确定变速器挡位，如 4T65E 多功能开关电路如图 1-23 所示，其功能组合见表 1-8。

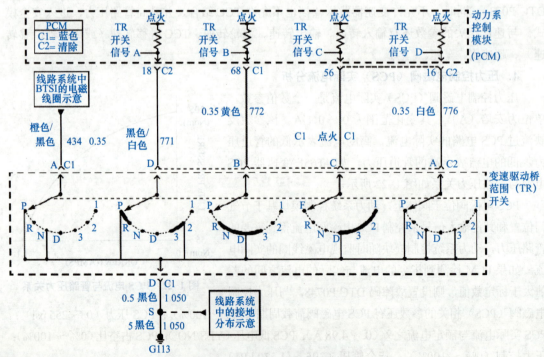

图 1-23　4T65E 挡位开关电路

表 1-8　多功能组合开关

选挡杆位置	信号 A	信号 B	信号 C	信号 P
驻车挡（P）	LOW 低	HI 高	HI 高	LOW 低
倒挡（R）	LOW 低	LOW 低	HI 高	HI 高
空挡（N）	HI 高	LOW 低	HI 高	LOW 低
驱动 4 挡（OD）	HI 高	LOW 低	LOW 低	HI 高
驱动 3 挡（3）	LOW 低	LOW 低	LOW 低	LOW 低
驱动 2 挡（2）	LOW 低	HI 高	LOW 低	HI 高
驱动 1 挡（1）	HI 高	HI 高	LOW 低	LOW 低
无效	所有其他的组合			

注：HI 高 = 点火电压；LOW 低 =0 电压。

十、空调数据流分析

1. 空调（A/C）请求分析

空调（A/C）请求是一个状态参数，其显示内容为 YES 或 NO。它表示空调控制单元控制 A/C 请求输入电路的状态。参数读值为 YES 时，表示 A/C 开关已接通，或车身控制模块（BCM）已指令 A/C 系统接通。在某些情况下，即使开关接通，但可能压缩机离合器并不工作，因为电路中还有其他开关或传感器信号阻止 PCM 接通压缩机离合器。A/C 请求参数仅表示开关已接通，或当所有必要条件满足时，PCM 指令 A/C 系统。

2. A/C 离合器分析

A/C 离合器是空调压缩机工作的反馈参数，发动机控制单元根据 A/C 离合器的反馈信号来显示空调压缩机的工作状态。当 A/C 离合器工作时，即空调压缩机进入工作状态时，发动机负荷加大。此时，ECU 收到 A/C 离合器信号，对喷油器和点火提前角进行修正，喷油脉宽增大，点火提前角加大。

3. A/C 压力分析

A/C 压力是一个数值参数，单位为 kPa 或 psi 时，其变化范围为 170～3 170 kPa。该参数表示 ECU 根据高压侧压力传感器送来的信号计算后得出的制冷剂在高压侧的压力。利用仪器可将显示单位进行公、英制转换。

4. 空调风扇请求分析

空调风扇请求是一个状态参数，其显示内容为 YES 或 NO。该参数反映 ECU 是否指令发动机冷却用的电风扇工作。当系统高压侧的压力开关闭合时，输送信号给 ECM/PCM。此时，冷凝器风扇控制参数为 ON，其他状态下此参数为 OFF。

任务实施

依照维修手册对试验车辆进行相应数据检测操作，并完成数据流检测与分析操作任务工单（表 1-9）。

表 1-9 任务工单

班 级		姓 名		学 号	

数据流检测与分析

1. 填写车辆信息。
车辆 VIN 码：＿＿＿＿＿＿＿＿＿＿＿＿＿＿＿＿＿＿＿＿＿＿＿＿＿＿＿＿＿＿＿＿＿＿＿＿

车型：＿＿＿＿＿＿　生产年份：＿＿＿＿＿＿　发动机型号：＿＿＿＿＿＿　变速器型号：＿＿＿＿＿＿

2. 车辆故障特征描述。
车辆行驶里程：＿＿＿＿＿＿＿＿＿＿
故障警告灯：　□故障灯亮　　　□故障灯不亮
车辆故障现象：＿＿＿＿＿＿＿＿＿＿＿＿＿＿＿＿＿＿＿＿＿＿＿＿＿＿＿＿＿＿＿＿＿＿

3. 选用检测仪型号。
＿＿

4. 连接检测仪器并说明连接操作注意事项。
＿＿
＿＿
＿＿

5. 定格数据流检测：记录定格数据流中 5 个与故障特征相关数据，并做出状态分析。无 DTC 则不需记录定格数据（当出现与排放相关的故障时，ECU 会设置故障码，同时也会记录故障发生瞬间的车辆运行状态信息，以确认故障，这些记录的信息就被称为冻结帧）。

　（1）＿＿＿＿＿＿＿＿＿＿＿＿＿＿＿＿＿＿＿＿＿＿＿＿＿＿＿＿＿＿＿＿＿＿＿＿＿＿

　（2）＿＿＿＿＿＿＿＿＿＿＿＿＿＿＿＿＿＿＿＿＿＿＿＿＿＿＿＿＿＿＿＿＿＿＿＿＿＿

　（3）＿＿＿＿＿＿＿＿＿＿＿＿＿＿＿＿＿＿＿＿＿＿＿＿＿＿＿＿＿＿＿＿＿＿＿＿＿＿

　（4）＿＿＿＿＿＿＿＿＿＿＿＿＿＿＿＿＿＿＿＿＿＿＿＿＿＿＿＿＿＿＿＿＿＿＿＿＿＿

　（5）＿＿＿＿＿＿＿＿＿＿＿＿＿＿＿＿＿＿＿＿＿＿＿＿＿＿＿＿＿＿＿＿＿＿＿＿＿＿

6. 动态数据流检测：记录动态数据流中 8 个与故障特征相关数据，并做出状态分析。

　（1）＿＿＿＿＿＿＿＿＿＿＿＿＿＿＿＿＿＿＿＿＿＿＿＿＿＿＿＿＿＿＿＿＿＿＿＿＿＿

　（2）＿＿＿＿＿＿＿＿＿＿＿＿＿＿＿＿＿＿＿＿＿＿＿＿＿＿＿＿＿＿＿＿＿＿＿＿＿＿

　（3）＿＿＿＿＿＿＿＿＿＿＿＿＿＿＿＿＿＿＿＿＿＿＿＿＿＿＿＿＿＿＿＿＿＿＿＿＿＿

　（4）＿＿＿＿＿＿＿＿＿＿＿＿＿＿＿＿＿＿＿＿＿＿＿＿＿＿＿＿＿＿＿＿＿＿＿＿＿＿

　（5）＿＿＿＿＿＿＿＿＿＿＿＿＿＿＿＿＿＿＿＿＿＿＿＿＿＿＿＿＿＿＿＿＿＿＿＿＿＿

　（6）＿＿＿＿＿＿＿＿＿＿＿＿＿＿＿＿＿＿＿＿＿＿＿＿＿＿＿＿＿＿＿＿＿＿＿＿＿＿

　（7）＿＿＿＿＿＿＿＿＿＿＿＿＿＿＿＿＿＿＿＿＿＿＿＿＿＿＿＿＿＿＿＿＿＿＿＿＿＿

　（8）＿＿＿＿＿＿＿＿＿＿＿＿＿＿＿＿＿＿＿＿＿＿＿＿＿＿＿＿＿＿＿＿＿＿＿＿＿＿

自我评价（个人技能掌握程度）：□非常熟练　□比较熟练　□一般熟练　□不熟练

教师评语（包括工作单填写情况、语言表达、态度及沟通技巧等方面，并按等级制给出成绩）

实训记录成绩＿＿＿＿＿＿＿　教师签字：＿＿＿＿＿＿　　　年　　月　　日

习题与思考

1. 举例说明汽车数据流有哪些种类。
2. 汽车数据流的分析方法有哪些？
3. 举例说明发动机传感器的信号有哪些。
4. 发动机负荷的数据流是如何表示的？
5. 说明短期燃油修正与长期燃油修正的关系。

项目二
汽车波形检测与分析

工作任务一　汽车示波器使用
工作任务二　汽车典型传感器波形检测与分析
工作任务三　汽车典型执行器波形检测与分析
工作任务四　汽车 CAN 信号波形检测与分析

工作任务一 汽车示波器使用

知识目标:
1. 熟悉汽车电子信号类型及判断方法;
2. 了解常用示波器的工作原理;
3. 熟悉汽车专用示波器的特点。

技能目标:
1. 能够使用和操作示波器;
2. 能够对检测的数据流进行分析。

素养目标:
1. 能够遵守安全操作规范,具有安全意识;
2. 能够运用各种途径自主学习,崇尚工匠精神。

汽车维修设备的发展与汽车整车技术的发展是密切相关的,如何选择合适的诊断工具,快速准确地确定故障部位,找出故障原因是汽车维修诊断技术发展的关键。当汽车的电子设备和线路出现故障时,需要维修技术人员找出确切的故障原因。维修技术人员需要进入无声、无形的电子世界,去采集所有相关的数据。电子的运动速度非常快,其速度接近光速,每秒可绕地球约7圈半。那么,维修技术人员怎样才能探究高速运动的电子世界呢?需要用到的设备就是示波器,它能够显示电路中电子运动的轨迹。

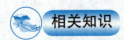

一、汽车电子信号

1. 汽车电子信号类型

汽车电控系统中存在五种基本类型的电子信号,即直流、交流、频率调制、脉宽调制和串行数据(多路)信号。它们被称为电子信号的"五要素"。"五要素"可以看成汽车电控系统中各个传感器、控制计算机和其他设备之间相互通信的基本语言。

电子信号从表现形式上可归纳为模拟信号和数字信号两种。模拟信号是指信息参数在给定范围内表现为连续信号，或在一段连续的时间间隔内，其代表信息的特征量可以在任意瞬间呈现为任意数值的信号。传感器输出的模拟信号不能直接输入电子控制单元，需要在输入控制单元之前通过 AD 转换器将模拟信号转换成能够让控制单元识别的数字信号。常见的模拟信号有电流、电压、频率等。数字信号幅度的取值是离散的，幅值表示被限制在有限个数值之内，如二进制码就是一种数字信号。

（1）直流信号。直流信号是一种模拟信号，是方向不变的电压、电流信号。在汽车中产生直流（DC）信号的传感器或电源装置有蓄电池电压或控制模块（PCM）输出的传感器参考电压；输出模拟信号的温度传感器、空气流量计等。

（2）交流信号。交流信号是一种模拟信号，是方向改变且呈现周期变化的电压、电流信号。在汽车中产生交流（AC）信号的传感器和装置有磁电式转速传感器、磁电式曲轴位置（CKP）和凸轮轴位置（CMP）传感器、爆震传感器（KS）。

（3）频率调制信号。频率调制信号（FM）俗称调频信号，输出信号的频率随输入信号的变化规律而改变，其被调制信号的占空比是不变的。在汽车中产生可变频率信号的传感器和装置有数字式空气流量计、数字式进气压力传感器、光电式转速传感器、霍尔式转速传感器等。

（4）脉宽调制信号。脉宽调制（PWM）就是输出信号的占空比随输入信号的变化规律而改变，而频率通常是一定值。占空比是指在一个周期内，信号处于高电平的时间占据整个信号周期的百分比，如方波的占空比就是 50%。在汽车中产生脉宽调制信号的电路或装置有喷油器、初级点火线圈、电子点火正时电路、废气再循环控制阀（EGR）、炭罐电磁阀、涡轮增压控制电磁阀、怠速控制阀等。

（5）串行数据（多路）信号。一条信息的各位数据被逐位按顺序传送的通信方式称为串行通信。多路信号通信就是用一条公共信道建立两条或多条独立传输信道的通信方式。随着汽车内部信息交换量的急剧增加，采用多路传输方式的车载串行网络系统应运而生。串行数据信号是由发动机控制模块（PCM）、车身控制模块（BCM）和防抱死制动系统（ABS）或其控制模块产生。

2．汽车电子信号判定依据

汽车控制模块需要通过分辨其幅值、频率、脉冲宽度、形状及阵列等特征来确定汽车电子信号类型，以便识别各个传感器提供的各种信息，并依据这些特征来发出各种指令，指挥不同的执行器动作，这些特征就是汽车电子信号的判定依据：

（1）幅值。幅值是指电子信号在一定点上的即时电压，通常为信号最高电压。

（2）频率。频率是指电子信号在两个事件或循环之间的时间，一般指每秒的循环次数（Hz）。

（3）脉冲宽度。脉冲宽度是指电子信号所占的时间或占空比，而占空比是指信号的脉冲宽度与信号周期的比值，用百分数来表示。

（4）形状。形状是指电子信号的外形特征，指明它的曲线、轮廓和上升沿、下降沿等。

（5）阵列。阵列是指组成信息信号的重复方式。

每一个"五要素"电子信号都可以用五种判定尺度中的一个或多个特征组成。为了使汽车的控制系统功能正常，必须去测量用于通信的电子信号，换言之就是，必须能"读"与"写"控制模块电子通信的通用语言。用汽车示波器可以"截听"到汽车计算机中的电子对话，这既可以

用来解决测试点问题,也可以用来验证修理工作完成后的工作是否正常。在 PCM 和其他电子智能设备中用来通信的串行数字信号是最复杂的信号,它是包含在汽车电子信号中的最复杂的"电子句子",在实际中,要用专门的解码器去读取信息。表 2-1 列出了五种电子信号的判定依据。

表 2-1 五种电子信号的判定依据

信号类型	判定特征				
	幅值	频率	形状	脉冲宽度	阵列
直流	*				
交流	*	*	*		
频率调制	*	*			
脉宽调制	*	*	*	*	
串行数据	*	*	*	*	*

3. 波形的识别

波形就是波的图像表达模型,如图 2-1 所示。电压波形展示的就是电压(Y 轴)随时间(X 轴)的变化,电流波形展示的就是电流(Y 轴)随时间(X 轴)的变化。

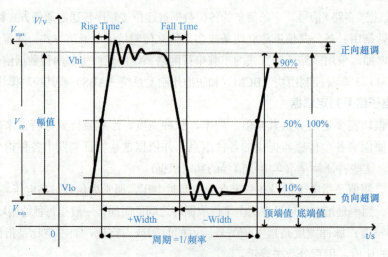

图 2-1 波形的结构

最大值(V_{max}):波形最高点至 GND(地)的电压值。
最小值(V_{min}):波形最低点至 GND(地)的电压值。
顶端值(V_{top}):波形平顶至 GND(地)的电压值。
底端值(V_{base}):波形底端至 GND(地)的电压值。

中间值（V_{mid}）：幅度值的一半。

峰–峰值（V_{pp}）：波形最高点至最低点的电压值。

幅度（V_{amp}）：波形顶端至底端的电压值。

正向超调也称过冲（Overshoot）：波形最大值与顶端值之差与幅值的比值。

负向超调也称预冲（Preshoot）：波形最小值与底端值之差与幅值的比值。

上升时间（Rise Time）：波形幅度从 10% 上升至 90% 所经历的时间。

下降时间（Fall Time）：波形幅度从 90% 下降至 10% 所经历的时间。

正脉宽（+Width）：正脉冲在 50% 幅度时的脉冲宽度。

负脉宽（-Width）：负脉冲在 50% 幅度时的脉冲宽度。

正占空比（+Duty）：正脉宽与周期的比值。

负占空比（-Duty）：负脉宽与周期的比值。

（1）波形的峰值。波形的峰值表示波形的最低和最高的差值，如图 2-2 所示。

（2）波形的频率。波形的频率表示信号每秒的周期数。如图 2-3 所示，信号周期 =20 ms=0.02 s，频率 =1/0.02=50（Hz）。

（3）波形的脉冲宽度。波形的脉冲宽度表示信号电压部分的宽度，通常以 ms 表示，如图 2-4 所示。

（4）波形的占空比。波形的占空比表示信号的脉冲宽度与信号周期的比值，用百分比表示，如图 2-5 所示，占空比 =15/20×100%=75%，脉冲宽度 =15 ms。

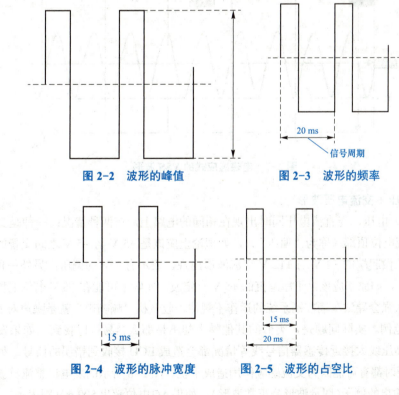

图 2-2　波形的峰值　　图 2-3　波形的频率

图 2-4　波形的脉冲宽度　　图 2-5　波形的占空比

二、汽车基本波形分析

1. 直流电压波形

常见的蓄电池输出电压波形为稳定的直流电压波形，如图 2-6 所示。汽车控制模块在多处监测直流（DC）电压并与设定的规范值进行比较，以检查所监测信号的准确性。

图 2-6　直流电压波形

2. 交流电压波形

最常见的交流电压波形如正弦波形，图 2-7 所示是典型的电磁感应式的 VSS 波形，其振幅、频率与车速成正比。如果信号传感器出现间隙不符或缺齿等问题，则反映在波形上会出现不规律变化。波形判定的重点要关注：输出信号必须连贯、没有中断，有规律、整齐。

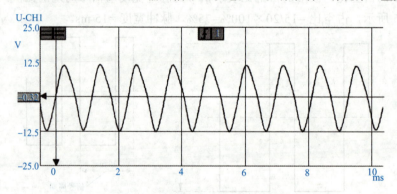

图 2-7　电磁感应式的 VSS 波形

3. 直流电压 + 交流电压波形

交流（AC）电压，与直流电压同时出现在相同的电路上，有两种情况：一种是交流电压跨越在特定的直流电位顶部（称为"偏压"），如理论上应该是 +5 V 与 –5 V 之间交替的正弦波，却是以 7 V 电压做起端的 +2 V 与 +12 V 交流波形出现，表示有 7 V 的偏压；另外一种是 DC 电路上的"噪声"，如原来应该是干净笔直的 +5 V 直定波，实际可能在 +5 V 电位上稍微跳动。

如果噪声太强会导致车辆控制系统的运作不规律，收音机"嘶嘶声"就是噪声对 DC 信号产生影响的最佳范例。实际问题是，类似的其他噪声却不是那么容易可以找到，如果发电机的线路配置不当、高压线太接近传感器信号线等情况都会造成 ECU 接收到错误的信号。另外，只要有 AC 信号，随时都有可能因为交流感应作用造成干扰。图 2-8 所示的发电机整流涟波就是少量 AC 跨越在 DC 输出的例子（图示波形是正常波形），如果 AC 电位超出 500 mV 则表示二极管损坏。

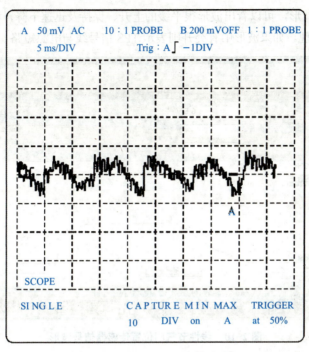

图 2-8 发电机 AC+DC 整流波形

4．单阶波形（单信号）

单阶波形是一种简单的开关信号。电位变化是由低至高电位，或由高至低电位，如挡位开关、制动开关、喇叭开关、水箱风扇控制继电器电路等都属于单阶波形。这些电路中都必须另外加二极管或电阻器，以免磁场瞬间变化产生的"火花"损坏到 ECU。图 2-9 中的 UCH1 为典型的制动开关信号波形，这种单阶波形当作 ECU 输入信号，作为 ECU 发出功能指令的依据。

分析要求：波形电位变化必须干净利落，信号切换明确迅速。

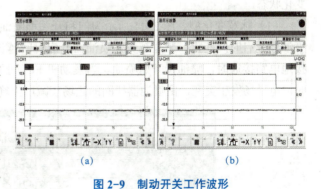

(a)　　　　　　　　(b)

图 2-9　制动开关工作波形

(a) 制动开关打开；(b) 制动开关闭合

5．脉冲波形（单信号）

脉冲或单阶波形是由零至正电压，再回到零电压，或由恒定电压至升高或降低电压，再回到原始恒定电压的波形，它们都属于同一种类的单信号波形。单脉冲信号在汽车上应用非常广泛。判定分析波形的重点：波形必须连贯、不可突然中断或剧变、下降或变化与实际运作差异太大或太少等。

图 2-10 所示是节气门由怠速逐渐到全开再迅速回到怠速的过程，由线性节气门位置传感器

（TPS）的信号输出波形，可以看出波形很平缓的上升、保持及迅速下降，没有短路、断路、突升或剧降的异形波出现。如果波形中有突升则表示 TPS 信号线与电源短路。

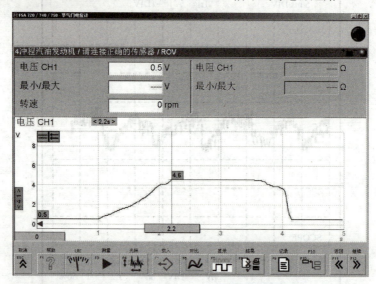

图 2-10　线性节气门位置传感器信号波形

6. 脉冲串列波形

脉冲串列波形是由多种波形混合而成，可以分析出波形脉冲的频率、宽度、振幅的大小及变化状态。

（1）脉宽变化型。图 2-11 所示为饱和开关型喷油器工作的正常波形，信号的脉宽随着控制喷油器开启时间变化，脉宽越宽，喷油器开启时间越长，反之越短。当发动机 ECU 驱动三极管接地电路接通时，喷油器开始喷油。当发动机 ECU 驱动三极管断开控制电路时，喷油停止。同时，电磁场发生突变，由喷油器线圈的磁场衰减产生峰值电压。

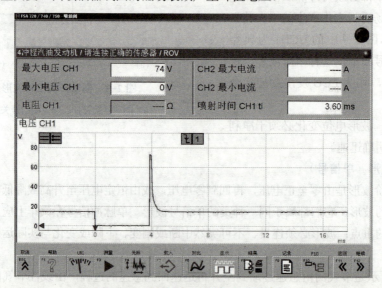

图 2-11　利用脉宽控制的喷油器波形

（2）频率变化型。图2-12所示为霍尔式转速传感器在怠速与急加速状态时的输出信号波形。其频率产生变化，但其占空比保持不变。

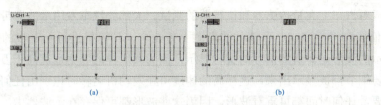

图 2-12　霍尔式转速传感器输出信号波形

(a)怠速时；(b)急加速时

（3）频率与脉宽变化型。图2-13所示为数字式空气流量计（MAP）在怠速与急加速状态时输出的信号波形。其频率与占空比都产生变化。

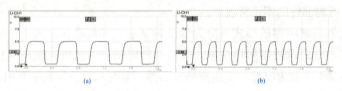

图 2-13　数字式空气流量计输出信号波形

(a)怠速时；(b)急加速时

（4）频率与振幅变化型。图2-14所示为采用磁感应式转速传感器怠速与急加速状态时获得的输出信号波形。其频率及振幅都随车速的变化而发生变化。

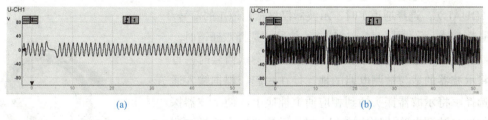

图 2-14　磁感应式转速传感器怠速与急加速时的输出信号波形

(a)怠速时；(b)急加速时

三、汽车示波器

1. 汽车示波器的功能

汽车示波器是一种用途十分广泛的电子测量仪器。它能将肉眼看不见的电信号转换成看得见的图像，便于人们研究各种电现象的变化过程。示波器利用狭窄的、由高速电子组成的电子束，打在涂有荧光物质的屏面上，就可产生细小的光点（这是传统的模拟示波器的工作原理）。在被测信号的作用下，电子束就好像一支笔的笔尖，可以在屏面上描绘出被测信号瞬时值的变化曲线。利用示波器能观察各种不同信号幅度随时间变化的波形曲线，还可以测试各种不同的电量，如电压、电流、频率、相位差、调幅度等。

汽车示波器是针对汽车故障维修，为快速、准确地判断故障部位与原因而开发的。其以普通示波器的功能为核心，为适应汽车检测环境而预设多种专用测试模式，配以不同的辅助插头、线缆，完成对汽车上大量传感器和执行器的测试。大部分汽车专用示波器带有数字存储功能，可通过通信接口将所测试、存储的波形图上传至个人计算机进行下一步的分析，最后存档。示波器显示的波形是对所测信号的实时显示，因为其取样的频率远远高于万用表，所以，信号的每一重要细节都被显示出来，这样高的速度可在发动机运转时识别出任何可造成故障的信号。如果需要，任何时间都可重看波形，因为这些波形都可保存在示波器中，并在需要的时候回放所保存的波形。示波器具有双通道或多通道功能，即同时可在屏幕上看到两个或多个单独的信号。这样就可以观察一个信号如何影响另一个信号。例如，可将氧传感器电压信号输入到通道1，将喷油器脉冲输入到通道2，然后观察脉冲是否响应氧传感器信号的变化。也可将数字示波器看成一个高速可视电压表，能够看到清晰的信号波形，在图形上能捕捉到瞬间干扰、尖峰脉冲、噪声和所测部件的不正常波形。

汽车专用示波器按显示器的形式可分为示波管显示式和液晶显示式；按结构形式不同又可分为台式和便携式。台式示波器采用交流、直流两种电源，由微机控制。其功能齐全，显示清楚。便携式示波器以干电池为电源，多用液晶显示器，兼有示波器与数字万用表的功能。

2. 汽车示波器的使用

一般情况下，汽车专用示波器的波形显示不需要调整，当要做超出汽车专用示波器标准菜单以外的测试内容时，可以选择通用示波器功能，也就需要掌握一定的调整方法，在汽车专用示波器测试过程中如果有相似菜单，调整方法也相同。

（1）输入通道选择。输入通道至少有三种选择方式：通道1（CH1）、通道2（CH2）、双通道（DUAL）。选择通道1时，示波器仅显示通道1的信号。选择通道2时，示波器仅显示通道2的信号。选择双通道时，示波器同时显示通道1信号和通道2信号。测试信号时，首先要将示波器的地与被测电路的地连接在一起。根据输入通道的选择，将示波器探头插到相应通道插座上，使示波器探头上的地与被测电路的地连接在一起，示波器探头接触被测点。需要注意示波器探头上通常设有双位开关，如图2-15所示。此开关拨到"×1"位置时，被测信号无衰减送到示波器，显示屏上读出的电压值是信号的实际电压值。此开关拨到"×10"位置时，被测信号衰减为1/10，然后送往示波器，从显示屏上读出的电压值乘以10才是信号的实际电压值。

图2-15　示波器探头

（2）设置要领。为了显示波形，必要时须对示波器的电压比例、时基、触发电平（也可以将触发模式置于"自动"挡）及耦合方式进行设定。

输入耦合方式有三种选择：交流（AC）、接地（GND）、直流（DC）。当选择"地"时，扫描线显示出"示波器地"在荧光屏上的位置。直流耦合用于测定信号直流绝对值和观测极低频信号。交流耦合用于观测交流和含有直流成分的交流信号。对输出数字信号检测，一般选择"直流"方式，以便观测信号的绝对电压值，图2-16所示为不同耦合方式波形显示。

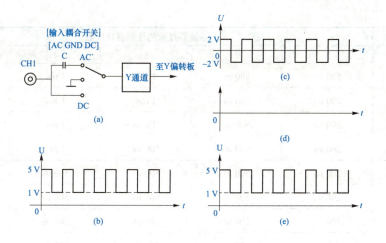

图 2-16 不同耦合方式波形显示

（a）输入耦合开关框图；（b）被测信号实际波形；（c）输入耦合位于 AC 挡测出的波形；
（d）输入耦合开关位于 GND 测出的波形；（e）输入耦合开关位于 DC 挡测出的波形

当用自动设置功能（Auto Range）能够看清楚显示的波形时，可以用手动设置（Manual）进一步微调。如果显示屏上仍不能看到清晰的波形，可以根据推断，假设电压比例和触发电平，暂且先不设定时基。用数字式万用表测量信号电压，并根据测出的电压来设置电压挡比例。将触发电平设定在信号电压的一半以上，在设定电压比例和触发电平后，唯一未设定的就是时基。此时手动设定时基，大多数信号应为 1 ms ～ 1 s。

时基/频率表可以用来帮助选择时基（表 2-2），可以先用汽车示波器上的游动光标测量信号频率，然后确定所希望的显示波形的循环次数（个数），再从表中找到信号频率与循环次数（个数）的交点，这就是要确定时基数。

表 2-2 时基频率转换表

Hz	示波器显示的波形循环次数				
	1	2	3	4	5
10	10 ms	10 ms	50 ms	50 ms	50 ms
20	5 ms	10 ms	20 ms	20 ms	50 ms
30	5 ms	5 ms	10 ms	20 ms	20 ms
40	5 ms	5 ms	10 ms	10 ms	20 ms
50	2 ms	5 ms	10 ms	10 ms	10 ms
60	2 ms	5 ms	5 ms	10 ms	10 ms
70	2 ms	5 ms	5 ms	5 ms	10 ms
80	2 ms	5 ms	5 ms	5 ms	10 ms
90	2 ms	5 ms	5 ms	5 ms	5 ms
100	1 ms	2 ms	5 ms	5 ms	5 ms
200	500 μs	1 ms	2 ms	2 ms	5 ms
300	500 μs	1 ms	1 ms	2 ms	2 ms

续表

Hz	示波器显示的波形循环次数				
	1	2	3	4	5
400	500 μs	500 μs	1 ms	1 ms	2 ms
500	200 μs	500 μs	1 ms	1 ms	1 ms
600	200 μs	500 μs	500 μs	1 ms	1 ms
700	200 μs	500 μs	500 μs	1 ms	1 ms
800	200 μs	500 μs	500 μs	500 μs	1 ms
900	200 μs	500 μs	500 μs	500 μs	1 ms
1 000	100 μs	200 μs	500 μs	500 μs	500 μs
2 000	50 μs	100 μs	200 μs	200 μs	500 μs
3 000	50 μs	100 μs	200 μs	200 μs	200 μs
4 000	50 μs	50 μs	100 μs	200 μs	200 μs
5 000	50 μs	50 μs	100 μs	100 μs	100 μs

（3）示波器常见用语。

1）触发电平：示波器显示时的起始电压值；

2）触发源：示波器的触发通道［通道（CH1）、通道（CH2）和外触发通道（EXT）］；

3）触发沿：示波器显示时的波形上升或下降沿；

4）电压比例：每格垂直高度代表的电压值；

5）时基：每格水平长度代表的时间值；

6）直流耦合：测量交流和直流信号；

7）交流耦合：只允许信号的交流成分通过，它过滤掉了直流成分（电容用来过滤直流电压）；

8）接地耦合：确认示波器显示的 0 V 电压位置；

9）自动触发：如果没有手动设定，示波器就自动触发并显示信号波形。

（4）当无法捕捉到波形时：

1）确认触发模式是在"自动"（AUTO）模式下，如果在"自动"模式下汽车示波器有可能不触发。

2）确认汽车示波器的屏幕显示并未处在冻结（HOLD）状态，若屏幕已被冻结，就按一下解除键。

3）确认信号是否真的存在，可以用万用表先检查电压，如果确认信号是存在的，用汽车示波器和万用表捕捉不到，就检查测试线和接柱的连接情况。

4）确认耦合方式不在"接地"（GND）模式，若在"接地"模式，任何信号都无法进入。

5）确认触发源是定义在所选择的通道上。

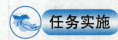

任务实施

依照操作手册了解示波器的功能及操作方法，并完成示波器功能认识及操作任务工单（表2-3）。

表 2-3 任务工单

班级		姓名		学号	
示波器功能认识及操作					

1. 填写车辆信息。

车辆 VIN 码：_____

车型：_____ 生产年份：_____ 发动机型号：_____ 变速器型号：_____

2. 示波器基础了解（将右列中的定义所对应的字母填写到左列中与其相符的词前）。

（1）___ 峰值（V_{pp}）　　　　A. 正脉冲在 50% 幅度时的脉冲宽度

（2）___ 幅度（V_{amp}）　　　　B. 一示波器显示时的波形上升或下降沿

（3）___ 正脉宽（+Width）　　　C. 示波器显示时的起始电压值

（4）___ 负脉宽（-Width）　　　D. 波形最高点至最低点的电压值

（5）___ 正占空比（+Duty）　　　E. 负脉宽与周期的比值数字荧光

（6）___ 负占空比（-Duty）　　　F. 波形顶端至底端的电压值

（7）___ 直流耦合　　　　　　　G. 正脉宽与周期的比值

（8）___ 触发电平　　　　　　　H. 每格水平长度代表的时间值

（9）___ 触发沿　　　　　　　　I. 负脉冲在 50% 幅度时的脉冲宽度

（10）___ 时基　　　　　　　　　J. 测量交流和直流信号。

3. 选用示波器型号：_____ 通道数：_____

4. 示波器功能认识、连接、调整过程记录。

_____
_____
_____
_____

5. 简单波形测量（三种）。

（1）_____
（2）_____
（3）_____

自我评价（个人技能掌握程度）： □非常熟练　　□比较熟练　　□一般熟练　　□不熟练
教师评语（包括工作单填写情况、语言表达、态度及沟通技巧等方面，并按等级制给出成绩）

实训记录成绩_____　　教师签字：_____　　　年　　月　　日

1. 汽车电信号的评判要素有哪些？

2. 示波器的调整方式有哪些?
3. 汽车电子信号的基本波形有哪些类型?
4. 示波器常用的术语有哪些?

工作任务二 汽车典型传感器波形检测与分析

学习目标

知识目标：
1. 了解汽车传感器波形的检测方法;
2. 了解汽车传感器波形的分析方法。

技能目标：
能够检测传感器的波形。

素养目标：
1. 能够遵守安全操作规范，具有安全意识;
2. 能够运用各种途径自主学习，崇尚工匠精神。

任务引入

现代汽车有着复杂的传感器网，通过传感器组成的电路和系统，从汽车运行系统的每一部分得到信息，并以光速将信息传至计算机。传感器告诉计算机汽车走得多快，发动机的每分钟转速是多少，发动机的负荷有多大，汽车是在转弯还是直行等。当所有的传感器工作正常时，汽车运行良好，排放也较干净，效率也较高。但是，和其他设备一样，传感器也会损坏。当它损坏时，计算机失去它的前沿信息，它便无法得到保持有效动作所需的信息。此时，必须找出坏的传感器，对其进行修理或更换，使系统返回正常的工作状态。

相关知识

一、空气流量计（MAF）波形分析

现代发动机都采用了电控燃油喷射系统，燃油的喷射量取决于进气量的多少。电控发动机为了在各种工况下都能获得最佳浓度的混合气，必须正确测定每一瞬间吸入发动机的空气量，作为 ECM 计算喷油量的主要依据。为了获得理想空燃比，吸入发动机的空气需要精确计量，目前发动机进气量计量方式主要有速度密度型和质量流量型两种。速度密度型进气量计量方式主要根据进气歧管绝对压力和发动机转速计算进气量,并参考大气压力、冷却液温度、进气温度等进行修正,因此,采用速度密度型进气量计量方式的发动机配有进气歧管绝对压力传感器(MAP)。质量流量型进气量计量方式主要根据空气流量传感器(MAF)和发动机转速传感器计算进气量。

空气流量传感器也称空气流量计,是电喷发动机的重要传感器。它将吸入的空气流质量转换成电信号送至电子控制单元(ECU),作为确定喷油量的基本信号之一。根据空气流量计量方式不同,可以分为质量型空气流量计、体积型空气流量计。热线(热膜)式空气流量计安装在空气滤清器的后方,通过流经空气流量计的空气带走热膜或热线上热量的多少来检测进气质量的多少。体积型空气流量计在早期车辆上应用较多,这种流量计不能直接检测进入发动机的空气质量,只能测量进气的体积或密度,然后通过模块计算得出进入的空气质量,如翼板式空气流量计、卡门涡流式空气流量计等。依据接收信号的不同,空气流量计可以分为模拟式空气流量计和数字式空气流量计。

1. 翼板式空气流量计波形检测与分析

翼板式空气流量计主要有两种:一种是随着空气流量的增加输出信号的电压升高;另一种是当空气流量增大时输出信号电压降低,这两种类型属于模拟电压量输出。

翼板式空气流量计的核心是一个可变电阻(电位计),它与空气翼板同轴连接,当空气流动时翼板也随之开启,随着翼板的开启角度变化,可变电阻(电位计)也随之转动,如图2-17所示。翼板式空气流量计是一个三线传感器,其中两条"线"是参考电压的正负端,第三条"线"是可变电阻器的滑动触点臂,它向计算机提供与翼板转动角度成正比的输出电压信号。急加速时,翼板在空气流动动压作用下,超过正常摆动角度的过量信号,这就为控制模块提供了混合气加浓的控制信号。控制模块依据空气流量计信号来计算发动机负荷、点火正时、发动机怠速控制及其他参数。

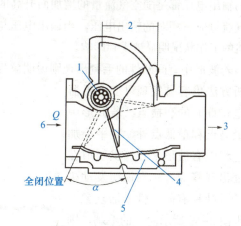

图2-17 翼板式空气流量计

1—可变电阻滑动触头;2—电位计;3—发动机进气方向;
4—测量板;5—旁通通路;6—空气滤清器进气方向

(1)波形检测。连接好波形检测设备,探针接信号输出端子,鳄鱼夹搭铁。关闭所有附属电气设备,启动发动机,并使其怠速运转,当怠速稳定后,检查怠速时输出信号电压。做加速和减速试验,将发动机转速从怠速加至节气门全开(加速时不宜太急),节气门全开后持续2 s,但不要使发动机超速运转;将发动机降至怠速运转,并保持2 s;再从怠速急加速发动机至节气门全开,然后关闭节气门使发动机回至怠速,应有类似图2-18的波形出现。

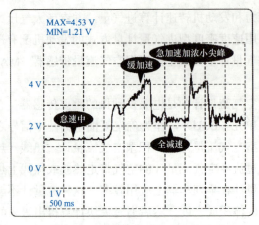

图 2-18　翼板式空气流量计波形

（2）波形分析。测量出的电压波形可以参照维修资料进行比对分析，正常翼板式空气流量传感器怠速时输出电压约为 1 V，节气门全开时应超过 4 V，急减速（急抬加速踏板）时输出电压并不是非常快地从急加速电压回到怠速电压。通常（除少数的丰田汽车外）翼板式空气流量计的输出电压都是随空气流量的增加而升高的。波形的幅值在气流不变时应保持稳定，一定的空气流量应有相对的输出电压。当输出电压与气流不符（可以从波形图中检查出来），将使发动机的工作状况明显地受到影响。

若波形中有间断性的毛刺出现则说明翼板式空气流量计的可变电阻器有小的磨损，用波形分析方法更容易发现可变电阻器（电位计）的磨损点。若波形中除最高点和最低点外，在平稳加速过程中有波形平台（电压值在某处出现停顿），则说明发动机运转时叶片有间歇性卡滞现象。出现图 2-19 所示向下的毛刺，则表示传感器中有搭铁短路或可变电阻电刷有间歇性的开路故障，应更换翼板式空气流量计。

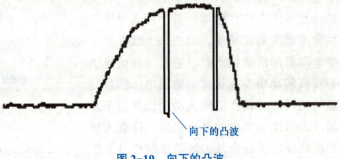

图 2-19　向下的凸波

在急加速时波形中的小尖峰是由于翼片过量摆动造成的，EUC 正是根据这一点来判定加速加浓信号，属于正常波形。

2. 卡门涡流式空气流量计波形检测与分析

卡门涡流式空气流量计通常与空气滤清器组装成一体（图 2-20），这种类型空气流量计常用于三菱发动机的电控系统中，它的输出方式是数字式的，但它与其他数字式输出的空气流量计不同的是，大多数数字式输出的空气流量计随空气流量改变时，只有输出频率随之改变，而卡门涡流式空气流量计则不仅改变频率，还同时改变脉冲宽度。所以，在检测卡门涡流式空气流量计时，由于有两种参数同时与空气流量的变化有关，故用示波器抓取参考波形并进行故障分析就显得非常有用了。

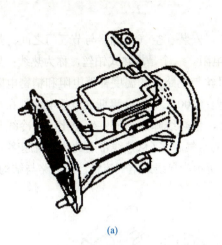 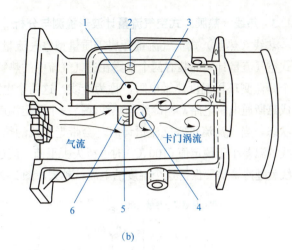

图 2-20 卡门涡流式空气流量计

(a) 外形；(b) 结构

1—反光镜；2—发光二极管；3—板簧；4—光敏三极管；5—压力导向孔；6—涡流发生器

（1）卡门涡流式空气流量计波形检测。启动发动机，试验不同转速时的情况，把较多的时间用在测试发动机性能有问题的转速段上，看示波器；确信在任何给定的运行方式下，波形的重复性和精确性在幅值、频率、形状及脉冲宽度等几个方面的关键参数都是不同的；确信在稳定转速的空气流量下，空气流量计能产生稳定的频率。

（2）卡门涡流式空气流量计波形分析。在大多数情况下，波形的振幅应该满足 5 V，同时要按照一致原则观察波形的正确形状、矩形脉冲的方角及垂直沿（图 2-21）。在稳定的空气流量下，空气流量计所产生的频率也应该是稳定的，无论是什么样的值都应该是一致的。当这种型号的空气流量计工作正常时，脉冲宽度将随加速的变化而变化，这是为了加速加浓时能够向控制模块提供非同步加浓及额外喷射的脉冲信号。此波形可能存在的缺陷有脉冲宽度缩短、峰尖及圆角等，这些都会影响发动机性能并造成排放等方面的问题。

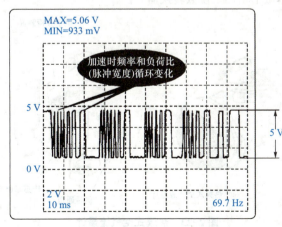

图 2-21 卡门涡流式空气流量计急加速波形

3. 热线（热膜）式空气流量计波形检测与分析

热线（热膜）式空气流量计属于质量型空气流量计，安装在空气滤清器与节气门之间。热线式空气流量计内部装有两个暴露在进气气流中的热敏电阻。一个是加热式铂丝，称为热线；另一个是监测环境温度热敏电阻，称为冷线。这两个电阻丝与电路里的温度补偿电阻和精密电阻构成惠斯通电桥电路，当冷线与热线保持一个预定温度差（100 ℃）时，惠斯通电桥电路处在平衡状态。当气流流过空气流量计时，会带走热线的热量，使热线降温阻值发生变化，即冷线与热线的温差小于预定值（100 ℃）时电桥失去平衡。流过的空气越多（从热线带走的热量就越多），热线就越冷，需要保持这个温度的电流就越大。图2-22所示为热线式空气流量计的电路与结构。

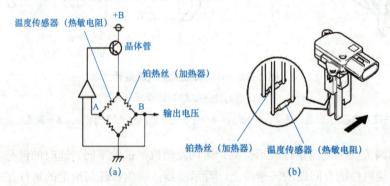

图 2-22 热线式空气流量计的电路与结构
(a) 电路；(b) 结构

热膜式空气流量传感器的工作原理与热线式空气流量传感器类似，不同的是热膜式空气流量传感器不使用铂丝作为热线，而是将热线电阻、补偿电阻及桥路电阻用厚膜工艺制作在同一陶瓷基片上构成的，如图2-23所示。无论热线式还是热膜式的空气流量计，都是通过铂丝施加的电压变化传递给计算机，其信号电压随着进入发动机空气量的增加而增大，计算机根据此信号计算出进入发动机空气的质量。有些车型的空气流量计信号采用的是脉宽调制信号，其原理就是在输出的模拟信号基础上增加了模数转换器。

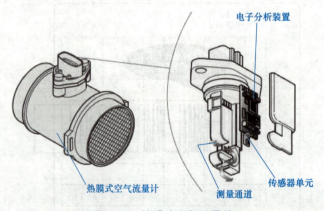

图 2-23 热膜式空气流量计

（1）波形检测。关闭所有附属电气设备，启动发动机，并使其怠速运转，怠速稳定后，检查急速输出信号电压做加速和减速试验,将发动机转速急速增加到节气门全开(加速过程中节气门以缓加速打开)持续2 s,不宜超速;再减速回到急速状况,持续约2 s;再急加速至节气门全开,然后回到急速,应有类似图2-24中的波形出现。

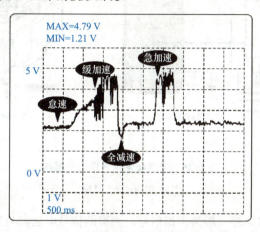

图2-24 热线式空气流量计工作波形

（2）波形分析。可以从维修资料中找出输出电压参考值进行比对分析,通常热线（热膜）式空气流量传感器输出信号电压范围是从怠速时超过0.2 V变至节气门全开时超过4 V,急减速时输出信号电压应比怠速时的电压稍低。

发动机运转时,波形的幅值看上去在不断地波动,这是正常的,因为热线式空气流量传感器没有任何运动部件,因此没有惯性,所以,它能快速地对空气流量的变化做出反应。由于进气真空下各缸进气口上的空气气流脉动干扰,在加速时波形会有杂波出现,发动机ECU处理电路会自动清除这些干扰信号。

不同车型输出的电压将有很大差异,在怠速时,信号电压是否为0.25 V也是判断空气流量传感器好坏的方法,如果信号波形与实际情况不符,或空气流量传感器在怠速时输出信号电压太高,而节气门全开时输出信号电压又达不到4 V,则说明空气流量传感器已经损坏。如果在车辆急加速时空气流量传感器输出信号电压波形上升缓慢,而在车辆急减速时空气流量传感器输出信号电压波形下降缓慢,则说明空气流量传感器的热线（热膜）脏污。出现这些情况,均应清洁或更换热线（热膜）式空气流量计。

二、进气压力传感器

进气歧管绝对压力传感器一般安装在进气歧管上,简称为进气压力传感器。它的核心部件是一个硅半导体膜片,硅半导体材料安装了一个带有压敏电阻的惠斯通电桥,硅半导体膜片将传感器分成两个腔室（图2-25）。一侧为基准压力室,由于内部为密封环境,压力保持不变。另一侧安装在发动机进气歧管上,当歧管压力发生变化时,在硅半导体膜片上下侧形成了气压差,硅半导体膜片产生变形。由于膜片的上方是一个基准气室,使硅膜片变形量的大小只取决于歧管内空气压力的变化。传感器内还装有控制电路（IC）,用来检测硅半导体膜片上惠斯通电桥的工作状态,并将硅半导体膜片机械式变化转换成了电压变化,并送给发动机ECU。

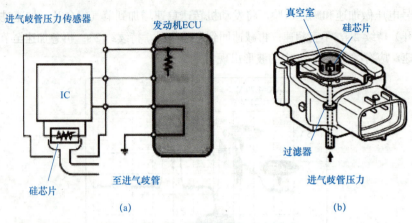

图 2-25 进气歧管绝对压力传感器
（a）电路；（b）结构

进气压力传感器输出信号一般为模拟信号，测得的信号电压值与发动机的进气量成正比关系，即发动机进气量越大，硅半导体膜片变形量越大，传感器信号的电压越高，反之越低。也有部分车型（如福特车型）的进气压力传感器输出信号为数字信号。当用示波器检测进气压力传感器时，模拟量信号和数字量信号的设定也有所不同。

1. 模拟输出进气压力传感器波形检测与分析

模拟输出进气压力传感器将发动机感测到的真空度直接对应产生可变的电压输出信号。它一般是一个三线传感器，其中两条线是参考电源的正、负极，参考电源为 5 V，剩下一条线是电脑的输出信号。

（1）波形检测。关闭所有附属电气设备，启动发动机，并使其怠速运转。当怠速稳定后，检查怠速输出信号的电压，做加速和减速试验，应有类似图 2-26 所示的波形出现。将发动机转速从怠速加到油门（节气门）全开（注意：加速时不宜过急，应缓加速）并保持约 2 s，不应超速；减速回到怠速状态，持续约 2 s；再急加速至油门（节气门）全开，然后回到怠速；定住波形并仔细观察，与波形参考图进行比较。也可以用手动真空泵代替节气门处的真空，对进气压力传感器进行抽真空测试，即观察真空表的读数值与输出电压信号的对应关系。

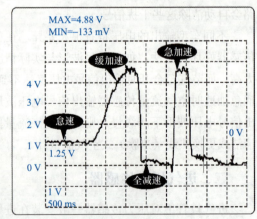

图 2-26 模拟输出进气压力传感器波形

（2）波形分析。从汽车专用维修资料中可以查到各种不同车型在不同的真空度下对应输出的电压值，将这些参数与示波器显示的波形进行比较。通常进气压力传感器的输出电压在怠速时为 1.25 V，当节气门全开时略低于 5 V，全减速时接近 0 V。

大多数进气压力传感器在真空度高时（急减速时为 81 kPa）产生低的信号电压（接近 0 V），

而在真空度低时（全负荷时接近 100 kPa）产生高的信号电压（接近 5 V），也有一些进气压力传感器被设计成相反方式，即当真空度增高时输出电压也增高。

当进气歧管绝对压力传感器有故障时，可以查阅维修手册。波形的幅值应保持在接近特定的真空度范围内，波形幅值的变化不应有较大的偏差。

当传感器输出电压不能随发动机真空值变化时，在波形图上可明显看出来，同时发动机将不能正常工作。某些克莱斯勒汽车的进气歧管绝对压力传感器在损坏时，无论真空度如何变化输出电压不变。如果出现不正常的信号波形，则应更换半导体压敏电阻式进气歧管绝对压力传感器。

2. 数字输出进气压力传感器波形检测与分析

数字输出进气压力传感器产生的是频率调制式数字信号，它的频率随进气真空度的变化而变化。当没有真空时，输出信号频率为 160 Hz，而在怠速真空度为 64 kPa 时，它产生约 105 Hz 的输出，检测时应按照维修手册中的资料来确定真空度和输出频率信号关系。数字输出进气压力传感器一般也是一个三线传感器，用 5 V 电源给它供电。

（1）波形检测。打开点火开关，但不启动发动机，用手动真空泵给进气压力传感器施加不同的真空度，同时观察示波器的波形显示（图 2-27）。确定幅值、频率、形状等判定性尺度是一致的、可重复的、正确的，即幅值接近 5 V，频率随真空度变化，形状（方波）保持不变；在给定真空度的条件下与维修手册中的数值进行比较，确定传感器能发出正确的频率信号。

（2）波形分析。波形的幅值应该是满 5 V 的脉冲，同时形状正确、波形稳定、矩形方角正确、上升沿垂直。频率与对应真空度应符合维修手册中给定的值。可能出现的故障和参数值的偏差主要有不正确的频率值、脉冲宽度变短、不应有的尖峰等。

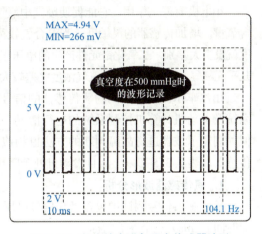

图 2-27 数字输出进气压力传感器波形

三、氧传感器

氧传感器是燃油反馈控制系统的重要部件，通常都安装在排气管上，如图 2-28 所示。上游氧传感器安装在三元催化器前面，用于检测混合气空燃比，控制喷油量；下游氧传感器安装在三元催化器后面，用于检测经过三元催化器转换后的排气成分，监测三元催化器的转换效率。窄型氧传感器即老式氧传感器，只能检测理论空燃比附近的混合气，偏离此范围，其反应灵敏性降低；宽型氧传感器即新式氧传感器，简称为空燃比传感器或 A/F 传感器，能检测空燃比范围从 23∶1 到 11∶1 的混合气，且检测精度高，不仅能使发动机实现稀混合气或浓混合气控制，而且喷油量的控制更加精确。

目前普遍使用的是加热型四线氧化锆式氧传感器，如图 2-29 所示。锆式氧传感器内含有一件用陶瓷型材料二氧化锆元件制成的元件，这些元件的内侧和外侧都包着一层铂的薄覆盖层，环境大气被引导到传感器的内侧。传感器的外侧则直接暴露在排气中，处于高温（400℃）时，如果二氧化锆元件内部表面上氧气浓度与外部表面上的氧气浓度相差太大，则此锆元件将产生电压，其电压随氧含量而变化，输出电压为 0～1 V，电压高低与混合气浓稀成正比。

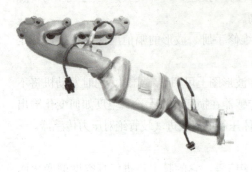

图 2-28　氧传感器安装位置

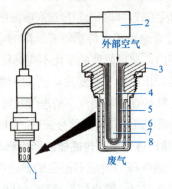

图 2-29　锆式氧传感器的结构

1—保护罩；2—接线端子；3—外壳（接地）；4—空气侧铂电极；
5—氧化锆陶瓷体（锆管）；6—排气侧铂电极；7—加热器；8—陶瓷涂层

铂电极有催化作用，它能促使废气中氧气和一氧化碳之间产生化学反应，这样可减少废气中含氧量，增加传感器的灵敏度。当混合气较稀时，废气中氧气甚多，因此，传感器内、外氧气浓度就没多大差别，二氧化锆元件产生的电压很小，接近 0 V，相反，当混合气浓度较浓时，废气中几乎无氧气，传感器内、外氧气浓度之差较大，二氧化锆元件就产生相对较大的电压，约 1 V。

用汽车示波器观察到的氧传感器的信号电压波形能够反映出发动机的机械部分、燃油供给系统及发动机计算机控制系统的运行情况，并且，所有汽车的氧传感器信号的电压波形都很相似，利用示波器进行故障判断的方法也相似。氧传感器检测的必要条件是需要启动发动机将氧传感器加热至 315 ℃以上，且发动机处于闭环状态。

1．氧传感器波形分析

氧传感器信号测试中包含最高信号电压 U_{MAX}（mV）、最低信号电压 U_{MIN}（mV）和信号响应时间 t（ms）三个参数指标。

氧传感器输出的信号电压波形，其 3 个参数值必须符合最高信号电压大于 850 mV；最低信号电压为 75～175 mV；混合器浓稀变化相应时间要小于 100 ms 范围内。用汽车示波器对氧传感器进行测试时可以从显示屏上直接读取最高和最低信号电压值，并且可以用示波器游动标尺读出信号的响应时间。汽车示波器还会同时在其屏幕上显示测试数据值，这对分析波形非常有帮助。图 2-30 所示为二氧化锆型氧传感器波形。

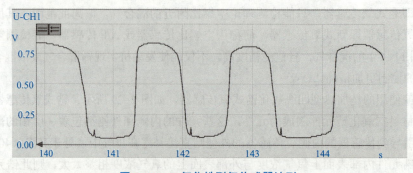

图 2-30　二氧化锆型氧传感器波形

2. 双氧传感器信号电压波形分析

双氧传感器的两个氧传感器分别提供了表示催化、净化之前和之后的排气中氧含量的输出电压，上游氧传感器信号用作空燃比控制的反馈信号，下游氧传感器信号给控制计算机来判断催化净化的效率。由于长年使用会导致三元催化器催化、净化效率降低，下游氧传感器信号电压波形的幅度就会增大，通过对前、后氧传感器进行波形对比可以判断三元催化器转换有害废气的能力。一般来说，两个波形幅值的差较大，说明三元催化器的功能完好；如果幅值基本相同，则说明三元催化器已经丧失功能，如图2-31所示。

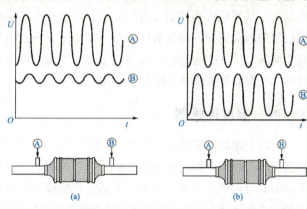

图2-31 双氧传感器信号电压波形
（a）三元催化器正常；（b）三元催化器不正常

3. 氧传感器杂波分析

氧传感器杂波可能是由于燃烧效率低造成的，它反映了发动机各缸工作性能及三元催化器工作效率降低的状况。氧传感器杂波会影响燃油反馈控制系统的正常运行，使反馈控制程序失去控制精度或反馈节奏，导致混合气空燃比超出正常范围，从而影响三元催化器的工作效率及尾气排放和发动机性能。

燃油反馈控制系统完全正常（无真空泄漏，尾气中的HC和O_2均正常）时，氧传感器信号电压波形上出现少量杂波是允许的，而大量杂波不可忽视。需要学会区分正常的杂波和不正常的杂波，而最好的学习方法就是观察在不同行驶里程下不同类型轿车氧传感器的信号电压波形。

关于杂波的标准：在发动机性能良好状态下（没有真空泄漏，尾气中的HC和O_2均正常），氧传感器信号电压波形中所含的杂波是正常的。

（1）杂波的种类。

1）增幅杂波：是指在氧传感器的信号电压波形中经常出现在300～600 mV的一些不重要的杂波。由于增幅杂波大多是由氧传感器自身的化学特性引起的，而不是由发动机的故障引起的，因此，它又称为开关型杂波。由此可见，明显的杂波是指高于600 mV和低于300 mV的杂波。

2）中等杂波：是指在信号电压波形的高电压段部分向下冲的尖峰。中等杂波尖峰幅度不大于150 mV。当氧传感器的波形通过450 mV时，中等杂波会大到200 mV。中等杂波对特定的故障诊断可能有用，它与燃油反馈系统的类型、发动机的运行方式（如在发动机怠速运转时氧传感器信号电压波形上的杂波比较多）、发动机的系列或氧传感器的类型有很大关系。

3）严重杂波：是指振幅大于200 mV的杂波。在波形测试设备上表现为从氧传感器的信号电压波形顶部向下冲（冲过200 mV或达到信号电压波形的底部）的尖峰，并且在发动机持续运转期间它会覆盖氧传感器的整个信号电压范围。发动机处在稳定的运行方式时，如稳定在2 500 r/min时，如果严重杂波能够持续几秒，则意味着发动机有故障，通常是点火不良或各缸喷油器喷油量不一致。因此，对这类杂波必须予以排除。

（2）杂波的判断原则。氧传感器信号电压波形上的杂波通常是由发动机点火不良、结构原因（如各缸的进气管道长度不同）、零件老化及其他各种故障（如进气管堵塞、进气门卡滞等）引起的。如果氧传感器信号电压波形上的杂波比较明显，则它通常与发动机的故障有关，在发动机修理后应消失。如果氧传感器信号电压波形上的杂波不明显，并且可以断定是进气歧管无真空泄漏，排气中的 HC 和 O_2 的含量正常，发动机的转动或怠速运转比较平稳，则该杂波是正常的，在发动机修理中一般不可能消除。

四、温度传感器

大部分温度传感器属于负温度系数型（NTC）的可变电阻，它是用半导体材料做成的电阻。在温度改变时期电阻值会随之发生改变，当温度上升时 NTC 可变电阻的电阻值会下降；当温度下降时其电阻值会上升。它是一个两线式模拟量传感器，因为是以相同的工作原理工作的，其测量方法也相同。下面只以发动机冷却液温度传感器（ECT）和进气温度传感器（IAT）做介绍，其他温度传感器见表 2-4。

表 2-4 温度传感器

序号	传感器类型		
	液体温度传感器	气体温度传感器	空调系统传感器
1	发动机温度传感器	排气温度传感器	车外温度传感器
2	仪表水温传感器	底盘温度传感器	车内温度传感器
3	燃油温度传感器	废气温度传感器	脚部温度传感器
4	机油温度传感器	EGR 温度传感器	混合通风传感器
5	蓄电池温度传感器		出风口通风温度传感器
6	ATF 油温传感器		乘客车厢温度传感器
7			中央通风温度传感器
8			蒸发器温度传感器

这些温度传感器由控制计算机提供 5 V 参考电源电压，并将与温度成比例变化的电压输入控制计算机的控制模块。典型的 ECT 和 IAT 在温度从 -40 ℃ 逐渐升至 130 ℃ 时，其电阻将由 10 kΩ 逐渐减小至 50 Ω。

1. 冷却液温度传感器

（1）波形检测。点火开关接通，发动机不启动，连接温度传感器的配线接头，测量其输出电压。发动机启动后，在暖机过程中观察其电压的变化情况。观察其电阻值的变化情况也可以采用此测试步骤，但应先将温度传感器的接线头拔掉。如果已知故障出现的温度范围，可以直接从该温度点开始测量。启动发动机，加速至 2 500 r/min，并保持住。让示波器中的波形从左向右在屏幕上完全显示出来，在汽车全部的运行温度范围进行温度传感器检测。

（2）波形分析。参考维修手册确定输出电压范围。如图 2-32 所示，通常冷却液温度传感器的电压为 3～5 V（完全冷车状态），随着发动机运转减少，逐渐降至正常温度时的 1 V 左右。直流信号判定的依据是振幅的变化。在任何温度下，好的传感器都会产生稳定的反馈信号，冷却液温度传感器的电路短路将会使电压波形出现向上的尖峰（到参考电压值），电路断路将使电压波形出现向下的尖峰（到接地值）。

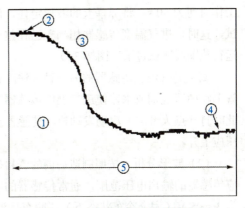

图 2-32　冷却液温度传感器波形

图 2-32 所示波形的特性如下：

1）冷却液温度传感器属于负温度系数型；
2）温度低，则电阻高，电压也高；
3）温度上升会造成电阻值下降；
4）温度高，则电阻低，电压也低；
5）温度传感器的波形通常是长时间记录的结果。

缩短扫描速度至 200 ms/D（D 为分度）或更短，有助于对间歇性故障进行检测。

克莱斯勒和通用车型，如 2000 年的别克 Regal 及凯迪拉克 4.6 L 均采用双曲线串联可变热敏电阻的冷却液温度传感器，所以，在 50 ℃ 左右区分成两个不同的降压波，看起来好像是断路，其实是 PCM 转换使用第二个热敏电阻信号的正常结果（图 2-33），即温度上升至 50 ℃ 时（约为 0.96 V），波形上跳至 3.7 V，然后开始下降至完全升温，电压约为 2 V。这种双电阻的冷却液温度传感器在水温较高时可以提供一个更精确的信号。

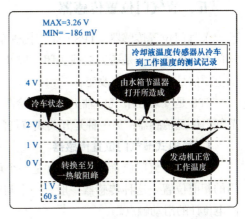

图 2-33　双曲线冷却液温度传感器波形

2. 进气温度传感器

进气温度传感器通常用于检测进气管中的空气温度，当用示波器或万用表测试时，从表中读出的是传感器内热敏电阻两端的电压降。当进气温度低时，传感器电阻值及电压降就高，进气温度高时，传感器内的热敏电阻值及电压降就低。

（1）波形检测。除非发现与某特定温度有关的故障温度，否则应在发动机完全冷态的情况下进行测试，但如果从客户那里知道某故障与某特定的温度有关时，从被怀疑的故障温度范围开始进行测量则是比较好的方法。

启动发动机加速至 2 500 r/min，稳住转速，示波器屏幕上波形从左端开始直到右端结束，示波器上时间轴每格 5 s，总共一次记录传感器工作时间为 50 s，将屏幕上的波形定住，停止测试，这时，进气温度传感器相当于已在整个汽车运行范围被测试过了（图 2-34）。

测试进气温度传感器的另一种方法：在进气管上喷撒清洗剂或水，使进气温度传感器降温，此时打开点火开关，启动发动机，传感器波形电压应上升。

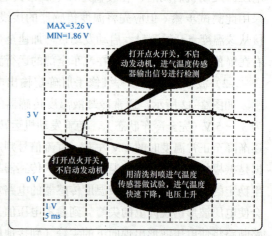

图 2-34　进气温度传感器波形

（2）波形分析。按照制造厂商的资料确定相应传感器的输出电压范围，通常传感器的电压应为 3～5 V（完全冷车状态下），暖车后温度范围内的电压为 1～2 V。这个直流信号判定的关键是电压的振幅，在各种不同温度下传感器必须给出对应的输出电压信号。当进气温度传感器电路开路时，将出现电压上拉直到参考电压值尖峰的波形；当进气温度传感器电路对地短路时，将出现电压下拉直到参考电压值为零的波形。

五、节气门位置传感器

节气门位置传感器（TPS）是现代汽车计算机上常见的故障来源，它可以通知计算机有关节气门开度的大小，是否开启或关闭，以及开闭的速度。当 TPS 的电阻改变时，它送回给计算机的电压信号也随之发生改变。

TPS 是安装在节气门轴上的用来检测节气门开度的传感器，它有两种类型：一种是模拟式节气门位置传感器；另一种是开关式节气门位置传感器。

1. 模拟式节气门位置传感器

模拟式节气门位置传感器通常是一个可变电位计，通过改变电位计的阻值来告诉 ECU 节气门的相应位置。这种传感器一般有一个与节气门轴相连的滑动触点臂，这个触点臂可作为节气门电位计的滑动触点。

模拟式节气门位置传感器大多也是一个三线传感器，其中一根线是 ECU 提供给传感器的参考电源 5 V，另一根线为传感器的接地，第三根线则连到传感器的滑动触点上，作为信号输出给 ECU。这样，当 ECU 提供 5 V 参考电源时，在电阻材料上每点的电压降都将由滑动触点来决定，而这个滑动触点的移动是与节气门角度成正比的。

模拟式节气门位置传感器是一个非常重要的传感器，因为 ECU 将用它的信号来计算发动机负荷、点火正时、控制废气再循环、控制怠速以及进行变速器换挡等。因此，当模拟式节气门位置传感器工作不良时，会引起加速、怠速、驾驶性能以及尾气排放等大量问题。

绝大多数制造厂商生产的模拟式节气门位置传感器的工作原理都一样，所以在用示波器、万用表检测它的时候，仪器的设定和检测步骤往往大同小异。标准的节气门位置传感器在节气门全闭时产生低于 1 V 的电压信号，在油门全开时产生接近 5 V 的电压信号。

（1）波形检测。打开点火开关，发动机不运转，缓慢地让节气门从怠速位置到全开，并重新回至节气门全闭。反复几次，动作要慢。

（2）波形分析。查阅维修手册，以得到准确的模拟式节气门位置传感器的电压范围。波形上不应有任何断点，对地峰尖或大波折，应特别注意在前 1/4 油门运动过程中的波形，因为这一段通常是在驾驶中最常用到的传感器碳膜电位计上的部分，因此，前 1/8 ～ 1/3 碳膜往往最先被磨损，从而使波形出现异常输出信号。

模拟式节气门位置传感器产生的应该是一个清晰、连贯的电压波形，且电压随节气门的开度圆滑地上升，若在波形中出现间断或尖峰，则说明传感器出现了故障，如图 2-35 所示。

1）此电压表示与点火开关接通时节气门关闭位置的电压值；
2）电压增加表示混合气增浓、上升波形；
3）峰值电压表示节气门开度最大；
4）电压下降表示混合气变稀（节气门关闭中）；
5）最小电压表示节气门已关闭。

（3）故障波形分析示例。如图 2-36 所示，达到 2.8 V 处的波形形成了尖峰，说明传感器信号有间断，这是传感器的碳膜容易磨损或断裂的部分。传感器中磨损或断裂的碳膜不能向 ECU 提供正确的油门位置信息，所以，ECU 不能进行正确的判断，从而引起发动机故障。

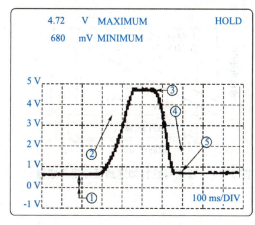

图 2-35　模拟式节气门位置传感器波形

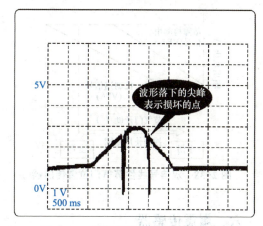

图 2-36　节气门位置传感器故障波形

2. 开关式节气门位置传感器

开关式节气门位置传感器是由两个开关触点构成的旋转开关。一个常闭触点构成怠速开关，当节气门处在怠速位置时，它处于闭合状态下，这时发动机 ECU 的怠速输入信号端将收到一个接地信号，即可使发动机进入怠速闭环控制，或者在发动机进入"倒拖"状态时停止燃油喷射。另一个是常开触点，当节气门开度达到全负荷状态时，发动机 ECU 的全负荷输入信号端将收到一个接地信号，即可使发动机进入全负荷加浓控制状态。开关式节气门位置传感器的旋转臂同样也与节气门轴相连,并随节气门一起转动。

(1)波形检测。打开点火开关,发动机不运转,将节气门转到全开的位置,然后回到关闭的位置,或者执行相反的程序。为保证检测结果正确,应先分辨所测传感器的类型,接触点开关通常用于指示节气门是闭合还是完全开启。

(2)波形分析。图2-37所示为开关式节气门位置传感器波形,其特性如下:

1)节气门开关闭合;

2)微小波动的原因可能是接触点磨损或节气门回位拉簧松弛;

3)节气门处于非闭合位置(节气门不一定全开);

4)参考电压;

5)电压变化应是直线且垂直;

6)节气门开启且电压变化中。

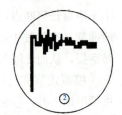

图2-37 开关式节气门位置传感器波形

3.双信号位置传感器

电子节气门总成由控制节气门的电动机及输出节气门开度位置的双信号位置传感器结合成一体组成。加速踏板及节气门位置传感器均采用双信号设计(主、副),相互监控,确保系统工作可靠。图2-38、图2-39所示为双信号线性节气门位置传感器及加速踏板位置传感器的输出信号,波形检测方法参考节气门位置传感器。

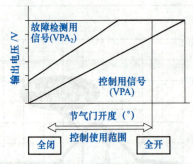

图2-38 双信号线性节气门位置传感器

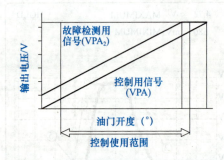

图2-39 双信号线性加速踏板位置传感器

六、爆震传感器

爆震传感器是一个交流信号发生器,它与大多数汽车交流信号发生器不大相同,它不像磁电式曲轴和凸轮轴位置传感器那样深测曲轴的速度或位置,它是探测振动或机械压力的,也即爆震传感器是一个压电装置。它由能感知机械压力或振动并把这种振动转化成一个交变的电信号(如发动机爆震时产生交流电压信号)的特殊材料构成。

点火过早、废气再循环不良、低标号燃油等原因引起的发动机爆震会造成发动机损坏。爆震传感器向控制单元(有时通过点火控制模块)提供爆震信号,使得控制单元能重新调整点火正时,以阻止爆震进一步发生。爆震传感器的这种作用使其在点火正时反馈控制循环中充当了氧传感器的角色。

爆震传感器一般被安装在发动机机体或气缸的不同位置。当振动或敲缸（爆震）发生时，它将产生一个电压峰值。振动或敲缸越大，爆震传感器产生的峰值就越大。爆震传感器的检测范围通常为 5～15 kHz。控制单元一旦接收到发生爆震的频率，重新修正点火正时，以阻止继续爆震。爆震传感器一般不易损坏，如果发现有关爆震传感器的问题，则可能是其线路或发动机存在故障。

（1）波形检测。打开点火开关，不启动发动机，用某些金属物在传感器附近敲击发动机机体，此时示波器将显示出图 2-40 所示的振动波形，敲击越重，振动幅度就越大。不同类型的爆震传感器，其峰值电压有所不同。启动发动机后对发动机加载，其波形的显示如图 2-41 所示。

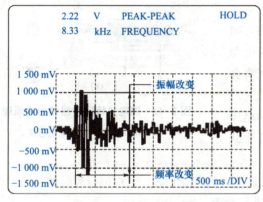 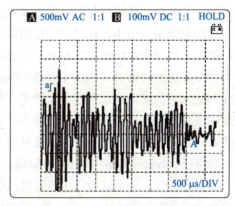

图 2-40　敲击靠近传感器附近的汽缸体得到的波形　　图 2-41　发动机转速及负荷增加时波形

注意：做关于爆震传感器的试验时，必须改变示波器的电压分度至 50 mV/D。

（2）波形分析。波形的峰值电压（峰尖的高度或振幅）和频率（振动的次数）将随发动机负载和转速的变化而变化，同时根据发动机点火过早（点火正时提前）、燃烧温度、废气再循环等正常与否，其幅度和频率也将随之发生变化。

爆震传感器很耐用，它的失效方式通常是传感器根本不产生信号，也许是被某些东西碰伤而造成传感器物理性损坏（如传感器内的压电晶体断裂），此时波形往往只显示一条直线。所以，当启动发动机或敲击传感器时的波形是一条水平直线时，应先检查传感器和示波器的连接是否良好，然后检查其线路有无问题，最后再判断传感器本身是否出了故障。

七、转速传感器

在现代汽车中，控制单元需要对一些转动部件进行监测，转速传感器的功能就是用来检测转动部件的转速及旋转位置，如曲轴位置传感器、凸轮轴位置传感器、轮速传感器、变速箱输入轴转速传感器和变速箱输出轴转速传感器等。转速传感器根据工作原理的不同可分为磁电式、霍尔式、磁阻式及光电式等。转速传感器的输出信号可以是磁电式交流信号，也可以是霍尔式数字信号，或者是光电式数字信号。

1. 磁电式转速传感器

磁电式转速传感器是车辆上应用较早的传感器。该传感器虽然有两线和三线之分，但三线只是比两线多出来一根屏蔽线，常见的主要以两线居多。其结构主要由壳体、铁芯、线圈、永久磁铁，以及信号轮上的衔铁构成，其结构原理如图 2-42 所示。

磁电式转速传感器是通过电磁感应现象来产生的交流信号。当信号轮凸齿接近传感器时，传感器内部铁芯的磁通量开始增加，直到信号轮凸齿与传感器内部铁芯对齐时，铁芯的磁通量为最大。此时，在铁芯上绕着的线圈内将会产生感应电动势。当信号轮凸齿远离传感器时，将会使铁芯内磁通量开始减少，直到信号轮齿隙与传感器内部铁芯对齐时，铁芯的磁通量为最小。此时磁力线切割的方向相反，因此，线圈中再次出现方向相反的感应电动势。当信号轮连续转动时，传感器内部的线圈将会感应出与之对应的交流电。当信号轮转速变快时，磁通量的变化增快，传感器产生的信号频率和电压将会升高。当信号轮转速变慢时，磁通量的变化减慢，传感器产生的信号频率和电压将会降低。

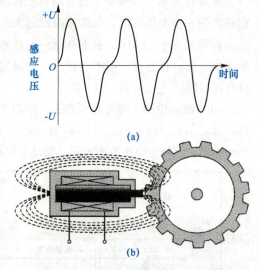

图 2-42 磁电式转速传感器结构原理
（a）电压信号；（b）电磁感应

（1）波形检测。磁电式转速传感器波形检测可以将车轮顶起，以模拟行驶时的条件。也可以将汽车示波器的检测线加长，在行驶过程中进行检测。

（2）波形分析。磁电式转速传感器是利用电磁感应原理，将输入的运动速度转换成线圈中的感应电动势输出。它直接将被测物体的机械能量转换成电信号输出，工作不需要外加电源，是一种典型的无源传感器。

磁电式转速传感器产生的是正弦波形的交流信号，其波形的频率与幅值的大小都与转速相关，即转速越高，其波形的频率与幅值就越高。反之，则会降低。例如：车轮转动后，波形信号开始在示波器显示中心处上下跳动，并随着车速的提高，跳动越来越高（振幅）。如图 2-43 所示，这个波形是在约 50 km/h 的速度下记录的。该转速传感器产生的波形与曲轴和凸轮轴位置传感器产生的波形特征十分相似。

正常情况下波形应是非常对称的，振幅随车速增加，速度越快，波形幅值就越高，而且车速增加，波形频率也将增加，示波器在同一时刻所显示的波形会明显增多。

当磁电式转速传感器与信号轮之间的间隙过大或出现脏污、信号盘缺齿及信号被干扰时，都会导致传感器的波形不正常。在分析这种波形时，确定振幅、频率和形状等是否具有可重复性、有规则性是判定波形是否正确的关键，即波形的幅值正常，两个脉冲的间隔、形状不变。如果幅值、高低不等，则可能是由传感器磁芯与磁阻轮相碰造成的，其原因是传感器的轴衬或传动部

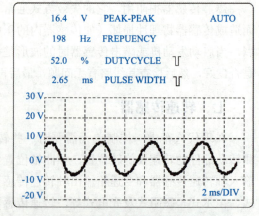

图 2-43 磁电式转速传感器正常波形

件不圆。如果有脉冲丢失，则可能是由损坏或缺损的磁阻轮造成的。

不同形式的传感器，其波形的峰值电压和形状均会有细微的差异。由于传感器线圈的存在，所以，故障往往与温度有关。随着温度的升高，波形会变短，形状的变化也会很大，同时ECU还可能设定故障码。遇到这种情况时，可在示波器显示波形时摇动连接线束，以便进一步确定是否由传感器造成的故障。该转速传感器信号最常见的故障是无信号产生。此时，应先检查示波器和传感器的连线，确定电路是否对地搭铁、零部件能否转动及传感器气隙是否正常，最后确定传感器的问题。

（3）故障波形分析案例。如果改进传感器的触发轮，从磁阻轮上去掉一个或多个轮齿，就可以产生同步脉冲信号，以确定发动机活塞上止点的位置。发动机ECU或点火模块正是靠这个同步脉冲信号来确定触发点火时间或燃油喷射时刻的。用双通道来同时分析曲轴和凸轮轴位置传感器的信号是很有效的方法，它不仅可以观察两个传感器的波形是否正确，还可以帮助分析两个传感器所反映的曲轴和凸轮轴在旋转中的相位关系。双通道功能可以同时诊断两个相关的信号，ECU也可以相同的方式使用这两个信号。图2-44所示为用双通道示波器检测磁电式曲轴和凸轮轴位置传感器的波形，该方法可以把两个有重要关系的传感器或电路同时显示在示波器上，可以同时诊断磁电式曲轴和凸轮轴位置传感器或检查曲轴和凸轮轴之间的正时。

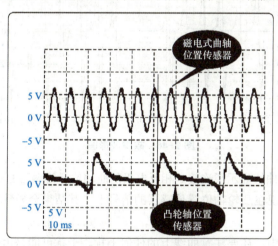

图 2-44 磁电式曲轴、凸轮轴位置传感器双通道波形

曲轴位置传感器提供关于发动机在其循环中处于哪个位置的相关信息以便获得活塞位置。然而，曲轴必须旋转两周以完成发动机的四个行程，同时，需要具备一个凸轮轴位置传感器，提供按照点火顺序，每个气缸在当前循环过程中准备好进行燃油喷射的时间等相关信息。图2-45所示为凸轮轴及曲轴位置传感器的波形。信号波形满足以下条件：

1）凸轮轴位置信号其电压必须在一定要求范围内。
2）凸轮轴传感器信号必须在固定点切断曲轴位置传感器曲线。
3）曲轴位置传感器信号不能颠倒，如果出现导线极性连接相反，就会导致信号波形错误。

图2-45所示为正确波形，图2-46所示为错误波形，参看两图做对比。

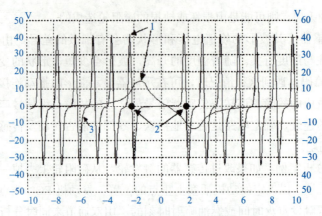

图 2-45　凸轮轴及曲轴位置传感器的波形

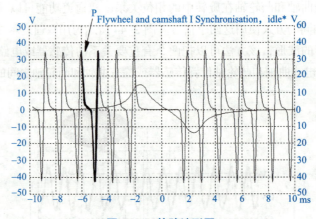

图 2-46　故障波形图

图2-46所示的波形曲线显示了连接到相反电极的曲轴位置传感器的状态，显示信号图像（P）颠倒，该故障也可以出现在凸轮轴位置传感器的信号上。其结果会导致发动机运转不均匀，以及启动困难故障。

在分析波形的过程中，还要注意曲线上的任何干扰。干扰可能是由于线路连接不可靠，飞轮或线路损坏等。为了获得正确的信号强度，传感器必须安装在距离齿轮的正确位置。如果安装距离过大，信号就会过弱，距离过小，传感器就会与齿轮冲撞并造成损坏。

2. 霍尔式转速传感器

霍尔式转速传感器在汽车上主要用于曲轴转角和凸轮轴位置传感器，还应用于其他需要控制转动部件的位置和速度的电路中。霍尔式转速传感器是根据霍尔效应原理制成的，它一般由一个几乎完全闭合的包含永久磁铁和磁极部分的磁路组成，一个软铁叶片（上面在适当的位置开有缺口）转子穿过磁铁和磁极之间的气隙，这时叶片转子上的缺口部分将允许磁场穿过并到达霍尔式转速传感器，而没有缺口的部分则由于金属的屏蔽性将磁场切断，因此，叶片转子"窗口"的作用是开关磁场，使霍尔式转速传感器像开关一样地打开或关闭。所以，该组件实际上是一个开关设备，而它的关键功能部件就是霍尔元件。其工作原理如图2-47所示。

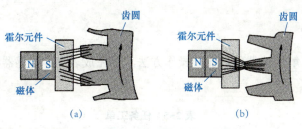

图 2-47 霍尔式转速传感器工作原理

(a) 霍尔元件磁场较弱; (b) 霍尔元件磁场较强

(1) 波形检测。霍尔式转速传感器波形检测可以将车轮顶起,以模拟行驶时的条件。也可以将汽车示波器的检测线加长,在行驶过程中进行检测。

(2) 波形分析。当车轮开始转动时,霍尔式转速传感器便开始产生一连串的信号,且脉冲的频率将随车速的增加而增加。如图 2-48 所示,是在约 40 km/h 的速度下记录的波形。从图中可以看到,虽然霍尔式转速传感器的脉冲信号频率随车速的增加而增加,但信号的占空比在任何车速下均保持恒定不变。确定波形的振幅、频率和形状等关键性、判定性尺度是一致的,即正常的幅度基本上应等于传感器的供电参考电压,两个脉冲的间隔、形状一致。

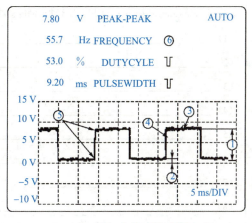

图 2-48 霍尔式转速传感器波形

另外,还应检查波形的顶部和底部的尖角,当波形底部或顶部出现缺口或不规则及波形高度(幅度)不相等的情况时,则说明可能出现了故障(因为给传感器的供电电压是不变的)。分析波形的关键是波形的稳定性要好,若波形对地电位过高,则说明电阻过大或传感器接地不良。另外需要注意的是,虽然霍尔效应传感器一般设计能在高至 150 ℃温度下运行,但它们的工作仍然会受到温度的影响,尤其是关键的功能部件——霍尔元件在一定的温度下(冷或热)有可能会失效。

检查霍尔式转速传感器同检查一般传感器的方法一样,在示波器显示波形出现不正常时,首先应检查其线束与示波器的连接和插口,确定相关转动部件是否转动正常,然后确认是否为传感器本身的问题。图 2-48 所示波形的分析要点如下:

1) 幅值电压应等于参考电压;
2) 水平下线接近搭铁电位,电压不应超过 400 mV,若超过 400 mV,则表明传感器或 ECU 的搭铁不良;
3) 水平上线应达到参考电压;
4) 电压的转变线应是直线且垂直;
5) 波形为长方形电子方波,不应有圆角或缺角;
6) 频率值与维修手册中规定的相符,且随车速的变化而变化。

依照操作手册了解示波器的功能与操作方法，并完成表 2-5 传感器波形检测与分析任务工单。

表 2-5 任务工单

班级		姓名		学号	
传感器波形检测与分析					

1. 填写车辆信息。
车辆 VIN 码：_____

车型：_____ 生产年份：_____ 发动机型号：_____ 变速器型号：_____

2. 汽车传感器的类型举例：至少写出 8 种车辆传感器名称，说明其类型及用途。

（1）_____

（2）_____

（3）_____

（4）_____

（5）_____

（6）_____

（7）_____

（8）_____

3. 选用示波器型号：_____ 通道数：_____

4. 传感器波形检测与分析（单通道与多通道）。

自我评价（个人技能掌握程度）：□非常熟练　□比较熟练　□一般熟练　□不熟练

教师评语（包括工作单填写情况、语言表达、态度及沟通技巧等方面，并按等级制给出成绩）

实训记录成绩_____　教师签字：_____　年　月　日

习题与思考

1. 空气流量计的种类有哪些？波形图有何特点？
2. 举例说明引起转速传感器波形错误的原因有哪些？
3. 氧传感器的种类有哪些？判定氧传感器的必要条件有哪些？
4. 产生氧传感器的波形杂波的因素有哪些？

工作任务三　汽车典型执行器波形检测与分析

 学习目标

知识目标：
1. 了解各种喷油器波形的特点；
2. 掌握喷油器波形检测分析方法；
3. 了解点火波形的特点；
4. 掌握车点火波形分析方法。

技能目标：
1. 能够进行喷油器波形检测与分析；
2. 能够进行次级点火波形检测与分析。

素养目标：
1. 能够遵守安全操作规范，具有安全意识；
2. 能够运用各种途径自主学习，崇尚工匠精神。

 任务引入

　　喷油与点火是影响汽油发动机动力性能及排放控制的关键因素。汽车发动机计算机收集各种传感器信号，就是为了精确地控制喷油与点火。熟悉并掌握喷油器和点火系统的工作波形的特点及分析方法，对汽车行驶能力和尾气排放方面故障的修理来说是非常有价值的诊断技能。

一、喷油器波形检测与分析

1. 喷油器的分类

喷油器是喷油驱动器的简称,它本身除对关断电压峰值的高度有影响外,并不能确定其自身波形的特点,而晶体管开关和喷油器才能确定大多数波形的判定性尺度。喷油器驱动电路由 ECU 里的一个晶体管开关及相应电路组成,起开、闭喷油器的作用。不同类型的喷油器产生的波形也不同。喷油器主要有饱和开关型、峰值保持型、脉冲宽度调制型(博世峰值保持型)及 PNP 型四种类型,另外还有一些是这四种喷油器的分支。其中饱和开关型和脉冲宽度调制型是目前比较常用的喷油器类型。

2. 饱和开关型喷油器

饱和开关型喷油器主要用在多点喷射系统中,发动机控制计算机(ECU)控制喷油器的接地电路接通时,喷油器开始喷油,断开喷油器接地控制电路时,线圈突变的电磁场产生了反向电压峰值,因此,这种控制方式属于电压控制型喷油器。

电压控制型喷油器不需要担心电流的限制,从控制角度来讲,它更像一个开关,ECU 控制其打开或关闭,当需要其打开的时候,蓄电池电压直接加到喷油器上,喷油器工作,喷油器电磁线圈在驱动电流的作用下,很快达到磁饱和状态,所以,称为"饱和开关型"喷油器,如图 2-49 所示。

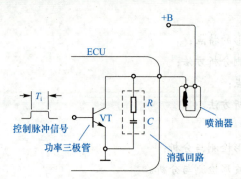

图 2-49　喷油器控制原理

(1)波形测试。启动发动机,保持 2 500 r/min 转速为 2～3 min,直至发动机完全热机,同时燃油反馈系统进入闭环,可以通过观察氧传感器的信号确定这一点。关掉空调和所有附属电器设备,让变速杆置于停车挡或空挡,缓慢加速并观察在加速时喷油器喷油时间的相应增加。饱和开关型喷油器波形特点:怠速工况下,发动机的负荷较小,所以,需要较小的喷油量;同样在怠速工况下,开启大灯和鼓风机等用电设备,此时需要发电机提高发电量,导致发动机的负荷增加,所需的进气量与喷油量也会增加,于是从波形上可以看到喷油脉宽随之增大。缓慢踩下油门踏板,此时可以看出喷油脉宽也会相应的增大。迅速踩下油门踏板,此时可以看到喷油脉宽迅速增大,快速释放油门踏板,此时可以看到喷油脉宽迅速减小。

(2)电压波形分析。图 2-50 所示为饱和开关型喷油器正常状态下的电压波形。

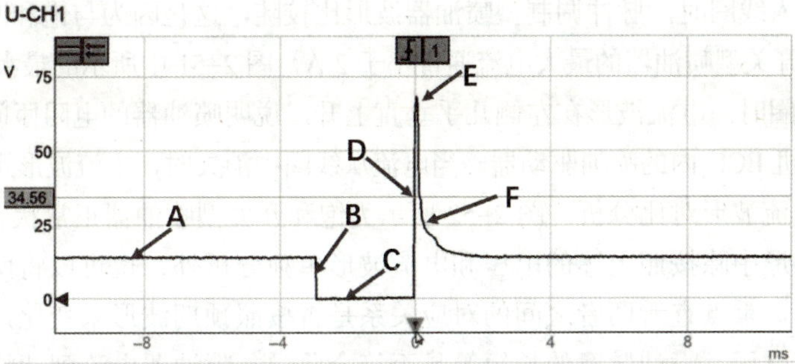

图 2-50　饱和开关型喷油器的电压波形

A—喷油器供电电压；B—发动机 ECU 控制喷油器接地；C—通过喷油器线圈的压降；
D—喷油器线圈自感电压；E—ECU 限压；F—喷油器针阀关闭时刻

1）图中 A 点表示：喷油器供电电压，正常状态下应大于 13.5 V。它是开路电压，十分重要。如果电压较低时，供给喷油器的电流会不足。某些系统此处有轻微的电压波动，这是由于供给喷油器的电压也供给其他电磁振荡元件，如点火线圈。有轻微的电压波动是正常的。但如果波动幅度较大，则会导致喷油器喷油故障，可能原因包括供电电源电阻过大。

2）图中 B 点表示：发动机 ECU 在控制喷油器接地，正常状态为直线向下的方波，不能有圆角。波形分析：在此过程中，喷油器开始通电，发动机 ECU 中三极管负荷最大。如果三极管驱动有故障，可能出现圆角。

3）图中 C 点表示：通过喷油器线圈的电压降，正常情况下应接近参考接地电压，但不会完全重合。因为三极管有微小的内阻。这条线如果离 0 点位线较远，则表示接地故障。任何失真或上弯表示接地故障、短路故障或三极管弱，原因为电压控制型喷油器采用阻值大于 12 Ω 的喷油器，喷油器线圈建立磁场较慢，因此，不会建立反向电压，C 线应保持平直。

4）图中 D 点表示：喷油器线圈自感电压，线圈匝数较少的喷油器在关断时通常会产生较小的峰值电压，且峰值电压 E 随汽车制造商和发动机系列的不同而不同，正常的范围为 30～100 V，有些喷油器的峰值电压被二极管限制为 30～60 V。如果所测的波形有异常，则应更换喷油器。

图中 B 点至 D 点之间的时间是以毫秒为单位，表示喷油或喷油器打开时间。

5）图中 F 点表示：消耗自感电压后恢复到供电电压，这段弧线上会有一个小驼峰波形，因为此时喷油器针阀关闭，钢制针阀穿过线圈产生振动。它的正常位置应接近斜坡末端，不能前移。如果发生在斜坡结束并且电压稳定后，说明喷油器有卡滞故障。如果有多于一个驼峰，则表示针阀或阀座变形。

（3）电流波形分析。如果怀疑喷油器线圈短路或喷油驱动器有故障，更精确的检测方法是测试动态下流过线圈电流的踪迹或波形，即进行喷油器电流测试。喷油驱动器电流极限的测试能够进一步确认发动机 ECU 中的喷油驱动器的极限电流是否适合，这个测试需要用波形测试设备中的附加电流钳来完成。

图 2-51 所示为饱和开关型喷油器正常状态下的电流波形，当电流开始流入喷油器时，由喷油器线圈的特定电阻和电感特性，引起波形以一定斜率上升，上升的斜率是判断故障的依据。通常饱和开关型喷油器电流波形大约以 45°上升；通常脉冲调制型喷油器电流波形大约以 60°斜率上

升。在电流最初流入线圈时，脉冲调制型喷油器波形比较陡，这是因为与饱和开关型喷油器相比电流比较大。饱和开关型喷油器的最大电流通常小于 2 A，图 2-51 中所示的最大电流约为 1.2 A。若电流开始流入线圈时，电流波形在左侧几乎垂直上升，说明喷油器的电阻匝间短路，这种情况还有可能损坏发动机 ECU 内的喷油驱动器。当电流从线圈中消失时，电流波形迅速降回零线。

（4）电压和电流波形对比分析。图 2-52 所示为饱和开关型喷油器正常状态下的电压和电流对比波形，在此波形中除按照上述的电压和电流波形单独分析外，也可以将两者同步捕捉下来结合在一起来分析，重点查看两者之间的对应关系是否按照预期波形来变化，包括喷油器的最大电流、反向峰值电压、喷油脉宽的长短等是否符合要求。喷油器电流到达峰值的时间以及电流波形的峰值部分通常是不变的，这是因为在一定温度下，良好的喷油器通入电流和打开针阀的时间通常保持不变，发动机 ECU 控制喷油器从开始打开到关闭的时间称为喷油脉宽。

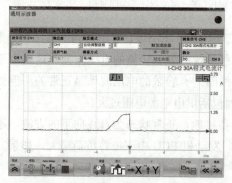 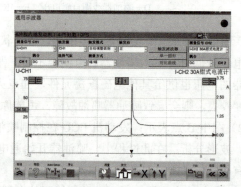

图 2-51　饱和开关型喷油器的电流波形　　图 2-52　饱和开关型喷油器电压和电流对比波形

喷油脉宽是发动机混合气调节的最终执行数据，利用热车怠速无负荷时的喷油脉宽数据，可以判断发动机工作是否正常。关于喷油脉宽的波形数据分析，应注意以下几个方面：

1）油耗高的车大多数会有喷油时间过长的表现，在维修后进行对比，若明显变短说明维修有效。

2）怠速下，如果喷油脉宽过长，说明混合气调节有问题，有可能是汽油压力过低引起的。

3）喷油时间过长或过短，表明混合气调节有故障，但同时表明驱动电路是正常的。

4）如果驱动波形中反向自感高压不够，则表明喷油器线圈存在匝间短路。常见喷油器的反向峰值电压一般为 60～70 V。

5）新型发动机在出现某缸失火时，可能会保护性地限制喷油器工作，当遇到不喷油故障波形时，要查看是否为软件方面引起的喷油器不工作。

3. 脉冲宽度调制型喷油器

脉冲宽度调制型喷油驱动器被应用于少数欧洲车型的多点燃油喷射系统中，脉冲宽度调制型喷油驱动器（安装在控制计算机内）被设计成允许喷油器线圈流过大约 4 A 电流，然后减少大约 1 A 电流，并以高频脉动方式开、关电路。这种类型不同于峰值保持型喷油驱动器，因为其他类型喷油驱动器所使用的限流方法是用电阻来降低电流，而脉冲宽度调制型喷油器的限流方法是脉冲开关电路。

（1）波形检测。在怠速工况下，发动机的负荷较小，所以需要较小的喷油量；同样在怠速工况下，开启大灯和鼓风机等用电设备，此时需要发电机提高发电量，导致发动机的负荷增加,所需的进气量与喷油量也会增加,从波形上可以看到喷油脉宽也随之增大。缓慢踩下油门踏板,此时可以看出喷油脉宽也会相应的增大。迅速踩下油门踏板,此时可以看到喷油脉宽迅速增大,快速释放油门踏板,此时可以看到喷油脉宽迅速减小。

通过对比怠速工况与加速工况下的喷油器控制波形,发现增加的喷油量,只增加了针阀保持时的电流时间就可以达到需求。而对于喷油量的控制,不仅可以通过增加喷油时间,也可以通过改变喷油压力实现,同时压力的增加还能够改善雾化程度。

(2)波形分析。脉冲宽度调制型喷油器电压波形如图 2-53 所示,从左至右,波形开始在蓄电池电压高度,这表示喷油器关闭,当控制计算机打开喷油器时,它提供了一个接地去完成这个电路。控制计算机继续接地(保持在 0 V),直至探测到流过喷油器的电流为 4 A 左右,控制计算机靠高速脉冲电路减小电流,电流波形如图 2-54 所示,磁场收缩的这个部分通常会有一个峰值(左侧峰值)。控制计算机继续保持喷油器开启操作,以使剩余喷油时间得以延长,然后它停止脉冲并完全断开接地电路以使喷油器关闭,这就产生了波形右侧的那个峰值,电压与电流的对比波形如图 2-55 所示。

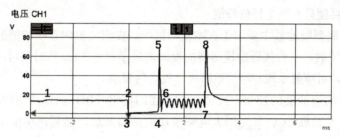

图 2-53 脉冲宽度调制型喷油器的电压波形

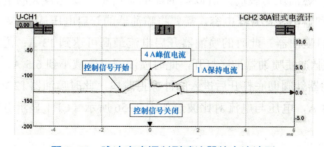

图 2-54 脉冲宽度调制型喷油器的电流波形

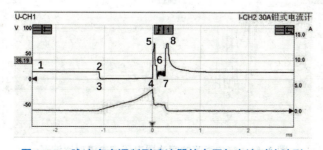

图 2-55 脉冲宽度调制型喷油器的电压与电流对比波形

图 2-55 所示波形中，1～2 阶段为喷油器关闭时间，电压为电瓶电压；2～3 阶段为计算机控制搭铁；3～4 阶段为喷油器通过大电流将阀体打开；4～5 阶段为电流变化导致的一次峰值；6～7 阶段为计算机以 20 kHz 的频率控制喷油器控制线间断搭铁，让喷油器通过 1 A 的小电流；7～8 阶段为小电流截止后产生的二次峰值。在此波形中，无论发动机任何工况，3～4 阶段喷嘴的打开时间不变，改变的是 6～7 阶段，3～7 阶段整个过程为脉宽。

当控制计算机的接地电路打开时，喷油器开始喷油，当控制计算机的接地电路完全断开时，喷油器结束喷油。此时读取喷油器的喷油时间，就可以计算出控制计算机从打开到关闭波形的格数，从而确定喷油时间。喷油器波形可能产生的变化如下：

1）加速时看到第二个峰尖向右移动，第一个保持不动。

2）如果发动机在极浓的混合气下运转，则能看到两个峰尖顶部靠得很近，这表明控制计算机试图通过缩短喷油器的喷油时间来减少喷油量，使混合气变得更稀。

3）在波形的峰值之间出现许多特殊的振幅式杂波，可能表示控制电脑中的喷油驱动器故障。

4）在部分车型上，由于峰值钳位二极管作用第一个峰值（左侧那一个）没有出现，所以，它的喷油器波形上可能只有一个释放峰值。

现阶段脉冲调制型喷油器主要用于直喷发动机中，在汽油缸内直喷的情况下，需要在时间极短的进气行程中喷射，一台接近怠速运转的发动机最多只有 3 ms 的时间可用于燃油喷射和混合气的形成，因此，对喷射系统和喷油策略提出极高的要求。

缸内直喷车型的喷油器的控制方式类似于上述的博世（BOSCH）早期的脉宽调制型喷油器，相同点在于：发动机 ECU 都先用大电流来让喷油器开启，然后用小电流来保持喷油器的开启状态，保持阶段的长短决定了喷油脉宽的大小。不同点在于：缸内直喷车型由于其自身燃油系统的特殊性，燃油压力较高，所以喷油器的开启也需要比较大的电流。因此，发动机 ECU 内部的喷油驱动器中存在升压电容，需要将喷油器的开启电压从 12 V 升高到 65 V，用较高的电流来快速开启喷油器。此时的喷油器开启电流最高可达到 13 A；之后喷油驱动器会产生一个 50 V 的电压脉冲使喷油器彻底打开，此时喷油器电流减小到 6.5 A，防止喷油器因电流过大而过热；在喷油器针阀彻底打开后进入脉冲保持阶段，此时喷油器 12 V 脉冲下保持开启，保持电流大约为 2.8 A，电压与电流对比波形如图 2-56 所示（CH1 显示电流波形、CH2 显示电压波形）。

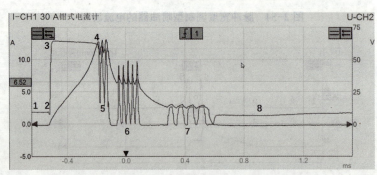

图 2-56　缸内直喷的喷油器电压与电流对比波形

图 2-56 所示波形中，1～2 阶段为喷油器关闭时间，电压为电瓶电压；2～3 阶段为 ECU 内部的升压器将喷油器的开启电压升高到 65 V；3～4 阶段为 ECU 继续保持 65 V 的喷油器开启电压，此阶段喷油器电流会达到最大值；5 阶段为喷油器的第一个高电压脉冲，此阶段喷油器的电流会保持在最大值持续非常短暂的时间，约为 0.1 ms，喷油器通过大电流将喷油器开始打开；6 阶段为 ECU 以 50 kHz 的频率控制喷油器控制线间断搭铁，让喷油器通过约 6.5 A 的小电流彻底打开，并且持续时间也非常短暂，约为 0.2 ms；7 阶段为 ECU 以 20 kHz 的频率控制喷油器控制线间断搭铁，让喷油器通过约 2.8 A 的保持电流持续喷射一段时间。在此波形中，无论发动机任何工况，2～6 阶段喷油器的打开时间不变，改变的是 7 阶段的时间，2～7 阶段的整个过程为喷油脉宽。

在喷油器参考波形的开启时间上有一个基本标准，但必须给出影响喷油时间的相关资料，因为知道一个孤立的喷油器的开启时间（从参考波形中读出的）并无太大意义，除非它是处在同样的发动机型号系列、同样的温度和转速、同样的进气真空度和其他一起出现的因素完全相同的条件下，才能进行对比判断，否则就不能直接参考。喷油器波形的峰值高度也是一个非常有价值的诊断资料，因为峰值高度通常与喷油器的阻抗成正比。

4. 喷油器启动波形测试

这个检测主要是用在发动机不能启动的状态下，对不能启动的发动机故障诊断有一个主要的规律可循，一台发动机不能启动，可能是由于气缸未得到燃油、火花塞上无点火或机械故障，一旦机械故障被排除，则在确定故障根本原因和避免无效诊断方面，示波器就显得很有价值了。示波器也能快速、可靠地检查喷油器电路、曲轴和凸轮轴传感器电路及点火初级电路。

当怀疑没有喷油器脉冲信号时，可以用示波器进行以下检测：启动发动机，绝大多数情况下，如果喷油器电路有故障以致没有脉冲信号，则可能有两种情况：一是有一条 0 V 的直线；二是有一条 12 V 电压的水平线（喷油器电源电压）。波形分析如下：

（1）示波器显示一条 0 V 的直线。首先确认示波器和喷油器的连接是否良好，必要部件（分电器、曲轴、凸轮轴等）的运转是否正常，用示波器检查喷油器的供电电源电路及控制计算机的电源和接地电路，如果喷油器上没有电源电压，则检查其他电磁阀的电源电压。

如果喷油器的供电电源正常，则可能是喷油器线圈开路或者喷油器插头损坏，个别情况是控制计算机中喷油器控制电路频繁接地，代替了推动脉冲，频繁地从喷油器向汽缸中喷射燃油，从而造成发动机淹缸。

（2）示波器显示一条 12 V 电压的水平线。首先确认必要部件的运转是否良好（如曲轴、凸轮轴等），如果喷油器供给电压正常，则示波器上显示一条喷油器电源电压的水平线，说明控制计算机没有提供喷油器的接地。这可能有以下几种原因：控制计算机没有收到曲轴、凸轮轴位置传感器传出的发动机转速信号或同步信号，控制计算机内部或外部的接地电路不良，控制计算机电源有故障，或控制计算机内部喷油器损坏。

（3）示波器显示有脉冲信号出现。确定脉冲信号的幅值、频率、形状及脉冲宽度等判定性尺度都是一致的，尤其重要的是要确定有足够的脉冲宽度去供给发动机足够的燃油来进行启动。启动时，大多数控制电脑一般被程序设定会发出 6～35 ms 的脉冲宽度。通常当脉冲宽度超过 50 ms 时，燃油会使发动机淹缸，并可能阻碍发动机的启动。

检查喷油器尖峰高度幅值的一致性和正确性。喷油器释放尖峰应该有正确的高度，如果尖

峰异常的短，说明可能是喷油器线圈短路了，可用欧姆表测量。喷油器线圈的电阻值或用电流钳测量喷油器的电流值，或用电流钳在示波器上分析电流波形，确认波形对地水平升起得不是太高，太高说明可能是喷油器线圈的电阻值太大或控制计算机中喷油器接地不良。如果出现在示波器上的波形不正常，则应检查线路和线路插座是否损坏，检查示波器的接线并确认零部件（曲轴、凸轮轴等）的运转情况。当故障显示在示波器上时，摇动线束和插头，就能进一步确认喷油器电路是真正的故障原因。

二、点火波形检测与分析

1. 现代点火系统介绍

点火系统的功能就是在适当的时刻，用足够强的火花点燃气缸内的混合气。因此，点火系统工作的好坏将直接影响发动机的动力性能、燃油经济性能及排放性能等指标。根据控制方式的不同，点火系统可以分为传统点火系统、电子点火系统和微机控制电子点火系统。

（1）传统点火系统：点火时刻和初级线圈电流的控制是由机械传动的断电器触点通断来实现的。由点火线圈、分电器、火花塞、高压线和分缸线等组成的传统点火系统又称为触点式点火系统，已经被现代点火系统所替代。

（2）电子点火系统：电子点火系统的初级电路电流由晶体管进行接通和切断，因此，电流值可以通过电路加以控制。由磁电、霍尔元器件构成的非接触式断电器组成的点火系统，又称为无触点点火器，其放大电路又分为晶体管电路和电容放电电路两种。

（3）微机控制电子点火系统：微机控制电子点火系统是当前应用最普遍的点火系统，通过传感器检测发动机的转速和负荷的大小，计算最佳点火提前角和点火线圈初级电路的最佳闭合角，通过控制三极管的通断时间实现控制目的。微机控制电子点火系统有独立点火和分组点火两种控制方式，其控制原理如图 2-57 所示。该系统能使用低阻抗电感线圈，从而大幅度提高初级电流，使次级电压高达 30 kV 以上，增强点火能量以提高点燃稀混合气的能力，在改善燃油经济性的同时也减少了排气污染。

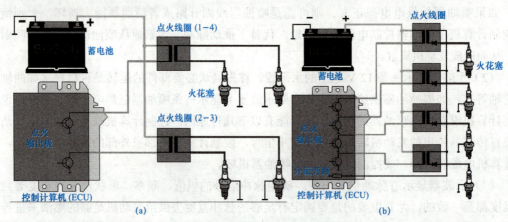

图 2-57 微机控制电子点火系统
(a) 分组点火控制；(b) 独立点火控制

2. 点火波形种类

点火系统工作电压较高，通过示波器可以对点火系统进行波形检测。气缸点火波形采集完成后，对捕捉的点火波形进行不同类别的排列与组合，以多缸平列波、多缸并列波、多缸重叠波和单缸点火波四种排列形式分别显示点火波形。以便于检测人员从不同排列形式的波形中观测、分析、判断点火系统的技术状况，使检测人员能够快捷而准确地判断出故障的成因。

（1）多缸平列波。按点火次序将各缸点火波形首尾相连排成一字开来，称为平列波。图2-58所示为一四缸发动机的次级平列波形，其作用主要为分析次级电压的故障，各缸次级击穿电压是否均衡，火花电压是否均衡，并确认各缸信号的幅值、频率、形状和脉冲宽度等判定性尺度是否一致，火花电压是否有差异，在平列波图上一目了然，可以看出在此转速下3缸的击穿电压略高于其他气缸。

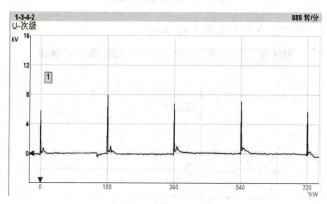

图2-58　四缸次级电压的平列波形

（2）多缸并列波。如将各缸的点火波形始点对齐而由上至下按点火次序排列而形成的波形，称为并列波。图2-59所示为一个四缸发动机的次级电压并列波形。这一波形图可以看到各缸的全貌，便于对比分析各缸闭合角和开启角及各缸火花塞的工作状态。

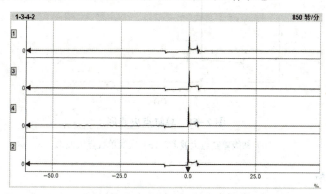

图2-59　四缸次级电压的并列波形

（3）多缸重叠波。将各缸的点火波形起始点对齐，全部重叠在一个水平位置上称为重叠波，如图2-60所示。由于重叠角直接影响各缸点火提前角的大小，对发动机动力性能影响较大，所以，一般重叠角不能超过3°。

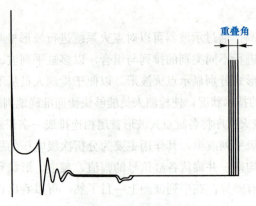

图 2-60　次级电压重叠波

（4）单缸点火波。单缸点火波形如图 2-61 所示。

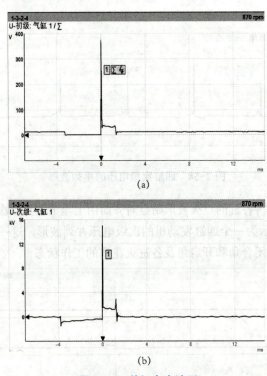

图 2-61　单缸点火波形

(a) 初级单缸点火波形；(b) 次级单缸点火波形

3. 点火波形分析

在发动机点火系统中，点火线圈的初级和次级绕组均有充电和放电过程，这两个过程是用汽车示波器以感应方式监测点火过程的基础。所有点火系统，无论是传统触点点火系统，还是磁感应电子点火系统和霍尔效应电子点火系统，均可在示波器上观察点火过程的曲线变化状态。

发动机停止工作时，点火波形在示波器上是一条水平直线，该直线被定义为零线。当发动机工作时，点火波形呈现出在零线上下变化的状态。对于某种完好的点火系统，存在该系统点火曲线形态的相对标准波形。将实际监测到的点火波形与标准波形进行比较并找出差异，即可高效地查出故障源。

以标准四缸发动机正常工作状态下一个气缸为例，图 2-62、图 2-63 所示分别为电子点火系统的初级波形和次级波形。

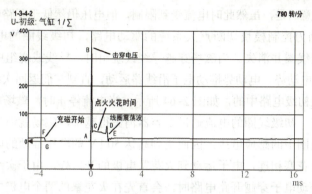

图 2-62　初级点火波形

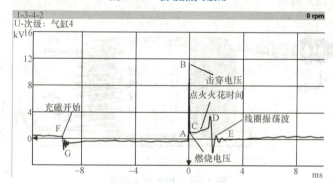

图 2-63　次级点火波形

图中 F 之前部分是开路电压，因为此刻电路还没有闭合，初级线圈中没有电流流动。随后，当驱动电路闭合时，电压突然下降，初级线圈就对地构成了回路（图中的 F 部分），此电压降非常接近零电位。固有的电压降取决于驱动电路中控制电流用的是三极管还是场效应管。如果是三极管，它的电压降就是 0.7～1 V，其原因是三极管的基极存在电阻。场效应管的基极电阻很小，所产生的电压降为 0.1～0.3 V。固有的电压降是电路中的保持电压，用来克服驱动电路或基极电阻，从而使电流流动（图中的 G 部分）。一旦驱动电路闭合，电流就流过初级线圈的绕组。当电流流经绕组时，所有的电流都会用来在绕组周围建立一个磁场，它的强度与电感系数及电流成正比。

当驱动电路闭合时，可以从次级电压波形中看到这个感应电动势。线路闭合的初始会产生电压振荡，这是由于磁力线切割次级线圈并在次级线圈不同的绕组中产生感应电压。线圈充电饱和后，这个振荡波将减弱成一条稳定的弧线，随后变成一条直线。线圈充电的饱和点各不相同，主要取决于流过初级线圈的电流、电阻值和线圈的匝数。

当线路中有电感现象时，电流的变化就会产生一个反向电动势，这个反向电动势会阻碍电流的流动。当线路中有电阻时，就会产生电压降，电压降的大小与电阻值成正比，从初级波形略为上升的底线就可以看出这个电压降。

点火线圈的初级电流一旦饱和（磁场不再运动），次级线圈的周围就充满磁场。点火线圈的电流饱和点取决于流经它的电流，电流越大，则磁力线的强度就越大；电流越小，则磁力线的强度就越小。点火线圈充电饱和后，流经初级线圈的电流将受到限制，但是，磁场强度仍处于最大状态。需要注意的是，虽然此时电流受到限制，但电压仍然低于开路电压。

充电饱和后，动力控制模块切断点火系统的驱动电路，初级线圈的电流不再流过初级绕组，磁场便穿越次级线圈并消失。当磁场穿越导线或绕组时，导线或绕组中会产生感应电压，这种感应电压会产生电动势。电动势推动电子沿线路运动，直到它们返回次级绕组。

电容器是连接在初级电路中的，如图 2-64 所示。当电流停止时，磁场在初级线圈中收缩，使线圈中的电流稳定。初级线圈的电流通过电容器消失得越快，磁场就消失得越快。快速运动的磁场能提高次级线圈中的感应电压，因而受到高达 50 kV 的电压推动的电流就要寻找通道或出路。次级线圈和火花塞相连，电子运动到火花塞电极的开口处，由于次级线路是一个开路电路，当高压电试图推动电子穿越开路电路时，会首先在火花塞的两个电极之间建立电晕（低能量场），如图 2-65（a）所示。

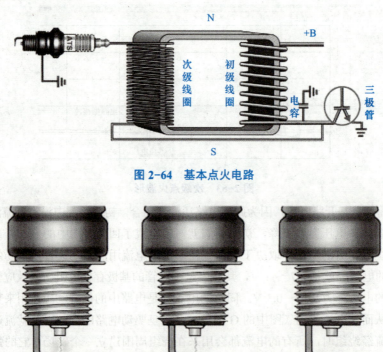

图 2-64 基本点火电路

图 2-65 火花塞高压点火

这种电晕一旦建立，电离就会开始。电离开始时，所需的电压很高。为了释放电子，电位差必须对原子施加足够的压力[图 2-65（b）]。失去电子的原子就成了正离子（离子就是带正电或负电的原子，是原子失去或得到一个或多个电子的结果），即击穿电压，或者说是推动电子克服电阻所需的电压。

在次级线圈中，电阻就是火花塞电极之间的间隙。火花塞的电极间隙越大，电阻就越大，因而所需的击穿电压就越高（图2-63中的B部分）。击穿电压的读数单位为千伏（kV），它是克服次级线路中全部的电阻所需的能量。当电子开始穿越火花塞的两个电极时，电离就完成了。

电离现象一旦出现，自由电子和正离子就会在火花塞的电极间构成一个通道。这种情况是在电子流动的数量等于正离子流动的数量且在火花塞电极之间出现等离子体时出现的[图2-65（c）]。等离子体的电阻大小与气体成分和气体压力有关。等离子体能降低电子流过火花塞电极之间所需的电压。

电离转变成等离子体时的电压值是一项用来分析问题的重要参数。由于击穿电压不稳定，每个点火循环时上下都有波动，所以，观察出现等离子体时的电压尤为重要。电离转变成等离子体时所受的唯一影响就是线路中的电阻值，出现等离子体时的电压比击穿电压稳定，因而能看出从击穿电压中看不出来的电阻值。

点火线圈里的电、磁能量相互转换与荡秋千十分相似。作为一种机械装置，秋千需要推力以便运动起来，就像点火线圈的放电产生了能量脉冲一样。电子流动开始后，电压稳定下来，振荡就会减弱成平稳的电压（图2-63中的C部分）。电子一旦在火花塞的电极之间开始流动，就会持续下去，直到次级点火线圈的能量耗尽。当燃烧接近终了，次级点火线圈的能量即将耗尽时，电压在电火花熄灭前会略有上升（图2-63中的D部分），这种现象是由等离子体的消失所造成的。次级点火线圈所产生的电子数量减少，使得正离子和电子的数量不等，因而等离子体便消失。由于等离子体所构成的电流通道电阻较小，所以，等离子体的消失会使电阻升高，这就使得在燃烧接近终了时电压有所升高。

电子流过火花塞电极之间的这一阶段叫作燃烧时间（图2-63中的C、D部分）。推动电子在线路中流动所需的电压不同，燃烧时间也不同。电压越低，燃烧时间越长；电压越高，燃烧时间越短。

击穿电压和燃烧时间受气缸内的压力以及气体成分的影响。通常进入气缸里的是空气（大约21%的氧气和78%的氮气）及碳氢化合物（汽油），空气和碳氢化合物的混合比例为14.7∶1。气缸里的混合气由原子组成，这些原子能够电离或者说能使火花塞的电极之间产生电火花。如果条件变化，电离的性能就会变化。气缸压力的大小会改变混合气的密度，而混合气的密度会影响电离的性能。气缸里的紊流也会改变点火波形的特性曲线。压力、紊流、气体成分、燃油或水蒸气等都是变量。如果这些变量中的任何一项发生变化，则由电离所形成的等离子体也会发生变化，其结果是点火波形受到影响。

如果电能不足以维持电子流过火花塞的电极之间，那么电火花就会熄灭（图2-63中的D部分），点火线圈里剩余的任何能量都会被绕组吸收，被吸收的能量通过电能和磁能的转换而耗散，这就是点火终了时波形中为什么会出现振荡的原因（图2-63中的E部分）。通过这个振荡可以看出点火线圈放电时有多少能量被利用，或者有多少能量没有被利用。电压变化大、振荡次数多，表明点火线圈中剩余的能量多；如果没有振荡，就说明点火线圈的能量完全用尽了。

4. 影响点火波形的因素

通过点火波形能够看出的问题有稀空燃比、浓空燃比、早燃、由配气相位和气门造成的紊流、由排气背压造成的紊流、EGR 阀、冷却液漏进气缸而形成的水蒸气、火花塞电极烧蚀、积炭、线路中的电阻等。点火系统的点火时间和点火能量是发动机正常燃烧的几个基本要素之一，其测量的特征值主要包括点火电压、燃烧电压和燃烧时间三项。

（1）点火电压：击穿火花塞间隙的电压称为击穿电压，如图 2-63 中的 AB 线，也称为点火线，它反映火花塞间隙内跳过火花时的电压，其大小主要与次级点火的阻抗有关，阻抗越高，点火电压越高。影响阻抗的因素很多，包括火花塞阻抗、火花塞间隙、高压线阻抗（含火花塞帽的阻抗）、分电器盖、分火头、实际缸压、混合气的浓稀等。由于发动机的不同，该正常点火电压不同，一般为 8～15 kV。如果击穿电压过高，甚至超过显示屏幕的范围，则表明在点火次级电路中电阻值过高。线路中有开路、火花塞损坏、高压线或火花塞间隙过大等都可能造成击穿电压过高的现象。相反，如果击穿电压过低，则表明在点火次级电路中电阻值低于正常值，这可能是由火花塞太脏或破裂、高压线漏电等原因造成的。

（2）燃烧电压：在火花塞间隙被击穿时，两电极之间要出现火花放电，同时，次级电压骤然下降，此时的放电电压称为燃烧电压。图 2-63 中的 B 点位置到 C 点也被称为燃烧线，是指火花塞间隙内火花维持时的电压，它除与上面的因素有关外，还与点火的能量有关，一般为 0.5～8 kV。燃烧线上如有过多的杂波，则表示汽缸点火不良或是由点火过早、喷油器损坏、污浊的火花塞等原因造成的。

（3）燃烧时间：火花塞电极间隙被击穿后，通过电极间隙的电流迅速增加，致使两极间隙中的可燃气体发生电离，引起火花放电，火花持续的时间，称为燃烧时间，一般为 1～3 ms，图 2-63 中 C 点到 D 点也称为火花线。其主要影响因素与上述基本相同。燃烧线持续时间的长短与汽缸内混合气的浓度有关。通常情况下，如果燃烧时间超过 2 ms，就表示混合气过浓；如果燃烧时间少于 0.75 ms，就表示混合气过稀。

上述三个特征值之间不是孤立的，它们之间存在相互影响，在分析时要综合考虑。比如，对比各缸击穿电压的幅值，低于平均值说明此气缸的初级线圈可能内部短路或控制线路虚接。若击穿电压太高，则当点火系统的后备能量不足而影响燃烧电压的因素不变时，势必导致燃烧时间减少。正常燃烧时间应不少于 0.8 ms，时间过短则说明初级供电电压过低、控制模块限流故障、初级线圈绕组间漏电或短路。

任务实施

依照操作手册了解示波器的功能与操作方法，并完成表 2-6 执行器波形检测与分析任务工单。

表 2-6　任务工单

班 级		姓 名		学 号	

执行器波形检测与分析

1. 填写车辆信息。

车辆 VIN 码：_____

车型：_____　生产年份：_____　发动机型号：_____　变速器型号：_____

2. 发动机喷油器波形检测（捕捉故障状态波形）。

画出故障波形图：

波形分析：_____
_____
_____

3. 发动机点火波形检测（捕捉故障状态波形并进行分析）。

画出故障波形图：

波形分析：_____
_____
_____

自我评价（个人技能掌握程度）：□非常熟练　□比较熟练　□一般熟练　□不熟练

教师评语（包括工作单填写情况、语言表达、态度及沟通技巧等方面，并按等级制给出成绩）

实训记录成绩_____　教师签字：_____　　年　　月　　日

习题与思考

1. 常用的喷油器有哪些类型？它们各自的波形有何特点？
2. 喷油器电流波形和电压波形对喷油器的故障诊断有何帮助？
3. 结合具体车型说明点火次级波形检测与分析方法。

工作任务四　汽车 CAN 信号波形检测与分析

学习目标

知识目标：
1. 了解 CAN 信号波形的特点；
2. 掌握 CAN 信号波形检测与分析方法。

技能目标：
能够进行 CAN 信号波形检测与分析。

素养目标：
1. 能够遵守安全操作规范，具有安全意识；
2. 能够运用各种途径自主学习，崇尚工匠精神。

任务引入

现代社会对汽车的要求不断提高，这些要求包括极高的主动安全性和被动安全性、乘坐的舒适性、驾驶与使用的便捷性和人性化，尤其是低排放和低油耗的要求等。在汽车设计中广泛地运用微处理器及其电控技术。目前，这些系统有制动防抱死系统（ABS）、制动力分配系统（EBD）、发动机管理系统（EMS）、多功能数字化仪表、主动悬架、导航系统、电子防盗系统、自动空调和自动CD机等。由于这些系统控制需检测及交换大量数据，采用硬接信号线的方式不但烦琐、成本高，而且难以解决问题，通过总线将汽车上的各种电子装置与设备连成一个网络，实现相互之间的信息共享，既减少了线束，又可以更好地控制和协调汽车的各个系统，使汽车性能达到最佳。

相关知识

一、汽车 CAN 网络基础

1. CAN 网络介绍

由于现代汽车的技术水平大幅度提高,要求能对更多的汽车运行参数进行控制,因而,汽车控制器的数量不断上升,从开始的几个发展到几十个甚至上百个控制单元。控制单元数量的增加,使得它们相互之间的信息交换越来越密集。为此,德国博世公司开发了一种设计先进的解决方案——CAN 总线,目的是为车内电子设备提供节省成本的通信总线。它代替了成本较高、错综复杂的布线网,提供一种特殊的局域网在汽车的控制器之间进行数据交换。CAN 是 Controller Area Network 的缩写,称为控制单元的局域网,它是车用控制单元传输信息的一种方式。

车上的布线空间有限,CAN-BUS 系统的控制单元连接采用铜缆串行方式。由于控制器采用串行合用方式,因此,不同控制器之间的信息传送方式是广播式,即每个控制单元不指定接收者,而是把所有的信息都往外发送,由接收控制器自主选择是否需要接收这些信息。

CAN 总线是应用于实时控制的串行通信总线,CAN 的数据速率最高可达 1 Mbit/s,并且具有卓越的错误检测和限制能力。CAN 是具有多种功能的串行总线系统,即所有 CAN 节点都能够传送数据,而且多个 CAN 节点可要求同时访问总线。从传统意义上来讲,CAN 网络中不存在用户或终端的寻址。而事实上,CAN 是按照优先顺序传输信息的。每个发送器向所有 CAN 节点发送一条信息(广播),然后每个节点根据收到的标识符确定是否应当处理该信息。当多个节点将要或已经同时接入总线时,该标识符还可以确定接收信息的优先顺序。

CAN 总线的特点如下:

(1)网络上任意一个节点均可以在任意时刻主动地向网络上的其他节点发送信息而不分主、从,通信方式较灵活。

(2)网络上的节点(信息)可分成不同的优先级,可以满足不同的实时要求。

(3)采用非破坏性总线仲裁结构机制,当两个节点同时向网络上传送信息时,优先级低的节点主动停止数据发送,而优先级高的节点可不受影响地继续传输数据。

(4)可以采用点对点、一点对多点(成组)及全局广播等传送方式接收数据。

(5)直接通信距离最远可达 10 km(速率在 5 kbit/s 以下)。

(6)通信速率最高可达 1 Mbit/s(此时距离最长为 40 m)。

(7)节点数实际可达 110 个。

(8)采用短帧结构,每一帧的有效字节数为 8 个。

(9)每帧信息都有 CRC 校验及其他检错措施,数据出错率极低。

(10)通信介质可采用双绞线、同轴电缆和光导纤维,一般采用低价的双绞线即可,无特殊要求。

(11)节点在错误严重的情况下具有自动关闭总线的功能,切断它与总线的联系,以使总线上的其他操作不受影响。

2. CAN 网络结构

根据 CAN 总线传输速率的不同，可以将 CAN 总线分为高速 CAN 和低速 CAN。一条主要用于驱动系统的高速 CAN，速率达到 500 kbit/s，面向实时性要求较高的控制单元，如发动机、自动变速器及制动系统等；另一条主要用于车身系统的低速 CAN，速率是 100 kbit/s。针对车身控制，如车灯、车门、车窗等信号的采集及反馈。汽车 CAN 网络布置如图 2-66 所示。

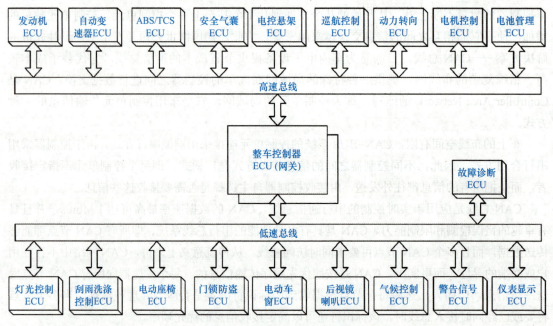

图 2-66 汽车 CAN 网络布置

CAN 总线系统上并联有多个元件，这就要求整个系统的布置应满足以下要求：

（1）可靠性高：对传输故障（无论是由内部还是外部引起的）应能准确识别出来。

（2）使用方便：如果某一控制单元出现故障，其余系统应尽可能保持原有功能，以便进行信息交换。

（3）数据密度大：所有控制单元在任一瞬时的信息状态均相同，这样就使得两控制单元之间不会有数据偏差。如果系统的某一处有故障，那么总线上所有连接的元件都会得到通知。

（4）数据传输快：连成网络的各元件之间的数据交换速率必须很快，以满足实时要求。

考虑到信号的重复率及产生出的数据量，CAN 总线系统可分为以下三个专门的系统：

（1）CAN 驱动总线（高速），500 kbit/s，可基本满足实时要求。

（2）CAN 舒适总线（低速），100 kbit/s，用于对时间要求不高的情况。

（3）CAN 信息总线（低速），100 kbit/s，用于对时间要求不高的情况。

3. CAN-BUS 系统组成

CAN-BUS 系统组成如图 2-67 所示。

（1）CAN 收发器：CAN 收发器集成在电控单元内部，同时兼具接收、发送和转化数据信号的功能。它将CAN控制器发送来的电平信号数据转化为电压信号并通过数据传输线以广播方式发送出去。同时，它接收数据传输线发送来的电压信号并将电压信号转化为电平信号数据后，发送到CAN控制器处理后，传递给控制单元微处理器。

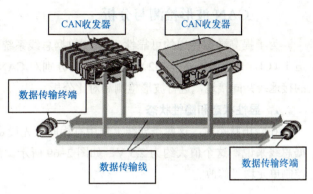

图 2-67　CAN—BUS 系统组成

（2）数据传输终端：数据传输终端是一个电阻器，其作用是防止数据在终端被反射，以回声的形式返回，影响数据的传输。需要注意的是，终端电阻不一定为 120 Ω，而是相应的阻值依赖于总线的结构。在控制单元内装置的不是一个固定阻值的终端电阻。它是由很多个被测量的电阻组合在一起被称为终端电阻。作为标准值或者试验值两个终端电阻每一个以 120 Ω 为起始，其终端电阻一般为 60 Ω。在 Audi 也使用另一种终端电阻。如在带有泵—喷嘴—单元的 1.9 TDI 车型上，发动机控制单元装置为 66 Ω 终端电阻。所以，终端电阻是根据车型设计的，总的阻值依赖于车辆的总线结构。

（3）数据传输线：双向数据线，由高低双绞线组成。原则上 CAN 总线用一条导线就可以满足功能要求了，但该总线系统上还是配备了第二条导线。在第二条导线上，信号是按相反顺序传送的，这样可以有效抑制外部干扰。采用双绞线自身校验的结构（图 2-68），既可以防止电磁干扰对传输信息的影响，又可以防止 CAN 总线本身对外界的干扰。系统中采用高、低电平两条数据线，控制器输出的信号同时向两条通信线发送，高、低电平互为镜像，并且每一个控制器都增加了终端电阻，以减轻数据传送时的过调效应。各个 CAN 系统的所有控制单元都并联在 CAN 数据上。

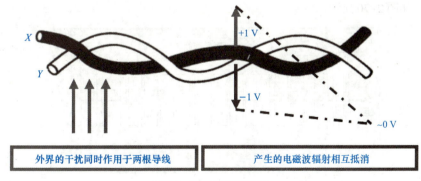

图 2-68　双绞线结构

CAN 总线的两条导线分别叫作 CAN-High 和 CAN-Low 线。两条扭绞在一起的导线称为双绞线。CAN 总线的基本颜色为橙色；CAN-Low 线的颜色为棕色；CAN-High 的颜色分三种情况，驱动系统为黑色，舒适系统为绿色，信息系统为紫色。

二、CAN 波形检测与分析

为了提高数据传递的可靠性，CAN 数据总线系统的波形检测须要采用双通道示波器，将通道 1（CH1）和通道 2（CH2）的检测探头分别对 CAN-High 线和 CAN-Low 线分别连接，探头的接地线共同接地，进行波形检测和对比分析。

1. 显性状态和隐性状态

在静止状态时，这两条导线上作用有相同预先设定值，该值称为静电平。对于 CAN 驱动数据总线来说，这个值大约为 2.5 V，如图 2-69 所示。静电平也称为隐性状态，因为连接的所有控制单元均可修改它。

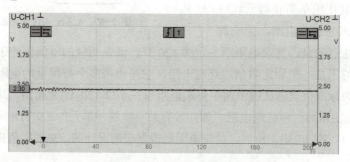

图 2-69 CAN 隐性状态

在显性状态时，CAN-High 线上的电压值会升高一个预定值（对 CAN 驱动数据总线来说，这个值至少为 1 V）。而 CAN-Low 线上的电压值会降低一个同样值（对 CAN 驱动数据总线来说，这个值至少为 1 V）。于是在 CAN 驱动数据总线上，CAN-High 线就处于激活状态，其电压不低于 3.5〔2.5+1=3.5（V）〕，而 CAN-Low 线上的电压值最多可降至 1.5 V〔2.5-1=1.5（V）〕。

因此在隐性状态时，CAN-High 线与 CAN-Low 线上的电压差为 0 V，在显性状态时该差值最低为 2 V，如图 2-70 所示。

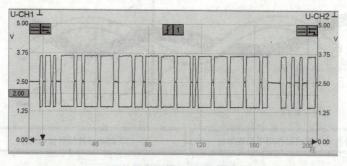

图 2-70 CAN 显性状态

低速 CAN 数据总线波形特点：当 CAN 高和 CAN 低相差 5 V 时，表现为隐性，逻辑状态 1；当 CAN 高和 CAN 低相差 2 V 时，表现为显性，逻辑状态 0。

2. CAN 故障波形示例

（1）图 2-71 所示的 CAN 波形对应的故障原因是 Can-high 与地短接。

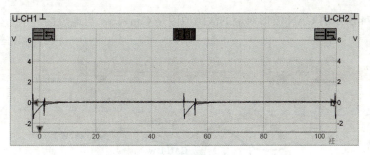

图 2-71　CAN 故障波形示例（一）

（2）图 2-72 所示的 CAN 波形对应的故障原因是 Can-high 与电瓶短接。

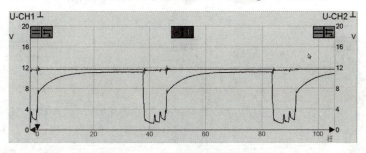

图 2-72　CAN 故障波形示例（二）

（3）图 2-73 所示的 CAN 波形对应的故障原因是 Can-Low 与电瓶短接。

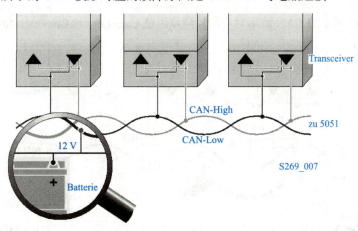

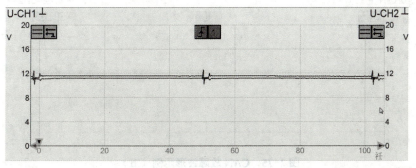

图 2-73　CAN 故障波形示例（三）

（4）图 2-74 所示的 CAN 波形对应的故障原因是 Can-Low 与地短接。

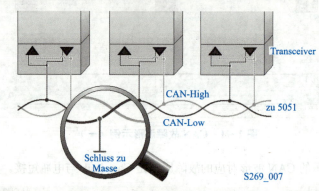

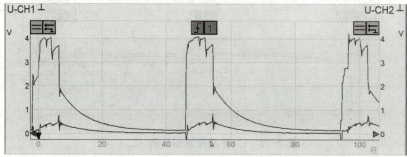

图 2-74　CAN 故障波形示例（四）

（5）图 2-75 所示的 CAN 波形对应的故障原因是 Can-Low 与 Can-high 短接。

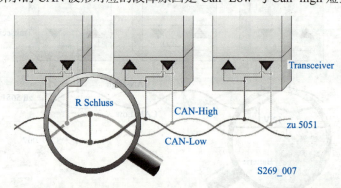

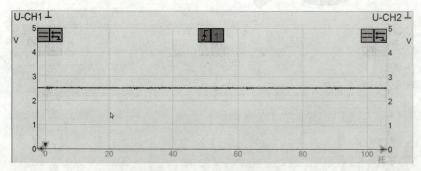

图 2-75　CAN 故障波形示例（五）

 **任务实施**

依照操作手册了解示波器的功能与操作方法,并完成表 2-7 CAN 波形检测与分析任务工单。

表 2-7　任务工单

班级		姓名		学号	
CAN 波形检测与分析					

1. 填写车辆信息。

车辆 VIN 码:_____

车型:_____　生产年份:_____　发动机型号:_____　变速器型号:_____

2. CAN 波形检测(捕捉故障状态波形)。

画出故障波形图:

波形分析:_____
_____
_____
_____

自我评价(个人技能掌握程度):□非常熟练　□比较熟练　□一般熟练　□不熟练

教师评语(包括工作单填写情况、语言表达、态度及沟通技巧等方面,并按等级制给出成绩)

实训记录成绩_____　教师签字:_____　　年　　月　　日

习题与思考

1. 以具体车型为例说明 CAN 总线的布置方式。
2. 简要说明 CAN 传输类型及组成。
3. 举例说明 CAN 总线波形的特点。

项目三
汽车功率检测与数据分析

工作任务一　汽车动力评定
工作任务二　汽车功率检测与分析

工作任务一　汽车动力评定

学习目标

知识目标：
1. 了解发动机的评价指标；
2. 熟悉发动机的特性；
3. 掌握汽车动力性的评价指标；
4. 了解汽车驱动力与行驶阻力。

技能目标：
能够进行汽车行驶阻力分析。

素养目标：
1. 能够遵守安全操作规范，具有安全意识；
2. 能够运用各种途径自主学习，崇尚工匠精神。

任务引入

汽车在行驶中能达到的最高车速、最大加速能力和最大爬坡能力是汽车动力性三个主要评价指标，是汽车的基本使用性能。汽车属于高效率的运输工具，运输效率的高低在很大程度上取决于汽车的动力性。汽车的动力性是指汽车在良好路面上直线行驶时由汽车受到的纵向外力决定的、所能达到的平均行驶速度。这是因为汽车行驶的平均技术速度越高，汽车的运输生产率就越高。而影响平均技术速度的最主要因素就是汽车动力性。

相关知识

一、汽车动力性评价指标

汽车检测部门一般常用汽车的最高车速、加速能力、最大爬坡度、发动机最大输出功率、底盘输出最大驱动功率作为动力性评价指标。动力性试验可在道路上和试验室内进行。道路试验主要是测定最高车速、加速能力、最大爬坡度等评价指标。

道路试验有规定的试验条件：应在混凝土或沥青路面的直线路段上进行，路面要求平坦、干燥、清洁，坡度不大于0.1%。试验时，大气温度应为 -10 ℃～ 30 ℃，风速不大于 3 m/s。室内的动力性试验主要是测定驱动力、传动系统的机械效率、轮胎的滚动阻力系数和汽车的空气阻力系数等。

1. 最高车速 v_{amax}（km/h）

最高车速是指汽车以出厂额定最大总质量状态在风速不大于 3 m/s 的条件下，在干燥、清洁、平坦的混凝土或沥青路面上能够达到的最高稳定行驶速度。汽车在试验道路上行驶，达到最高车速后测定汽车通过 1 km 路段所需要的时间，计算出 v_{amax} 值。通过的时间用光电测时仪或秒表来测定。

2. 加速能力 t（s）

加速能力是指汽车在行驶中迅速增加行驶速度的能力，它通常用汽车加速时间来评价。加速时间是指汽车以厂定最大总质量状态在风速不大于 3 m/s 的条件下，在干燥、清洁、平坦的混凝土或沥青路面上，由某一低速加速到某一高速所需的时间。

（1）原地起步加速时间。原地起步加速时间也称为起步换挡加速时间，是指用规定的低挡起步，以最大的加速度（包括选择适当的换挡时机）逐步换到最高挡后加速到某一规定的车速所需的时间。对轿车的规定车速一般为 0～80 km/h、0～100 km/h。原地起步加速时间也可以是用规定的低挡起步，以最大的加速度逐步换到最高挡后达到一定距离所需的时间，其规定距离一般为 0～400 m、0～800 m、0～1 000 m。原地起步加速时间越短，动力性越好。

（2）超车加速时间。超车加速时间也称为直接挡加速时间，是指用最高挡或次高挡，由某一预定车速开始，将节气门开至最大，全力加速到某一高速所需的时间，一般是指由 30 km/h 加速至 $0.8v_{amax}$ 的过程所需的时间。超车加速时间越短，高挡加速性能越好。

3. 最大爬坡度 I_{max}（%）

最大爬坡度是指汽车满载时，在良好的混凝土或沥青路面的坡道上以最低前进挡能够爬上的最大坡度。测量汽车的最大爬坡度应利用一系列不同坡度的坡道，坡道的长度应大于汽车长度的 2～3 倍。试验时，将汽车挂入最低挡，以最低速度驶至坡前，然后迅速将节气门开至最大，驶上坡道。汽车能爬上的最陡坡道的坡度就是汽车的最大爬坡度。如果没有合适的坡度，即坡度过大或过小，可以采用增、减负荷或变换排挡的方法折算出最大爬坡度。由于受坡道条件的限制，汽车综合性能检测站通常不做汽车爬坡测试。

二、汽车行驶的条件

1. 汽车的行驶方程式

确定汽车的动力性就是确定汽车沿行驶方向的运动状况，为此需要掌握沿汽车行驶方向作用于汽车的各种外力，即驱动力与行驶阻力。根据这些力的平衡关系，建立汽车行驶方程式，就可以估算出汽车的各项动力性能指标。汽车的行驶方程式为

$$F_t = \sum F$$

式中　F_t——汽车驱动力；

　　　$\sum F$——行驶阻力之和。

2. 汽车的驱动力

在汽车行驶中,发动机发出的有效转矩 T_{tq},经变速器、传动轴、主减速器等之后由半轴传给驱动车轮。如果变速器传动比为 i_g、主减速比为 i_0、传动系的机械效率为 η_T,则传到驱动轮上的转矩 T_t(驱动力矩)为

$$T_t = T_{tq} i_g i_0 \eta_T$$

如图 3-1 所示,此时作用于驱动轮上的转矩 T_t,产生对地面的圆周力 F_0,则地面对驱动轮的反作用力 F_t 即汽车的驱动力。如果驱动车轮的滚动半径为 r,就有 $F_t = \dfrac{T_t}{r}$,因而汽车驱动力为

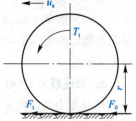

图 3-1 汽车的驱动力

$$F_t = \frac{T_{tq} i_g i_0 \eta_T}{r}$$

3. 汽车的行驶阻力

汽车在水平道路上等速行驶时必须克服来自地面的滚动阻力 F_f 和来自空气的空气阻力 F_w;当汽车在坡道上坡行驶时,还必须克服重力沿坡道的分力,即坡度阻力 F_i;另外,汽车加速行驶时还需要克服加速阻力 F_j。因此,汽车行驶的总阻力为

$$\sum F = F_f + F_w + F_i + F_j$$

在上述各种阻力中,滚动阻力和空气阻力是在任何行驶条件下均存在的。坡度阻力和加速阻力仅在一定行驶条件下存在,水平道路上等速行驶时就没有坡度阻力和加速阻力。

4. 滚动阻力

汽车行驶时,车轮与地面在接触区域的径向、切向和侧向均产生相互作用力,轮胎与地面也存在相应的变形。无论是轮胎还是地面,其变形过程必然伴随着一定的能量损失。车轮滚动的能量损失主要由轮胎变形能量损失、路面变形能量损失及轮胎与支承面间的摩擦损失三部分组成。这些能量损失是使车轮转动时产生滚动阻力的根本原因。一般用滚动阻力系数(轮胎变形、道路变形及接触面上的摩擦等损失的系数)来表示。滚动阻力系数与路面的种类、行驶车速及轮胎的构造、材料、气压等有关。车轮在硬路面上滚动时的受力情况如图 3-2 所示。

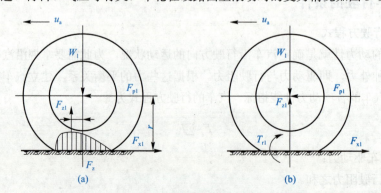

图 3-2 车轮在硬路面上滚动时的受力情况
(a)受力分析;(b)滚动阻力

5. 空气阻力

汽车直线行驶时受到的空气作用力在行驶方向上的分力,称为空气阻力。一辆以 100 km/h 速度行驶的汽车,发动机输出功率的 80% 被用于克服空气阻力,只要减少空气阻力,就能有效地改善汽车的行驶经济性。

空气阻力分为压力阻力和摩擦阻力两部分。作用在汽车外形表面上的法向压力的合力在行驶方向上的分力称为压力阻力。由于空气的黏性在车身表面产生的切向力的合力在行驶方向上的分力称为摩擦阻力。

压力阻力又分为四部分,即形状阻力、干扰阻力、内循环阻力、诱导阻力。形状阻力与车身主体形状有关,流线形越好,形状阻力越小,如图 3-3 所示。内通风等空气流经车体内部时构成的阻力为内循环阻力;诱导阻力是空气升力在水平方向上的投影。

对于一般轿车,这几部分阻力的比例大致为形状阻力占 58%、干扰阻力占 14%、内循环阻力占 12%、诱导阻力占 7%、摩擦阻力占 9%。空气阻力中,形状阻力占的比重最大,所以,改善车身流线形状,是减小空气阻力的关键。

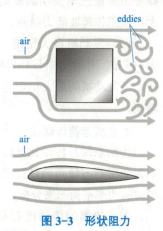

图 3-3 形状阻力

6. 坡度阻力

如图 3-4 所示,当汽车上坡行驶时,其重力沿坡道斜面的分力 F_i 表现为对汽车行驶的一种阻力,称为坡度阻力。它与所爬坡度直接相关。由于坡度阻力 F_i 与滚动阻力 F_f 均属与道路有关的汽车行驶阻力,故常将这两种阻力之和称为道路阻力 F_ψ(N)。

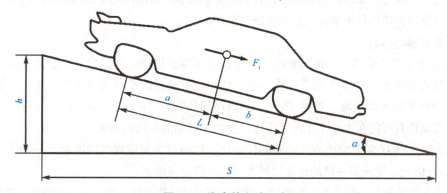

图 3-4 汽车的上坡阻力

7. 加速阻力

汽车加速行驶时需克服其质量的惯性,因而产生了加速阻力 F_j。

综上所述,汽车行驶的条件:驱动力必须大于滚动阻力、坡度阻力和空气阻力,才能加速行驶。若驱动力小于这三个阻力之和,则汽车无法开动,正在行驶中的汽车将减速直至停车。此条件为汽车行驶的驱动条件,并不是汽车行驶的充分条件,实际上,驱动力是受附着力限制的。增大发动机转矩及传动比可以增大驱动力。但当驱动力达到路面可能给出的最大切向力,即附着力 F_φ 时,驱动轮会出现滑转现象,汽车不能前进。

三、影响汽车动力性的主要因素

1. 发动机参数

（1）发动机最大功率。发动机功率越大，汽车的动力性越好。设计中发动机最大功率的选择必须保证汽车预期的最高车速。最高车速越高，要求的发动机功率越大，其后备功率也越大，加速和爬坡能力越强。

（2）发动机最大扭矩。发动机通过飞轮对外输出的扭矩称为有效扭矩，用 T_e 表示，单位为 $N·m$。有效扭矩与外界施加于发动机曲轴上的阻力矩相平衡，有效扭矩的最大值称为最大扭矩。发动机的最大扭矩越大，在传动比一定时，最大动力因数越大，汽车的加速和爬坡能力越强。

2. 主减速器传动比

传动系统总传动比是传动系各部件传动比的乘积。普通汽车上没有分动器和副变速器，如果变速器的最高挡是直接挡，则减速器传动比 i_0 对汽车动力性的影响可利用汽车在直接挡行驶时的功率平衡图来分析。

主减速器的传动比 i_0 不同，汽车功率平衡图上发动机功率曲线的位置不同，与水平路面行驶阻力功率曲线的交点所确定的最高车速不同。当阻力功率曲线正好与发动机功率曲线交在其最大功率点上时，所得的最高车速最大，$v_{amax}=v_p$，v_p 为发动机最大功率时的车速。因此，主减速器的传动比 i_0 应选择到汽车的最高车速相当于发动机最大功率时的车速，此时最高车速最大。

主减速器的传动比 i_0 不同，汽车的后备功率也不同。i_0 增大，发动机功率曲线左移，汽车的后备功率增大，动力性加强，但燃油经济性较差。i_0 减小，发动机功率曲线右移，汽车的后备功率较小，但发动机功率利用率高，燃油经济性较好。

3. 传动系统挡位数

无副变速器和分动器时，传动系统挡位数即变速器前进挡的挡位数。当变速器挡位数增加时，发动机在接近最大功率工况下工作的机会增加，发动机的平均功率利用率高，后备功率大，有利于汽车加速和爬坡，提高了汽车中速行驶时的动力性。挡位数多，可选用最合适的挡位行驶，发动机有可能在大功率工况下工作，使功率利用的平均值增大。

挡位数的多少还会影响挡与挡之间的传动比。比值过大会造成换挡困难，一般认为比值不宜大于 1.8。因此，变速器一挡的传动比越大，挡位数也应越多。

各种汽车变速器挡位数有大致的规律。货车变速器挡位数随整车整备质量的增加而增多。总质量 3.5 t 以下的轻型货车绝大多数采用四挡变速器；总质量为 3.5～10 t 的汽车 80% 采用五挡变速器；总质量在 14 t 以上的汽车 85% 带有副变速器，采用八、十、十二个或更多挡；总质量在 3.5 t 以下的越野车多采用四挡变速器和两挡分动器，总质量 3.5 t 以上的越野车采用五挡或六挡变速器和两挡分动器；轿车普遍采用五挡变速器。显然，挡位数多于五挡会使结构和操纵变得更为复杂。

4. 汽车外形

汽车的外形影响汽车的空气阻力系数，对汽车动力性也有影响。因为空气阻力和车速平方成正比，克服空气阻力所消耗的功率和车速的立方成正比，因此，汽车的外形是否是流线型对汽车的最高车速影响很大。流线型外形对高速汽车的动力性、经济性影响十分显著，但对汽车的爬坡能力和低速时的加速性能影响不大。

5. 汽车质量

汽车在使用中，其总质量随载运货物和乘客的多少而变化。尤其是载货汽车拖带挂车时，总质量的变化更大。

汽车总质量增加时，动力因数随之下降，而道路阻力和加速阻力随之增大，故汽车的动力性将随汽车总质量的增加而变差，汽车的最高行驶速度和爬坡能力也下降。

汽车的自身质量对汽车动力性的影响较大，对于具有相同额定载重量的不同车型，其自身质量较轻的总质量较轻，因而动力性也较好。因此，对于额定载重量一定的汽车，在保证刚度与强度足够的前提下，应尽量减轻其自身质量，以提高动力性。

采用拖挂运输可以提高运输生产率，现在已被世界各国广泛采用。汽车拖带挂车或牵引车拖带半挂车组成的汽车列车，其自身质量相对较轻（与同样载重量的汽车相比），同时可充分利用汽车的后备功率。因此，拖挂运输对提高运输效率和降低运输成本都有利。

6. 轮胎尺寸与形式

汽车的驱动力、滚动阻力及附着力都受轮胎尺寸与形式的影响，故轮胎的选用与汽车动力性的关系十分密切。

汽车的驱动力与驱动轮半径成反比，汽车的行驶速度与驱动轮半径成正比。一般驱动轮半径是根据汽车类型选定的。轮胎花纹对附着性能也有显著的影响，因而合理地选用轮胎尺寸与形式对汽车的动力性有重要的意义。

7. 汽车运行条件

运行条件对汽车动力性产生影响的主要因素有气候条件、高原山区、道路条件。

在我国南方行驶的车辆，由于气温高，发动机冷却系统散热不良，故容易过热和使发动机功率下降。试验指出，汽车长时间在高温环境下工作后，发动机功率只能发挥 30% ~ 45%。

在高原地区行驶的车辆，由于海拔较高、空气稀薄（气压和空气密度下降），使发动机充气量与汽缸内压缩终点的压力降低，因而使发动机功率下降。

汽车在使用过程中，道路条件不断地变化。有时行驶在坏路（雨季翻浆土路、冬季冰雪路和覆盖砂土路）和无路（松软土路、草地和灌木林等地带）的条件下，此时由于路面的附着系数减小和车轮滚动阻力增加，使汽车的动力性变差。

1. 汽车动力性评价指标有哪些？
2. 影响汽车动力性因素有哪些方面？
3. 汽车行驶的必要条件是什么？

工作任务二　汽车功率检测与分析

学习目标

知识目标：
1. 了解底盘测功机的功能；
2. 熟悉底盘测功机的结构；
3. 掌握汽车动力性能检测与分析方法。

技能目标：
1. 能够识别底盘测功机组成部件；
2. 能够进行汽车动力性能检测操作。

素养目标：
1. 能够遵守安全操作规范，具有安全意识；
2. 能够运用各种途径自主学习，崇尚工匠精神。

汽车底盘功率检测

任务引入

汽车行驶无力是汽车使用中常见的综合故障，造成汽车行驶无力的原因很多。在汽车使用过程中，其技术状况不可避免地发生变化，汽车自身技术状况下降是造成汽车行驶无力的主要原因。就汽车自身来说，造成汽车动力性能下降的主要原因有发动机动力性能下降；动力传动效率过低，造成汽车牵引力不足；汽车行驶阻力增大，使牵引力相对下降。

相关知识

一、发动机功率检测方法

发动机输出的有效功率是指发动机曲轴对外输出的功率，是一个综合评价指标。通过该指标可以定性地确定发动机的技术状况，并定量地获得发动机的动力性。通过检测，可掌握发动机的技术状况，确定发动机是否需要大修或鉴定发动机的维修质量。发动机功率的检测可分为稳态测功和动态测功，也称作有负荷测功和无负荷测功。稳态测功是指在发动机试验台上由测功器测试功率的方法。通过测量发动机的输出转矩和转速，由下式计算出发动机的有效功率：

$$P_e = \frac{M_e \cdot n}{9\,550}$$

式中 P_e——发动机功率（kW）；

M_e——发动机输出扭矩（N·m）；

n——发动机转速（r/min）。

1．稳态测功

在试验台上测量发动机输出功率的测试设备有转速仪、水温表、机油压力表、机油温度表、气象仪器（湿度计、大气压力计、温度计）、计时器、燃料测量仪及测功器等。

测功器作为发动机的负载，可实现对测定工况的调节，模拟汽车实际行驶时外界负荷的变化，同时测量发动机的输出转矩和转速，即可计算出发动机的功率。

测功器是发动机性能测试的重要设备，主要的类型有水力测功器、电力测功器和电涡流测功器。水力测功器是利用水作为工作介质来调节制动力矩。电力测功器是利用改变定子磁场的激磁电压来产生制动力矩。电涡流测功器是利用电磁感应产生涡电流形成制动作用。下面主要对电涡流测功器进行详细介绍。

（1）电涡流测功器的结构。电涡流测功器因结构形式不同，可分为盘式和感应子式两类。现在应用最多的是感应子式电涡流测功器。图3-5所示为感应子式电涡流测功器的结构，制动器由转子和定子组成，制成平衡式结构。转子为铁制的齿状圆盘；定子的结构较为复杂，由励磁绕组、涡流环、铁芯组成。电涡流测功器将吸收的发动机功率全部转化为热量，测功器工作时，需要对测功器进行散热。

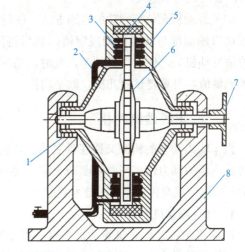

图3-5 感应子式电涡流测功器的结构

1—轴承；2—冷却水管；3—冷却室水沟；4—励磁线圈；
5—定子；6—转子；7—联轴器；8—底座

（2）电涡流测功器的工作原理。当励磁绕组中有直流电通过时，在由感应定子、空气隙、涡流环和铁芯形成的闭合磁路中产生磁通，当转子转动时，空气隙发生变化，则磁通密度也发生变化。转子齿顶处的磁通密度大，齿根处的磁通密度小。由电磁感应定律可知，此时将产生感应电动势，力图阻止磁通的变化。于是，在涡流环上感应出涡电流，涡电流的产生引起对转子的制动作用，涡流环吸收发动机的功率，产生的热量由冷却水带走。

（3）检测方法。

1）将发动机安装在测功器台架上，使发动机曲轴中心线与测功器转轴中心线重合。

2）安装仪表，接上电器线路并接通各种管路。

3）检查并调整气门间隙、火花塞电极间隙及点火提前角，紧固各部位的螺栓、螺母。

4）对柴油发动机要检查并调整喷油器的喷油提前角、喷油压力、喷油锥角及喷雾情况。

5）记录当时的气压和气温。

6）启动发动机，操纵试验仪器，观察仪表工作情况，记录数据，根据这些数据计算并绘制出 P、M 曲线。

2. 动态测功

动态测功是指发动机在低速运转时，突然全开节气门或置油门齿杆位置为最大，使发动机加速运转，用加速性能直接反映最大功率。这种方法不加负荷，可在试验台上进行，也可就车进行，但测量精度比稳态测功要低。

从汽车上卸下发动机将耗费时间和劳力，并会增加汽车的停歇时间。另外，配合件的拆装不仅会导致原走合面的改变，还会造成密封件和连接件的损坏，同时将大大缩短机构的工作寿命，采用发动机动态测功可以在不拆卸发动机的情况下快速测定发动机的功率。

（1）发动机无负荷测功的原理。发动机动态测功仪不需要外加载装置，其测量原理：对于某一结构的发动机，它的运动件的转动惯量可以认为是一定值，这就是发动机加速时的惯性负载，因此，只要测出发动机在指定转速范围内急加速时的平均加速度，即可得知发动机的动力性。或者说通过测量某一定转速时的瞬时加速度，就可以确定发动机的功率大小。瞬时加速度越大，发动机功率越大。

（2）发动机无负荷测功的检测方法。进行动态测功时，首先使发动机与传动系统分离，并使发动机的温度与转速达到规定值，然后将传感器装入离合器壳的专用孔内，快速打开节气门（汽油发动机），使发动机加速。此时，功率表便可显示出被测发动机的功率。为了获得较准确的测量值，可重复试验几次，取平均值。

二、汽车底盘测功机

汽车输出功率的检测又称底盘测功，是指对汽车驱动轮输出功率的检测。底盘测功的目的是评价汽车的动力性，同时将驱动轮输出功率与发动机输出功率进行对比，可求出传动效率，从而评价汽车底盘传动系统的技术状况。

1. 底盘测功机的功能

底盘测功机又称底盘测功试验台，可以通过在室内台架上模拟汽车道路行驶工况的方法来检测汽车的动力性，还可以测量多工况排放指标及油耗，同时能方便地进行汽车的加载调试和诊断汽车在负载条件下出现的故障等。由于汽车底盘测功试验台在试验时能通过控制试验条件将周围环境的影响减至最小，同时通过功率吸收加载装置来模拟道路行驶阻力及控制行驶状况，故能进行符合实际的复杂循环试验，因而得到了广泛的应用。底盘测功机是汽车底盘综合性能诊断设备，具有如下功能：

（1）测试汽车驱动轮的输出功率；
（2）测试汽车的加速性能；
（3）测试汽车的滑行性能和传动系统的传动效率；
（4）检测校验车速表；
（5）辅以油耗计、废气分析仪等设备，还可以对汽车燃油经济性和废气排放性进行检测。

2. 底盘测功机的结构及工作原理

汽车在道路行驶的过程中存在着运动惯性和行驶阻力，要在底盘测功试验台上模拟汽车道路行驶工况，首先要解决模拟汽车整车的运动惯性和行驶阻力的问题，只有这样才能用台架测试汽车行驶状况的动态性能。因此，在底盘测功试验台上利用惯性飞轮的转动惯量来模拟汽车旋转体的转动惯量及汽车直线运动质量的惯量，采用电磁离合器自动或手动切换飞轮的组合，在允许的误差范围内满足汽车的惯量模拟。至于汽车在行驶过程中所受的空气阻力，非驱动轮的滚动阻力及坡度阻力等，则采用功率吸收加载装置来进行模拟。路面模拟是通过滚筒来实现的，即以滚筒的表面取代路面，滚筒的表面相对于汽车做旋转运动。在系留装置及车偎等安全措施的保障下，通过控制系统可对加载装置及惯性模拟系统进行自动控制或手动控制，以实现对车辆的动力性、加速性能、汽车底盘输出功率、底盘输出最大驱动力、滑行性能、校验车速表及校验里程表等项目的检测。

汽车底盘测功机由滚筒装置、功率吸收装置（加载装置）、测量装置、辅助装置四部分组成，结构如图 3-6 所示。

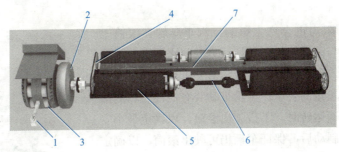

图 3-6　汽车底盘测功机的结构

1—测力装置；2—飞轮；3—电涡流测功器；4—传动链；5—滚筒装置；6—联轴器；7—举升装置

（1）滚筒装置。底盘测功试验台采用滚筒装置来模拟路面状况。按照滚筒的结构形式，可将底盘测功试验台分为单轮单滚筒式、单轮双滚筒式和双轮双滚筒式三种，如图 3-7 所示。单滚筒式底盘测功试验台的滚筒直径较大（1 500～2 500 mm），制造和安装费用高，但其测试精度也高，一般用于制造厂和科研单位。双滚筒式底盘测功试验台的滚筒直径较小（180～500 mm），设备成本低，使用方便，但测试精度相对较低，一般用于汽车维修行业及汽车检测站等。

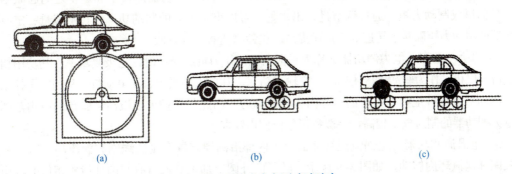

图 3-7　滚筒式底盘测功试验台

(a) 单轮单滚筒式；(b) 单轮双滚筒式；(c) 双轮双滚筒式

滚筒按表面形状不同，可分为光滚筒、滚花滚筒、带槽滚筒和带涂覆层滚筒多种形式。光滚筒目前应用最多,对于双滚筒的光滚筒,由于车轮对滚筒的比压增大,虽然附着系数较低,但车轮与光滚筒之间的附着力可以产生足够的牵引力。带涂覆层滚筒是在光滚筒表面上涂覆与道路实际情况接近一致的摩擦层材料制成的,它可使附着力增大,是很有发展前途的一种形式。滚花滚筒和带槽滚筒由于在使用中打滑率不能保持恒定,故应用较少。

汽车在干燥滚筒上的驱动过程是一个摩擦过程,总摩擦力由若干分力组成,包括接触面之间的附着力;轮胎在滚筒上滚动变形时,因压缩与伸张作用之间能量的差别而消耗的能量,进而转化成阻止车轮滚动的作用力。这两项分力均受到轮胎材料、结构及温度的影响。

滚筒的表面状况即滚筒表面的加工方法和清洁程度(水、油和橡胶粉末的污染等),它对附着力有较大的影响。同时,附着系数会随速度的增加而下降。一方面是由于滚筒圆周速度提高,橡胶块与滚筒之间的嵌合程度越来越差,在未达到平衡状态之前便产生了滑动和振动;另一方面随着速度的提高,接触面的温升加快,很快在滚筒表面形成了一层橡胶膜,降低了附着系数。

安置角对滚动阻力也会产生影响。汽车车轮在滚筒上的安置角是指车轮与滚筒接触点的切线方向与水平方向的夹角,如图3-8所示。台架的阻力系数随着安置角的增大而增大。试验过程对安置角的要求:车轮带动装有惯性飞轮的滚筒以最大加速度加速运转时,不得驶出滚筒,以确定最小安置角;当台架滚筒制动后,保证车辆仍可驶出滚筒,以确定最大安置角。

(2)功率吸收装置(加载装置)。汽车在底盘测功试验台上进行试验时,用试验台上的功率吸收装置来模拟车辆在道路上行驶时所受的各种阻力,使汽车在试验台上的受力情况同行驶在道路上基本一样。功率吸收装置用来吸收并测量汽车发动机经传动系统传至驱动轮上的功率和牵引力,常用

图3-8 车轮在滚筒上的安置角

的有水力测功器、电力测功器和电涡流测功器。滚筒式底盘测功机多采用电涡流测功器。

1)水力测功器。水力测功器用水作为制动介质,水在测功器的转子和定子之间起联结作用,从而形成制动力矩。通过调节进、出水量,可以得到不同的制动功率。在水流量一定时,测功器的制动力矩随转子转速的增加而提高。这种测功器精度较低。

2)电力测功器。电力测功器又称为平衡电机,作为负载使用时,它吸收功率,其功用相当于直流发电机;作为驱动机械使用时,它输出功率,其功用相当于直流电动机。利用电子控制的电力测功器能很好地模拟汽车的行驶阻力和惯性力,因此,它扩大了滚筒试验台的应用范围。但电力测功器的制造成本较高,一般科研单位使用较多。

3)电涡流测功器。电涡流测功器的定子内部沿圆周布置有励磁线圈和涡流环,转子在励磁线圈和涡流环内转动,如图3-9所示。转子的外圆上加工有或镶有与圆柱齿轮相仿的、均匀分布的齿与槽,齿顶与涡流环有一定的空气隙。当对励磁线圈通以直流电时,在其周围形成磁场,磁场产生的磁力线通过转子、空气隙、涡流环和定子形成闭合磁路。由于转子外圆上的齿与槽是均布的,因而转子周围的空气隙也是大小相间地均匀布置,通过的磁力线也疏密相间。

当转子旋转时，这些疏密相间的磁力线也同步旋转。由于通过涡流环上任一点的磁力线是呈周期性变化的，因而在涡流环上感生出了涡电流。该涡电流与产生它的磁场相互作用而产生了对转子的制动力矩，因而测功器吸收了驱动轮的输出功率。只要调节励磁电流的大小，就可以改变制动力矩（吸收功率）的范围。电涡流测功器将由吸收的功率而产生的涡电流转化为热能，因而，涡流环的温度较高，需对其进行冷却，按冷却方式可将其分为风冷式和水冷式两类。

电涡流测功器具有测量精度高、振动小、结构简单和易于调控等优点，并具有较大的转速范围和功率范围。

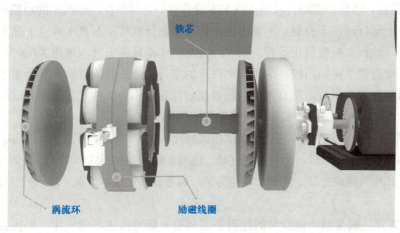

图 3-9　电涡流测功器

（3）测量装置。因为测功器不能直接测出汽车驱动轮的输出功率，它需要测出旋转运动时的转速与扭矩或直线运动时的速度与牵引力，再换算成功率，所以，底盘测功试验台必须配有测力装置、测速装置及功率指示装置。

1）测力装置。测力装置能测出驱动轮产生的驱动力。驱动轮对滚筒施加的驱动力所形成的转矩通过测功器定子与转子之间的制动作用传给可摆动的定子，定子则通过一定长度的测力杠杆将转矩传给测力装置，然后由指示装置显示出来。

测力装置有机械式、液压式和电测式三种形式。目前应用较多的是电测式测力装置。电测式测力装置一般在测力杠杆外端装有测力传感器，将测力杠杆传来的力变成电信号，经处理后送到指示装置中显示出来。

2）测速装置。底盘测功试验台在进行测功、加速、等速、滑行和燃料经济性等试验时，都需要测得试验车速，因此必须配备测速装置。测速装置多为电测式，一般由速度传感器、中间处理装置和指示装置组成。常见的速度传感器有磁电式、光电式和测速发电机等形式，它们安装在从动滚筒一端，随滚筒一起转动，能将滚筒的转动转变为电信号。与测速发电机配套的指示装置是电压计，其刻度盘以 km/h 标定。

3）功率指示装置。如果测力装置为电测式，功率指示装置就能直接指示驱动轮的输出功率。特别是计算机控制的底盘测功试验台，测力传感器和速度传感器输出的电信号被送入计算机处理后，可在功率指示装置上直接指示驱动轮的输出功率。

如果测力装置为机械式或液压式，则功率指示装置仅能指示驱动轮的驱动力，驱动车轮的

输出功率 P_k 应根据测得的驱动力和对应的试验车速按下式计算：

$$P_k = \frac{Fv}{3\,600} \text{ (kW)}$$

式中　F——驱动车轮的驱动力（N）；
　　　v——试验车速（km/h）。

（4）辅助装置。

1）飞轮装置。汽车在道路行驶时，汽车本身具有一定的惯性，即汽车的动能；而汽车在底盘测功试验台上运行时，车身静止不动，由车轮带动滚筒旋转，在汽车减速工况下，由于系统的惯量比较小，故汽车很快停止运行。所以，检测汽车的减速工况和加速工况时，汽车底盘测功试验台必须配备惯性模拟系统。为了检测汽车的滑行性能，我国目前有部分非电力式底盘测功试验台配有惯性模拟系统。带有飞轮的底盘测功试验台称为惯性式底盘测功试验台，它能模拟汽车的转动惯量，进行加速性能和滑行性能等试验。

2）举升装置。为了方便汽车进出底盘测功试验台，在主、从动滚筒之间设有举升装置。举升装置由举升器和举升平板组成。举升器有气动、液动和电动三种形式，以气动最为多见。气动举升器又有气缸式和气囊式之分，气囊式结构简单，制造容易、成本低廉，现已开始在底盘测功试验台上应用。

3）控制装置。底盘测功试验台的控制装置和指示装置往往制成一体，形成柜式结构，安置在底盘测功试验台机械部分左前方易于操作和观察的地方，用来控制试验过程，显示试验结果，带有打印机的底盘测功试验台还可打印出所测数据或曲线图，如图3-10所示。

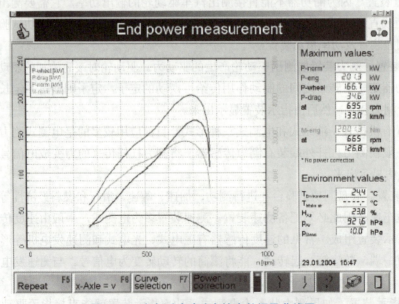

图3-10　底盘测功试验台输出数据及曲线图

多数底盘测功试验台，还附有供冷却被检测车辆发动机散热器用的冷风装置和为防止被检车辆在检测时驶出滚筒的纵向约束装置（三角木和钢质索链），如图3-11所示。

图 3-11　安全约束装置

三、汽车驱动轮输出功率的检测

1. 检测前的准备

（1）环境条件。环境温度要求为 0 ℃ ~ 40 ℃，环境湿度小于 85%，大气压力为 80 ~ 110 kPa。

（2）底盘测功机的准备。使用底盘测功机之前，应按厂家规定的项目对试验台进行检查、调整、润滑，在使用过程中要注意仪表指针的回位及举升器工作导线的接触情况等，发现故障应及时排除。

（3）被检车辆的准备。汽车开上底盘测功试验台以前，应将发动机供油系统及点火系统仔细调整至最佳工作状态；检查、调整、紧固和润滑传动系统，检查车轮的连接情况；清洁轮胎，检查轮胎的气压是否符合规定；必须运行走热汽车至正常工作温度；关闭空调系统等非汽车运行所必需的耗能装置。

（4）确定测功项目。对汽车进行底盘测功前，首先根据参数需要确定测功项目。底盘测功包括以下项目：

1）发动机额定功率转速下驱动车轮的输出功率或驱动力。

2）发动机额定扭转转速下驱动车轮的输出功率或驱动力。

3）发动机全负荷选定车速下驱动车轮的输出功率或驱动力。

4）发动机部分负荷选定车速下驱动车轮的输出功率或驱动力。

（5）注意事项。

1）超过测功机允许轴重或轮重的车辆一律不准上试验台进行检测。

2）检测过程中，切勿拨弄举升器托板操纵手柄，车前方严禁站人，以确保检测安全。

3）检测额定功率和最大扭矩相应转速工况下的驱动轮输出功率时，一定要开启冷却风扇并密切注意各种异响和发动机的冷却水温。

4）走合期间的新车和大修车不宜进行底盘测功。

5）测功机不检测期间，不准在上面停放车辆。

2. 检测方法

（1）汽车驱动轮输出功率的检测方法。

1）将被检测车辆驱动轮置于底盘测功机滚筒上，非驱动轮前抵上车偃（或用系留装置拉住车辆），降下举升装置。将冷却风扇置于被检测车辆正前方，并接通电源。

2）引车员系好安全带，并根据显示器指令操作，检测过程中，车辆前方不得站人。

3）引车员逐级起步换挡、提速至直接挡，并以直接挡的最低车速稳定运转。

4）显示屏指令"设定车速值"时，引车员将加速踏板踩到底，并保持不动，底盘测功机自动加载，直至车速稳定在设定的检测车速值 ±0.5 km/h 范围内。

5）测试车速在设定车速范围内稳定 15 s 后，计算机连续自动采集实际车速值、驱动轮输出功率计扭矩值，在测试全过程中，实际检测车速和设定车速的允许误差为 ±0.5 km/h，扭矩波动幅度应小于 ±4%。

6）读取检测数据，引车员挂空挡，松开加速踏板，车轮继续带动滚筒旋转约 1 min 以上，确保测功机散热。

7）对检测不合格的车辆，允许复测一次。

8）全部检测结束，待驱动轮停止转动后移开风扇，去掉车轮前的三角板架，操纵手柄，举起举升器的托板，将被检车辆驶离检测台。

检测发动机额定功率和最大转矩转速下驱动车轮的输出功率或驱动力时，将变速器挂入选定挡位，松开驻车制动，踩下加速踏板，同时调节测功器制动力矩对滚筒加载，使发动机在节气门全开情况下以额定转速运转。待发动机转速稳定后，读取并打印驱动车轮的输出功率（或驱动力）值、试验车速值。在节气门全开情况下继续对滚筒加载，至发动机转速降至最大转矩转速稳定运转时，读取并打印驱动车轮的驱动力（或输出功率）值、试验车速值。

如需要测出驱动车轮在变速器不同挡位下的输出功率或驱动力，则要依次挂入每一挡按上述方法进行检测。当发动机发出额定功率，挂直接挡，可测得驱动车轮的额定输出功率；当发动机发出最大转矩，挂 1 挡，可测得驱动车轮的最大驱动力。

发动机全负荷选定车速下驱动车轮输出功率或驱动力的检测，是在踩下加速踏板的同时调节测功器制动力矩对滚筒加载，使发动机在节气门全开的情况下以选定的试验车速稳定运转进行的。发动机部分负荷选定车速下驱动车轮输出功率或驱动力的检测与此相同，只不过发动机是在选定的部分负荷下工作的。

理论和实践已经证明，不同使用环境的大气压力、温度和空气湿度，都会影响发动机的进气压力，车辆在不同的环境条件下使用，功率值是不一样的。严重时，功率会相差 10%~20%。车辆在冬季使用，功率比在夏季高温季节要高，平原地区使用比西部高原地带要好，这也充分说明不同的环境条件下检测的驱动轮输出功率数值是有差异和变化的。需要将现场检测的实测驱动轮输出功率的数值修正到标准环境条件下的校正驱动轮功率后，与发动机额定扭矩功率（或发动机额定功率）比较后得到百分数，再对车辆的整车动力性进行判定。

考虑到校正的要求，大多数底盘测功机工位均配备温度计、湿度计和气压计等。其检测信号直接传输给计算机，计算机则可按设定的程序自动进行校正计算。

（2）汽车滑行性能的检测。

1）正确选择底盘测功机上相应飞轮的当量惯量。

2）将被检车辆驱动轮置于底盘测功机滚筒上。

3）按引导系统提示将车辆逐步换挡至直接挡并加速至高于规定车速后，置变速器于空挡，利用车辆及试验台的惯性滑行，直至车轮停止转动。

4）记录车辆从规定车速开始至车轮停止转动的滑行距离。

注意： 实测的滑行距离需经修正后再显示。

四、检测结果分析

1. 检测中的误差分析

在分析判断汽车动力性之前，首先应确定底盘测功试验台的性能正常，即符合动力性检测的要求，控制系统的精度、软件程序均符合标准提出的各项要求，底盘测功试验台经过计量部门的鉴定并在有效期内。只有在这种条件下，才能认定检测数据是正常的，然后才能按照检测数据进一步分析动力性不合格的原因。

（1）发动机额定扭矩功率选择不准确。检测的限值是按照汽车车型进行选择的，而发动机额定功率是由发动机型号决定的，只有查阅了发动机型号，才能确定其额定扭矩和转速，经运算得到该发动机的扭矩功率，并将该扭矩功率代入相应的公式来计算功率。由于车型复杂，同一车型可能会配置多种型号的发动机，而各种发动机的扭矩功率都不相同。如果 P_M 值选择错误，必然会影响 η_{vm} 值的判定。

（2）动力性检测时应选用直接挡（或传动比接近1的挡位）。检测标准规定检测应使用直接挡，如果引车员没有用直接挡，则检测的数据就不是最大扭矩转速条件下的驱动轮输出功率。P_{vmo} 或 P_{vpo} 减小会引起 η_{vm} 变小，这样就会导致整车动力性不合格。

（3）车辆驱动轮轮胎的规格、气压不符合检测要求。部分车辆同轴轮胎的规格、花纹经常不同，有时连尺寸都不同，有的轮胎磨损严重，这种状况在检测中会增加轮胎和滚筒之间的滑移功率损耗，还会使车轮在检测中速度的波动变大。轮胎滑移和车速的波动直接影响驱动轮输出功率的真实检测值，会造成检测值变小而导致整车动力性检测不合格。

上述检测中所发生的不合格情况并不是因为车辆的动力性很差，而是由于检测中有关环节失误而造成数据的差异。只要选对发动机的额定扭矩功率，采用直接挡并注意安装好的轮胎进行重新检测，就能避免这些情况的发生。

2. 整车动力性不合格的主要原因分析

分析整车动力性不合格的原因涉及的面比较广，下面就主要的原因进行分析。

（1）发动机功率不合格的原因分析。

1）同类型车辆性能路试比对。可以通过路试的方法测试车辆的加速性能并与同类型车的加速性能进行比对，或者查阅原厂使用说明书看是否符合，也可以通过底盘测功试验台对其进行加速性能检测，判定其发动机功率的情况。一般要求在用车发动机功率不得低于原额定功率的75%，大修后发动机功率不得低于原额定功率的90%。如果加速时间增长，说明发动机的动力性有问题。

2）检测气缸的压缩压力。通过发动机综合分析仪测试各缸的相对缸压和单缸转速降，就能基本判定各缸的工作状况。如发现某缸相对气缸压力下降，则可能是气门间隙失调、气门密封不严、活塞环漏气或气缸垫损坏等原因造成气缸压力不足，从而造成发动机动力性变差。

3）检查各缸点火系统的工作状况。如果气缸压力正常，则应逐缸检查点火状况，判断是否有气缸工作不良，这可从发动机运转的平稳性、敲缸声来加以判断，采用逐缸断火法可以迅速查找工作不良的气缸，进一步检查是否为火花塞（或喷油器）不良引起的发动机动力不足。

4）以上检查如正常，则应继续检查发动机的点火正时和喷油正时。可用发动机综合分析仪及正时灯进行校正，若点火时间过早，则在加速时会有爆震声；若点火时间过迟，则发动机启动困难，水温偏高。

5）进气系统的检查也是不可忽视的，特别是空气滤清装置的维护与清洁，否则会影响发动机充气效率，不但会造成发动机动力不足，还会影响燃料经济性和尾气排放性能。

（2）底盘传动系统故障造成整车动力性不良的主要原因。如果测出的被检汽车驱动轮输出功率低，则可能是发动机功率低或传动系统功率损失大造成的。把测出的汽车驱动轮输出功率与发动机输出的有效功率进行比较，可按下式计算出传动系统的机械传动效率 η_m。

$$\eta_m = \frac{P_k}{P_e}$$

式中　　P_k——驱动轮输出功率；

P_e——发动机有效功率。

汽车传动系统中的机械传动效率正常值见表3-1。需要说明的是，在底盘测功试验台上试验时，车轮在滚筒上的滚动损失功率可达所传递功率的15%～20%；试验台的机械传动阻力所消耗的功率在正常情况下占传动功率的5%左右。试验表明，考察驱动轮功率，轿车一般如能达到其发动机额定功率的70%，货车和客车一般如能达到其发动机额定功率的（双级主传动器）60%～65%（单级主传动器），即说明其发动机与传动系统的技术状况良好。

表3-1　汽车传动系统机械传动效率

汽车类型		机械传动效率 η_m
轿车		0.90～0.92
载货汽车与公共汽车	单级主传动器	0.90
	双极主传动器	0.84
4×4越野汽车		0.85
6×4载货汽车		0.80

当被检汽车的机械传动效率过低时，说明消耗于离合器、变速器、分动器、万向传动装置、主减速器、差速器和轮毂轴承等处的功率增加，汽车传动系统的技术状况不良。通过正确地调整和合理的润滑，机械传动效率将会得到提高。值得指出的是，新车和大修车的机械传动效率并不是最高，只有传动系统完全走合后，由于配合情况变好，摩擦力减小，才使得机械传动效率达到最高。此后，随着车辆的继续使用，磨损逐渐扩大，配合情况逐渐恶化，造成摩擦损失不断增加，因而机械传动效率也就降低。所以，定期对车辆底盘测功并计算机械传动效

率，能为评价底盘技术状况提供重要依据。被检车辆传动系统调整、维护不良会造成传动系统功率消耗较大，从而使整车的动力性变差。具体故障如下：

1）离合器打滑。底盘测功机加载后，车辆模拟带负荷工作，当加速踏板踩到底后，车辆速度提升缓慢，并能闻到摩擦片的焦煳味道。离合器打滑会造成驱动轮输出功率下降。

2）制动器间隙偏小。这种状态在底盘测功机上检测时将会消耗部分功率使驱动功率下降，并使制动鼓发烫，严重时会有制动片烧蚀的味道。制动器间隙偏小从制动踏板自由行程上也能反映出来。

3）传动轴变形弯曲、中间轴承支架松旷、传动轴不平衡等。传动系统故障会使车辆在检测时抖动严重并伴有异响。在检测时，由于传动轴的问题，车辆的抖动不但会引起轮胎和滚筒滑移，而且会使车速不能恒定，从而难以保证检测的准确性。

4）驱动轮装配不良或有故障。如轴承调整较紧，轴承孔不同心或齿轮间隙过大、过小等，均会造成驱动轮发烫并伴有异响。这种车辆检测时，其阻力将消耗较大功率，会影响到整个动力性的测试。

5）轮胎气压不标准、轮毂变形、轮胎花纹规格不符合要求也会造成滑移损耗增加，影响动力性测试。

6）传动系统、行驶系统润滑不良。现在部分营运车辆的维护质量不规范，少数车辆连日常维护都长期不做，有些连润滑需要注油的油嘴都没有。传动轴、悬架装置及变速器、主减速器不但要按规定加注足量的润滑油，而且要注意润滑油的规格，例如，双曲线齿轮油不能用普通的齿轮油来代替，即使都是双曲线齿轮油也不允许与不同型号的混用。如果不按要求，混用或代用润滑油，不但不能起到润滑作用，反而会引起化学腐蚀，损坏机件，造成早期磨损。

 知识扩展

1. 发动机（静）输出功率

发动机（静）输出功率是在规定的转速下，在曲轴或附属装置（如变速器）上测出的发动机功率。如果是在变速器后进行测量，则要考虑变速器的损失。额定功率是发动机在节气门全开时的最大静功率。

2. 底盘输出最大驱动功率 DP_{max}

底盘输出最大驱动功率是指汽车在使用直接挡行驶时，驱动轮输出的最大驱动功率（相应的车速在发动机额定转速附近）。底盘输出最大驱动功率一般简称底盘输出最大功率，是汽车实际克服行驶阻力的最大能力，是汽车动力性评价和判定汽车底盘传动系统技术状况的重要指标。汽车在使用过程中，发动机本身、发动机附件及传动系统的技术状况都会下降，其底盘输出的最大功率将因此减小。

3. 发动机的速度特性

汽车的效率大小在很大程度上取决于发动机的性能。在许多汽车产品介绍上，都标有"最高输出功率"和"最高输出扭矩"两项重要的发动机指标，并用曲线图来反映发动机的上述指标。

当发动机运转的时候，其功率、扭矩和耗油量这三个基本性能指标都会随着负荷的变化而

变化。这些变化遵循一定的规律，将这些有规律的变化绘制成曲线，就有了反映发动机特性的曲线图。根据发动机的各种特性曲线，可以全面地判断发动机的动力性和经济性。反映发动机运行状况常用速度特性曲线。

发动机的速度特性曲线表示有效功率N（kW）、扭矩M（N·m）、比燃料消耗量g（kW·h）随发动机转速n而连续变化的表现，如图3-12所示。发动机的速度特性是在制动试验台架上测出的。保持发动机在一定节气门开度情况下，稳定转速，测取在这一工况下的功率、比耗油等，然后调整被测机荷载（扭矩变化），使发动机转速改变，再测得另一转速下的功率、比耗油。按照一定转速间隔依次进行上述步骤，就能测出在不同转速下的数值，将这些数值点连点地组成连续曲线，就产生了功率曲线、扭矩曲线和比燃料消耗量曲线，它们与相应的转速区域对应。

当汽油机节气门完全开启（或者柴油机喷油泵在最大供油量）时的速度特性，称为发动机的外特性，它表示发动机所能得到的最大动力性能。从外特性曲线上可以看到发动机所能输出的最大功率、最大扭矩以及它们相应的转速和燃料消耗量。在汽车产品介绍书上大多采用发动机外特性曲线图，但一般只标出功率和扭矩曲线。

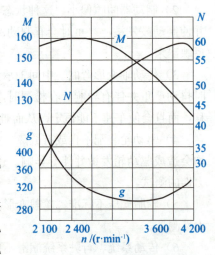

图3-12　汽油机速度特性曲线

发动机外特性曲线是在发动机最好的工作状态下能使发动机发出最大功率的情况下测出来的。它表现的曲线特征：功率曲线和扭矩曲线都呈现凸形曲线，但两者表现是不一样的。在汽油发动机外特性曲线中：功率曲线在较低转速下数值很小，但随转速增加而迅速增长，但转速增加到一定区间后，功率增长速度变缓，直至最大值后就会下降，尽管此时转速仍会继续增长。

扭矩曲线则与功率曲线相反，它往往在较低转速下就能获得最大值，然后随转速上升而下降。比耗油量是指千瓦小时的耗油量，它随转速的增长而呈现一个凹形曲线，在中间某一转速下达到最小值，转速增大或者减少，都会使比耗油量增大。

柴油机外特性曲线的表现与汽油机有所不同，如图3-13所示。它的功率N、扭矩M和比耗油量g随转速n而变化，但功率N曲线是随转速上升而上升，差不多到了最大转速（标定转速）仍未出现曲线的最高点。扭矩M曲线变化平缓，在不同转速位置变化量不大。比耗油量g曲线不但起点数值低，而且比较平坦（与汽油机比较）。

虽然各种型号汽油或柴油发动机外特性曲线不会完全一样，但基本还是呈现上述的形态，通过发动机外特性曲线图可以了解发动机的性能和特点，了解功率、扭矩、耗油量和转速之间关系，并找出发动机最佳的工作区域。

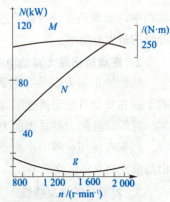

图3-13　柴油机速度特性曲线

 **任务实施**

参考操作手册完成对试验车辆驱动轮输出功率检测，按照任务工单（表 3-2）要求，填写相关操作信息，记录相应的检测条件及结果，做出相应分析。

表 3-2　任务工单

班　级		姓　名		学　号	
汽车驱动轮输出功率检测					
1. 填写车辆信息。 车辆 VIN 码：_____ 车型：_____　生产年份：_____　发动机型号：_____　变速器型号：_____					
2. 底盘测功机的功能介绍。 					
3. 汽车驱动轮输出功率检测操作（简要说明操作步骤及操作注意事项）。 					
4. 检测结果记录与分析（画出功率曲线图并做出评价分析）。 					
自我评价（个人技能掌握程度）：□非常熟练　　□比较熟练　　□一般熟练　　□不熟练					
教师评语（包括工作单填写情况、语言表达、态度及沟通技巧等方面，并按等级制给出成绩） 　　　　　　　　　　　　　　　实训记录成绩_____　教师签字：_____　　年　　月　　日					

1. 底盘测功机的功能有哪些？
2. 电涡流测功机的特点有哪些？
3. 汽车驱动轮输出功率检测结果影响因素有哪些？

项目四 汽车尾气排放检测与数据分析

工作任务一　汽车污染物排放与控制
工作任务二　汽油车尾气排放检测与分析
工作任务三　柴油机尾气排放检测与分析

工作任务一　汽车污染物排放与控制

学习目标

知识目标：
1. 了解汽车污染排放物的成分；
2. 了解减少汽车污染排放物的措施。

技能目标：
能够进行识别汽车排放净化部件。

素养目标：
1. 能够爱岗敬业，具有道德意识；
2. 能够正确处理废弃物，养成环保意识。

汽车污染排放与检测

任务引入

汽车时代给人们的生活带来了快捷方便的同时，也带来了严重的环境污染。汽车污染排放物除对人体健康造成严重危害外，还会对大气环境造成深远影响。现在经常听到的或亲身经历的空气环境，经常感受到"雾霾"对生活的影响。控制汽车尾气排放给大气带来的污染，改善人类赖以生存的质量，是摆在人类面前的一项非常迫切的任务。

相关知识

一、汽车污染排放物的主要成分及危害

1. 废气污染物的主要成分

汽车排放的主要污染物是一氧化碳（CO）、碳氢化合物（HC）、氮氧化合物（NO_x）、硫化物和微粒（由碳烟、铅氧化物等重金属氧化物和烟灰等组成）。

汽车有害气体排入大气的主要途径有以 HC 为主要成分（约占 HC 总排量的 25%）并含有 CO 等其他成分的窜气，从曲轴箱排出；在不同运行工况下，从发动机排出不同成分的 CO、HC （约占 HC 总排量的 55%）及 NO_x 等有害气体；汽油从油箱等处蒸发，散发出 HC（约占 HC 总排量的 20%）。

上述污染物的排放中，汽油发动机排放的 CO 和 HC 均比柴油发动机多，NO_x 的排放量则两者差不多，碳烟的排放量则是柴油发动机高于汽油发动机。就 CO 来说，如果把汽油发动机的

CO 排放量当作 1，则液化气发动机的 CO 排放量为 1/2，而柴油发动机的 CO 排放量为 1/100。可以看出，柴油发动机与其他发动机相比，其 CO 排放量要小得多。而且，柴油发动机的 HC 排放量也较小，但 NO_x 排放量则和汽油发动机差不多，且会排出黑烟。

2. 汽车污染物的危害

（1）CO。CO 是一种无色、无刺激性的气体，是汽车及内燃机排气中浓度最高的有害成分。CO 与血液中的血红蛋白结合的速度比氧气快 250 倍。CO 经呼吸道进入血液循环，与血红蛋白结合后生成碳氧血红蛋白，从而削弱血液向各组织输送氧的功能，危害中枢神经系统，造成人的感觉、反应、理解、记忆力等机能障碍，重者危害血液循环系统，导致生命危险。所以，即使是吸入微量的 CO，也可能给人造成可怕的缺氧性伤害。

（2）HC。单独的 HC 只有在浓度相当高的情况下才会对人体产生影响，一般情况下作用不大，但它却是产生光化学烟雾的重要成分。

（3）NO_x。高浓度的 NO 能引起神经中枢的障碍，并且容易氧化成剧毒的 NO_2。NO_2 有特殊的刺激性臭味，严重时会引起肺气肿。在 NO_2 浓度为 9.4 mg/m^3 的空气中暴露 10 min，即可造成人的呼吸系统功能失调。

HC 与 NO 的混合物在紫外线作用下进行光化学反应，由光化学过氧化物形成的黄色烟雾称为光化学烟雾，其主要成分是臭氧（O_3）、醛类、硝酸酯类等多种复杂化合物。这种光化学烟雾对人体最突出的危害是刺激眼睛和上呼吸道黏膜，会引起眼睛红肿和喉炎。

（4）SO_2。汽车尾气中硫化物的主要成分是 SO_2。当汽车使用催化净化装置时，就算很少量的 SO_2 也会逐渐在催化剂表面堆积，造成催化剂中毒，不仅影响催化剂的使用寿命，还会危害人体健康，而且 SO_2 还是造成酸雨的重要物质。

（5）微粒。汽油发动机中的主要微粒为铅化物、硫酸盐、低分子物质，柴油发动机中的主要微粒为石墨形的含碳物质（碳烟）和高分子量有机物（润滑油的氧化和裂解产物）。柴油发动机中的微粒含量比汽油发动机多 30～60 倍，成分比较复杂。特别是碳烟，其主要由直径为 0.1～10 μm 的多孔性炭粒构成，它除会被人体吸入肺部而沉淀下来外，还往往黏附有 SO_2 及致癌物质，严重危害人体健康。

（6）CO_2。即使燃烧过程按理想过程进行，也会生成 CO_2，CO_2 本身对人体无害，但 CO_2 作为主要的温室气体，其导致全球气候变暖的影响正在受到越来越多的关注。由于 CO_2 是含碳燃料燃烧的必然产物，所以对汽车产业来说，降低 CO_2 排放量就是要求降低汽车的油耗。

二、废气的生成机理

汽车内燃机排气所造成的公害，对汽油机而言，CO、HC 和 NO_x 是主要的有害成分，而光化学烟雾是由 HC 和 NO_x 转化而来的；对柴油发动机而言，CO、HC 和 NO_x 比汽油发动机少得多，而碳烟比汽油发动机多得多，是主要的有害成分。

汽油是一种碳氢化合物，其主要成分为氢（H）和碳（C）。当燃油与空气混合气被压缩和点燃时，即开始燃烧。混合气中的氧、氢和碳结合而产生热量。如果完全燃烧，则所有氢和碳将与氧结合，那么燃烧产物将是水（H_2O）和二氧化碳（CO_2）。要实现理论上的完全燃烧，燃油和空气必须保持精确的比例（14.7∶1）。实际上进入汽缸的一些燃油并没有完全燃烧，一小部分离开燃烧室，碳氢化合物（HC）含量基本不变；还有部分未完全燃烧的燃油，在废气中产生一氧化碳（CO）。

其他主要的排放物为氮氧化合物（NO_x）。由于空气中包含大约80%的氮气（N_2），在低温下，氮气呈现出惰性，不与任何物质发生反应，废气中包含大量的氮气。在燃烧室中，当温度接近2 000 ℃时，部分氮气开始氧化（燃烧）而生成氮氧化物。NO_x是氮气与不同数量的氧气结合而形成的几种不同气体的集合名词，其中两种主要成分为一氧化氮（NO）和二氧化氮（NO_2）。

1. CO 的生成机理

CO 是汽油烃类成分燃烧的中间产物，换言之是燃料没有完全燃烧的产物。CO 含量过高主要是混合气浓时，由空气量不足而引起的可燃混合气不完全燃烧造成的。理论上，当混合气空燃比不小于14.7∶1时，即在氧气充足的情况下，排气中将不含 CO 而代之产生 CO_2 和未参加燃烧的 O_2。但现实中由于混合气的分布并不均匀，故总会出现局部缺氧的情况。当空气量不足，即混合气空燃比不大于14.7∶1时，必然会有部分燃料不能完全燃烧而生成 CO。

CO 含量过高表明燃油供给过多、空气供给过少，燃油供给系统和空气供给系统有故障，如空气滤清器不洁净、混合气不洁净、活塞环胶结阻塞、燃油供应太多、空气太少、点火提前角过大（点火太早）、曲轴箱通风系统受阻等。如果电喷发动机的 CO 过高，很可能是因为喷油器漏油、油压过高，水温传感器和空气流量计有故障或电控系统产生了故障。比如，发动机在怠速时，燃烧的混合气偏浓，此时发动机工作循环中的气体压力与温度不高，混合气的燃烧速度减慢，就会引起不完全燃烧，使 CO 的浓度增加。发动机在加速和大负荷范围内工作或点火时刻过分推迟时也会使尾气中 CO 的浓度增高。即使燃料和空气混合得很均匀，由于燃烧后的高温，已经生成的 CO_2 也会有小部分被分解成 CO 和 O_2。另外，排气中的 H 和未燃烧的 HC 也可能将排气中的部分 CO_2 还原成 CO。

CO 的含量过低，则表明混合气过稀，故障原因有燃油油压过低、喷油嘴堵塞、真空泄漏、EGR 阀泄漏等。

2. HC 的生成机理

碳氢化合物总称烃类，排气中的碳氢化合物是由未燃烧的燃料烃、不完全氧化产物，以及燃烧过程中部分被分解的产物组成的。

汽油是由多种成分的 HC 组成的，如果完全燃烧，将生成 CO_2 和 H_2O。汽油的燃烧很复杂，任何发动机都可能发生不完全燃烧，在排气中都会有少量 HC 存在。因此，为了提高发动机的最大功率，常使发动机在过量空气系数 $\alpha \leq 1$（A/F=12.5～13.0）的浓混合气条件下工作。在低负荷时，由于气缸内残余废气较多，故为了不使燃烧速度过低，也在 $\alpha<1$ 条件下工作。由于 $\alpha<1$ 时空气量不足，所以使得燃烧不完全。

在汽油机中用火花塞点燃混合气，但紧靠燃烧室壁面附近的混合气层由于缸壁得到冷却形成激冷层，使火焰传播终止而熄灭，因此，激冷层的混合气不能完全氧化燃烧，从而有许多未燃烧的 HC 也要排放出来。

排气中的 HC 是燃料不完全燃烧或部分被分解的产物，它含有饱和烃、不饱和烃、芳烃及部分含氧化合物（如醛、酮、酸等），其成分复杂，组成变化也很大。

HC 的含量高，说明燃油没有充分燃烧。HC 含量偏高的原因如下：

（1）混合气过稀：气缸压力不足，发动机温度过低，混合气由燃烧室向曲轴箱泄漏、燃油管泄漏、燃油压力调节器损坏。

（2）混合气过浓：油箱中油气蒸发、燃油回油管堵塞、燃油压力调节器损坏。

（3）HC 含量过高：点火正时不准确、点火间歇性不跳火、温度传感器不良、喷油嘴漏油或堵塞、油压过高或过低等。

在装有催化器的轿车上，如果发动机处于正常状态，则排气中的 HC 含量是很低的。如果一个气缸失火，则气缸中所有未燃烧汽油都会进入排气系统，从而导致 HC 排放量增加。

3. NO_x 的生成机理

氮氧化物主要是指一氧化氮（NO）和二氧化氮（NO_2），由排气管排出。发动机排气中的 NO_x 是由于燃烧室内高温燃烧而产生的，空气中的氮经过氧化首先生成 NO，然后与大气中的氧气相遇又成为 NO_2。

在较低的温度下，N_2 和 O_2 生成 NO 的机理可以认为是简单的双分子反应，即 $N_2+O_2 \rightarrow 2NO$。生成 NO 的因素有以下三点：

（1）温度：随着高温的形成，NO 平衡浓度增高（图 4-1），生成速度也随之加快，特别有氧气存在时温度是重要的。

（2）氧的浓度：在氧气不足的条件下，即使温度高，NO 也被抑制了。

（3）滞留时间：因为 NO 的生成反应比燃烧反应缓慢，所以即使在高温条件下，如果停留时间短，则 NO 的生成量也可被抑制。

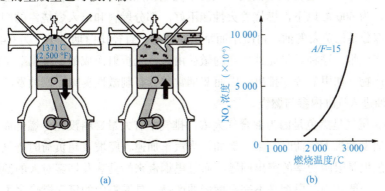

图 4-1　燃烧温度与 NO_x 生成排放

(a) 生成条件；(b) 温度与排量关系

这些结论对于汽油机和柴油机都是适用的，实践证明，当 A/F 稍大于理论混合比时，燃烧室温度最高，并且还有过剩的 O_2，所以生成 NO 浓度最大；当 A/F 小于理论混合比时，由于缺氧，NO 的生成量随着 A/F 减小而下降。相反，当 A/F 大于理论混合比时，因燃烧室温度降低，所以 NO 生成量很快下降。

综上所述，在内燃机中为了降低 NO 的生成量，就必须降低燃烧室火焰高峰温度；在产生 NO 阶段使 O_2 处于低浓度，或缩短燃烧气体在高温下停留的时间。凡是影响这三个方面的因素，都改变 NO 的生成量。其中，燃烧室温度可以衡量燃烧状态的好坏，也是影响 NO 生成量的关键因素。

过多的 NO_x 排放可能性最大的原因是 EGR 阀工作不良或汽缸里面有炽热点造成爆燃现象。当燃烧室内产生爆燃时，气缸温度大幅提高，这可能导致过多的 NO_x 排放。而气缸的爆燃则可能是由于点火提前过大、燃烧室中的积炭和点火控制系统故障造成的。冷却水温度过高也会促成爆燃。试验证明供给略稀的混合气（空燃比不小于 15.5）会增大 NO_x 的排放量。汽油机排出的氮氧化合物中 NO 占 99%，而柴油机排出的氮氧化合物中 NO_2 比例稍大。

4. SO_2 的生成机理

排气中 SO_2 的含量与燃料中的含硫量有关。一般来说，柴油发动机比汽油发动机中的 SO_2 要多一些。SO_2 对汽车发动机使用催化净化装置有破坏作用，即使少量的 SO_2 堆积在催化剂的表面，也会降低催化剂的使用寿命。同时 SO_2 也是生成柴油发动机排气微粒的原因之一。汽车排放的 SO_2 所占的比例很小，从大气污染角度看，SO_2 已经不是汽车污染物排放的主要问题。

5. 碳烟的生成机理

发动机排烟可分为白烟、蓝烟和黑烟三种。不同的烟色形成的原因不同，有的研究认为起决定作用的是温度，在 250 ℃ 以下形成的烟通常是白色的，从 250 ℃ 到着火温度形成蓝烟，黑烟只在着火后才出现。

（1）白烟。白烟适合在低温启动不久及怠速工况时发生。此时，气缸中的温度较低，着火不好，未经燃烧的燃料和润滑油呈液滴状态，直径在 1.3 μm 左右，随废气排出而形成白烟。当气缸磨损加大，窜气、窜油时，白烟会增多。另外，白烟还可能是由于排气中有大量的水蒸气而形成的。

（2）蓝烟（青烟）。通常在柴油发动机尚未完全预热或低负荷运转时产生蓝烟。此时，燃烧室温度较低，为 600 ℃ 以下，燃烧着火性能不好，部分燃料和窜入燃烧室的润滑油未能完全燃烧，其中大部分是已蒸发的油，再凝结而呈微粒状态，直径比白烟时小，为 0.4 μm 以下，随废气排出而形成蓝烟。这种烟是此种大小的微粒由蓝色光折射而成的。排出蓝烟的同时有燃烧不完全的中间产物（如甲醛等）排出，因而蓝烟常常带有刺激性臭味。汽油发动机尾气呈蓝色则是由于有机油进入气缸内参与燃烧。

（3）黑烟。尾气呈黑色是因为混合气太浓，排气中有大量燃料没完全燃烧而生成了炭粒。黑烟通常在柴油发动机大负荷时产生。例如，当汽车加速、爬坡及超负荷时排气就冒出黑烟。柴油发动机排黑烟是限制功率的突出问题，而且黑烟带来的臭味及烟雾对人的健康有损害。对于黑烟的形成，一般认为，黑烟是不完全燃烧的产物，是燃料中的氢先燃烧完了的中间产物。当柴油发动机高负荷时，喷入燃烧室的燃料增多，由于柴油发动机的混合气形成不均匀，即使 $\alpha \geq 1$，也不可避免地会使局部地区空气不足，此时燃烧室的温度又较高，燃料在高温缺氧的情况下由裂解过程释出并经聚合过程形成碳烟。

碳烟不是纯粹的碳，而是一种聚合体，其主要成分随柴油发动机负荷的不同而稍有改变，一般含碳量为 85% ~ 95%，含氧量为 8% ~ 24%，并含有少量的 H_2 和灰粉。也有人认为碳烟是石墨结晶，由直径为 0.05 μm 左右的微粒附聚成的 0.1~10 μm 多孔性炭粒构成。

6. CO_2 的生成机理

正常的燃烧会产生 CO_2，燃烧效率越高，CO_2 值越高。CO_2 排放的标准含量一般为 14% ~ 15%。

7. O_2 的生成机理

空气中含有 21% 的 O_2，为发动机内提供碳氢化合物进行燃烧，当燃烧效率越高，O_2 的含量越低。O_2 排放的标准含量一般为 0.5%～2%。

三、影响汽车排放污染物的主要因素

影响汽车排放污染物的主要因素很多，也很复杂。其中有汽车的内部因素产生的影响，但这些排放物都是化学反应燃烧的产物，主要的影响因素有空燃比（A/F）、点火提前角（θ）等。其次是环境因素对检测结果的影响。

1. 汽车发动机内部因素的影响

（1）空燃比。空燃比是混合气中空气与燃料质量之比，通常用 A/F 表示。使 1 kg 汽油完全燃烧，按化学当量计算需要 14.7 kg 空气，空燃比等于 14.7，称为理论空燃比。燃烧 1 kg 燃料实际供给的空气量与理论空气量之比称为过量空气系数，用 α 表示。

空燃比支配着发动机的动力性、经济性和排气清洁性，是发动机最重要的控制参数。当实际空燃比相较理论空燃比稍小时（A/F=13.5～14），燃烧火焰的温度最高。燃烧速度最快时的空燃比相较火焰温度最高时的空燃比稍小一些（A/F=12～13）。燃烧速度越快，燃烧压力越大，发动机的输出功率越大，因此，A/F=12～13 的空燃比称为功率空燃比。但是，燃油消耗率最低时的空燃比要比理论空燃比稍大，为 16 左右，这种稍大的空燃比称为经济空燃比。

空燃比与汽油发动机排气成分的关系如图 4-2 所示。混合气越浓，因空气不足而燃烧不完全，NO_x 排放量不大，但 HC、CO 的排放量增大；混合气越稀，燃烧完全，HC、CO 的排放量减小，但 NO_x 增加很多。供给更稀的混合气时，随着燃烧速度的下降，容易产生不稳定燃烧，这时 NO_x、CO 的排放量减小，而 HC 的排放量增大。

控制空燃比的目的是让发动机尽可能多地使用较稀的混合气，从而降低有害气体的排放量并节油，同时必须满足发动机不同工况下对空燃比的要求，否则发动机功率将下降、失稳甚至熄火。三元催化器的转换效率与空燃比的关系如图 4-3 所示。当将空燃比控制在 14.7 左右时，三元催化转化器（TWC）对有害排放物的净化效率最高。

（2）点火提前角。点火提前角对汽油机 CO、HC、NO_x 排放浓度的影响如图 4-4、图 4-5 所示。

点火提前角对 CO 排放浓度影响较小，除非点火提前角过分推迟，使 CO 没有充分的时间完全氧化，从而引起 CO 排放量增加。空燃比一定时，随

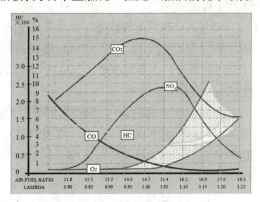

图 4-2 空燃比与尾气排放关系

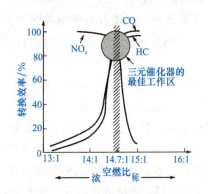

图 4-3 三元催化器的转换效率与空燃比的关系

着点火提前角的推迟，HC 和 NO_x 的排放量同时降低。推迟点火提前角会导致排气温度上升，使排气行程及排气管中 HC 氧化反应加速，降低 HC 的排放量。另外，推迟点火提前角将使上止点后燃烧的燃料增多，燃烧的最高温度下降，从而降低 NO_x 的排放量。

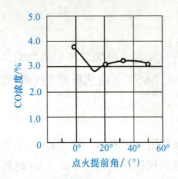

图 4-4　点火提前角对 CO 排放浓度的影响　　　图 4-5　点火提前角对 HC 和 NO_x 排放浓度的影响

随着点火提前角的增大，HC 和 NO_x 生成量都会急剧增加，这与燃烧时的速度、压力、温度等有关。当点火提前角增大到一定值后，由于燃烧时间过短，HC 和 NO_x 生成量便有所下降。当然，正确的调整点火正时是非常必要的，过迟的点火提前角会使发动机动力下降，油耗增大，工作不稳定。

（3）发动机负荷和转速。发动机转速的变化对 HC 和 NO_x 的生成量有一定的影响，而对 CO 的影响程度相对较小。当发动机转速提高时，增强了气缸中扰流的混合与涡流的扩散，也增强了排气的混合，于是既改进了汽缸内气体的燃烧，又促进了排气系统的氧化反应，因此，HC 的生成量明显降低。

不同空燃比的混合气、不同的转速，对 NO_x 的生成速度有不同的影响。稀混合气在转速提高时，NO_x 的生成速度减小；浓混合气在转速提高时，NO_x 的生成速度有所增大。在任何转速和负荷下，加大点火提前角均会使 NO_x 的排放量增加。急加速时，CO、HC、NO_x 的排放量增加。

在汽油发动机怠速、减速等低速、轻负荷运行时，由于转速低、汽油雾化差、混合气很浓、残余废气较多，故产生较多的 CO_2。

当发动机的转速和负荷提高时，进气量增加，火焰传播速度提高，使汽缸的燃烧温度升高。由于 NO_x 是高温燃烧时的生成物，故 NO_x 生成量随之增大，CO 和 HC 的生成量稍有增加，但不明显。

（4）气缸压力。发动机运转过程中，如果燃烧室温度和压力下降，则会使混合气燃烧不良，尾气中 CO 的浓度升高。若汽车长期运行，则发动机活塞、气缸和活塞环组件的磨损会导致气缸密封性下降，使气缸压力降低。气缸垫漏气、气门密封性不良、气门脚间隙过小及活塞环对口等，也是造成气缸压力不足的主要原因。使用中为保持气缸具有良好的密封性，应定期对气缸压力进行检查。检查中要求多缸发动机各缸的压力均不得低于标准压力的 80%，同时为保证发动机工作平稳，各缸的压差不得大于 5%，若不合要求，则应及时进行维修。

（5）温度。发动机冷态时，CO、HC 的生成量增加，NO_x 的生成量减少。冷却水温达到正常（如 80 ℃ ~90 ℃）时，NO_x 的生成量增多。

2. 环境因素对检测结果的影响

考虑到汽车尾气的检测结果受到环境的影响，汽车排放法规对各项指标的检测都有严格的试验环境要求。由于汽车检测大部分在室外进行，环境变化比较大，容易受到温度、压力、湿度等的影响，出现检测结果不稳定和抗干扰性差等现象。因此，对汽车尾气检测的环境要求比较高。

（1）温度对检测结果的影响。尤其是对测点的温度（-7 ℃ ±1 ℃）要求更高，所以，对环境参数的要求就比较严格。环境温度变化主要影响空燃比的变化，温度一般控制在20 ℃～30 ℃。温度越高，大气的密度越小，根据流体力学原理，大气的流动速度加快，则在单位时间内进入汽缸的混合气体积不变的情况下，混合气就越稀。混合气的空燃比大于理论空燃比，此时汽缸内的混合气燃烧完全，因此CO的生成量减少，CO的排放量也减少。同时，红外气体传感器的温度效应比较明显，在数据采集过程中，由于环境温度的变化比较大，因此，会导致检测结果不准确。

（2）压力对检测结果的影响。大气压力的大小对尾气排放检测结果的影响也是比较大的。通入气缸的气体为空气和燃油的混合气，燃油进入气缸的量是固定的，而通入气缸的空气受外界大气压力的影响，在气缸的工作过程中，由于第一行程是进气行程，故气缸内残余气体的压力比较低，近似于真空状态，此时进入气缸的气体取决于气缸内、外气体的压力差。当大气压力变化时，气缸内、外的压力差比较大，此时进入气缸的空气多少取决于外界大气压力。大气压力越低，进入气缸的空气越少。此时，气缸内的混合气越浓，空燃比就越小，混合气燃烧不充分，CO的生成量增加。

四、控制汽车排放污染物的技术措施

1. 机内净化

机内净化主要是通过改善可燃混合气的品质和燃烧状况来实现的。在汽油发动机上，通过推迟喷油提前角可以有效地抑制NO的排放，且方法简便易行。柴油发动机喷油时间的延迟使CO排放量下降的原因与汽油发动机并不完全相同，其主要原因有两个：一是使燃烧过程避开上止点进行，燃烧等容度下降，因而燃烧温度下降；二是越接近上止点喷油，汽缸内的空气温度越高，燃油一旦喷入汽缸，便很快蒸发混合并着火，即着火落后期可以缩短，燃烧初期的放热速率降低，导致燃烧温度降低。这两种原因都起到了抑制氮氧化合物生成的作用。

推迟喷油提前角虽然可以使燃烧温度、压力和放热速率峰值有所下降，但过分推迟喷油提前角反而会使氮氧化合物的排放量上升，这主要是由于着火落后期的过分延长，使燃烧初期的放热速率大幅度上升。总之，推迟喷油提前角对降低氮氧化合物的效果是有限的，过分推迟往往会使燃油经济性及碳烟和微粒的排放特性变差。为此，推迟喷油提前角最好是与其他加速燃烧的措施并用，如高压喷射或加强缸内气体的运动，以防止其他性能的恶化。

车用油品的质量对车辆的排放性能有很大的影响，尤其是对采用闭环三元催化技术的先进车型，可以从以下几方面提高油品的质量：

（1）针对影响机动车排放性能的燃料特性，如饱和蒸气压、含硫量、含铅量等，应确保符合标准的限值要求。

（2）对燃料中影响排放净化系统正常工作的材料，如硅、锰、铁、钒等，必须确保低于限

值，更不得人为加入。

（3）对车用柴油中的含硫量，应按照有关标准严格控制。

另外，寻找替代燃料也是减少汽车污染物排放量的有效途径。目前的常规燃料主要是汽油和柴油，采用代用燃料［如液化石油气（LPG）、压缩天然气（CNG）和甲醛］等。代用燃料有保存原油产品和保护能源的潜力，同时又能有效地削减机动车的污染物排放量。目前，开发混合动力驱动系统，将其作为运用燃料电池汽车实现零污染排放交通运输的过渡性解决方案。进一步优化内燃机，不断改进内燃机技术，发展新能源汽车是有效解决污染排放问题的关键。

2．机外净化

机外净化即用外部附加装置净化排气，应用催化转化方法，使 CO 转化为 CO_2，HC 转化为 CO_2 和 H_2O，NO_x 转化为 N_2 和 O_2。

（1）曲轴箱强制通风装置（PCV）。如图 4-6 所示，窜入曲轴箱内的混合气中 70%～80% 是未燃烧的气体（HC），燃烧的副产品（水蒸气和各种气化的酸）则占 20%～30%。利用发动机的真空度将新鲜空气吸入曲轴箱，同时将窜气重新导入进气系统并在气缸中燃烧掉，以防止曲轴箱内的窜气排入大气，这样既可以减少空气污染，又能够提高燃油经济性。

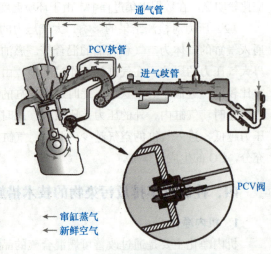

图 4-6　曲轴箱强制通风装置

（2）燃油蒸气排放控制装置（EVAP）。利用活性炭罐收集和清除汽油蒸气，停车时吸收蒸气，工作时吸入系统。在发动机停机或急速运转时，控制单元使电磁阀关闭，从油箱中逸出的燃油蒸气被活性炭罐中的活性炭吸收。

当发动机以中、高速运转时，控制单元使电磁阀开启，存储在蒸气回收罐内的汽油蒸气经过真空软管后被吸入发动机。此时，因为发动机的进气量较大，少量的燃油蒸气不会影响混合气的成分，同时控制单元会根据氧传感器的反馈对喷油进行微量调整。为了防止未燃烧的燃油蒸气进入三元催化器，当节气门全开而燃油供应须切断（飞车断油）时，清除电磁阀必须立即关闭，如图 4-7 所示。

（3）废气再循环装置（EGR）。废气再循环（Exhaust Gas Recirculation，EGR）把发动机排出的 5%～20% 的废气再引入燃烧室，一部分废气被引入进气系统中和混合气一起再进入气缸中燃烧，降低燃烧温度，以抑制氮氧化合物（NO_x）的生成。

EGR 电磁阀安装在通向 EGR 阀的真空通道中，控制单元根据发动机转速、负荷和冷却液温度等信号来控制 EGR 电磁阀的通电或断电。当 EGR 电磁阀不通电时，控制 EGR 阀的真空通道被切断，EGR 阀关闭，停止废气再循环；当 EGR 电磁阀通电时，控制 EGR 阀的真空通道接通，EGR 阀开启，进行废气再循环，如图 4-8 所示。

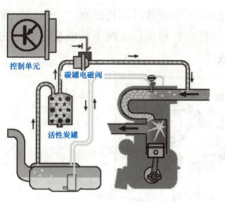

图 4-7 燃油蒸气排放控制装置

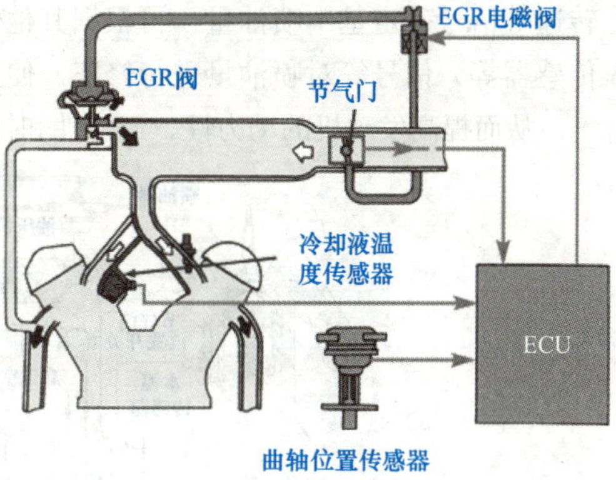

图 4-8 废气再循环装置

（4）空气喷射装置（AIS）。用空气泵将一定量的新鲜空气引入排气管或三元催化器中，如图 4-9 所示。缩短氧传感器的加热时间，使发动机控制单元尽快进入闭环控制过程，使废气中的 HC 和 CO 转化为 CO_2 和 H_2O 等无害物，以减少有害物的排放。

（5）三元催化技术。发动机通过排气管排气时，CO、HC 和 NO_x 三种气体通过三元催化器中大多

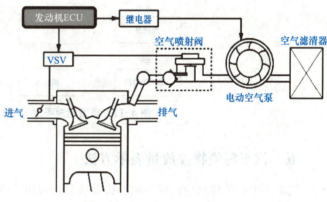

图 4-9 空气喷射装置

含铂（Pt）、钯（Pd）、铑（Rh）等稀有金属的催化剂时增强了活性，进行氧化还原反应。其中，CO 在高温下氧化成无色、无毒的 CO_2，HC 在高温下氧化成 H_2O 和 CO_2，NO_x 还原成 N_2 和 O_2，如图 4-10 所示。三种有害气体变成无害气体，使排气得以净化。

图 4-10 三元催化技术

（6）发动机的控制优化。发动机控制模块依据电控喷射系统基本逻辑（图 4-11），根据进

气量、转速等信号确定基本喷油量，再根据其他传感器（冷却液温度传感器、节气门位置传感器、氧传感器等）信号等对喷油量进行修正，使发动机在各种运行工况下均能获得最佳的浓度的混合气，从而提高发动机的动力性、经济性和排放性。

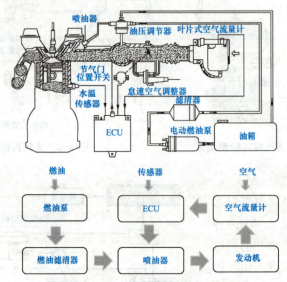

图 4-11 典型电控喷射系统基本逻辑

五、汽车污染物排放量表示方法

汽车污染物的排放量根据不同的排放项目，常用浓度排放量、质量排放量、比排放量和排气烟度来表示。

1. 浓度排放量

浓度排放量常用体积分数和质量浓度表示。体积分数是指排气体积中污染物所占的体积比，根据实际污染物浓度的不同，可分别用 %、10^{-6} 或 10^{-9} 来表示。例如，对排气中浓度较高的 CO 和 CO_2 一般用 % 来表示；对浓度较低的 HC、NO_x 用 10^{-6} 表示；而对浓度更低的成分可用 10^{-9} 表示。质量浓度是指单位排气体积中污染物的质量，常用 mg/m^3 单位计量。

2. 质量排放量

质量排放量是指实际检测时每小时或每测试循环中发动机排放的污染物质量，常用（g/h）或（g/测试）来表示。在实际环境治理工作中，若对排放污染物进行总量监测，或在车辆排放检测中按规定的工况循环测量排放量，可用质量排放量表示。

3. 比排放量

比排放量是指检测时汽车单位行驶里程所排放的污染物质量或发动机发出单位功所排放的污染物质量，常用的比排放量量纲为 g/km 或 g/（kW·h）。

在整车试验时，用单位测试循环的质量排放量（g/测试）除以每测试循环的运转千米数可得到每千米的排放量（g/km），这是排放法规中最常用的计量单位；当进行发动机排放特性试验时，可以用单位功所排放的污染物质量作为评价指标。

4. 排气烟度

排气烟度常用波许（Bosch）烟度 Rb 值和光吸收系数 K 值表示。采用滤纸式烟度计检测排烟时，用 Rb 值表示排烟的浓度，Rb 值越大，表示排烟越浓，炭微粒越多；采用不透光烟度计检测排烟时，用光吸收系数 K 值表示，K 值越大，表示炭烟的质量浓度越高。

参看维修手册，查找尾气排放控制相关装置，说明其工作特点，并完成尾气排放控制装置功能认识的任务工单（表 4-1）。

表 4-1　任务工单

班级		姓名		学号	
尾气排放控制装置功能认识					
1. 填写车辆信息。 车辆 VIN 码：_____ 车型：_____　生产年份：_____　发动机型号：_____　变速器型号：_____					
2. 发动机尾气排放物成分及影响因素（至少写出 6 种）。 <table><tr><td>尾气成分</td><td>生成条件与影响因素</td></tr><tr><td></td><td></td></tr><tr><td></td><td></td></tr><tr><td></td><td></td></tr><tr><td></td><td></td></tr><tr><td></td><td></td></tr><tr><td></td><td></td></tr></table>					
3. 发动机尾气排放控制装置功能描述（至少写出 3 种）。 （1）_____ _____ （2）_____ _____ （3）_____ _____					
自我评价（个人技能掌握程度）：□非常熟练　□比较熟练　□一般熟练　□不熟练					
教师评语（包括工作单填写情况、语言表达、态度及沟通技巧等方面，并按等级制给出成绩）					
实训记录成绩_____　教师签字：_____　年　月　日					

习题与思考

1. 减少汽车污染排放物的措施有哪些？
2. 影响发动机尾气排放的因素有哪些？
3. 汽油机与柴油机的排放特点有何不同？
4. 发动机尾气排放的污染物有哪些？
5. 汽车排放污染物的排放量表示方法有哪些？

工作任务二　汽油车尾气排放检测与分析

 学习目标

知识目标：
1. 了解汽油机尾气检测仪的工作原理；
2. 熟悉汽油机尾气检测常用方法；
3. 掌握汽油机尾气分析方法。

技能目标：
1. 能够正确使用汽油机尾气分析仪；
2. 能够进行汽油机尾气检测与分析。

素养目标：
1. 能够遵守安全操作规范，具有安全意识；
2. 能够正确处理废弃物，养成环保意识。

汽油机尾气检测仪

 **任务引入**

汽车尾气中主要含有 CO、HC、NO$_x$、SO$_2$、碳微粒等有害物质。由于汽车尾气成分与发动机的工况有最直接的联系，所以，通过汽车尾气的检测可初步分析发动机的工作状况、性能好坏，可以检查包括燃烧情况、点火能量、进气效果、供油情况、机械情况等诸多方面。当发动机各系统出现故障时，尾气中某种成分必然偏离正常值，通过检测发动机不同工况下尾气中不同气体成分的含量，可判断发动机故障所在的部位。

一、汽油发动机尾气成分分析方法

1. 不分光红外线分析法（NDIR）

不分光红外线分析法根据不同气体对红外线的选择性吸收原理对排气成分进行分析，主要测量 CO 和 CO_2，对 NO 和 HC 的测量精度较低。

不分光红外线检测法

（1）不分光红外线气体分析仪的检测原理。汽车排气中的 CO、HC、NO 和 CO_2 等气体都具有能吸收一定波长范围内红外线的性质，而红外线被吸收的程度与排气浓度有一定的关系。不分光红外线分析法就是利用这一原理，即通过检测不分光红外线气体分析仪发出的一定量的红外线被汽车排气吸收了一定波长范围内的红外线后能量的变化来检测排气中各种污染物的含量。在各种气体混在一起的情况下，这种检测方法具有测量值不受影响的特点。例如：CO 能够吸收波长为 4.6 μm 的红外线，CO_2、HC 分别能够吸收波长为 4.2 μm 和 3.4～3.5 μm 的红外线等，如图 4-12 所示。

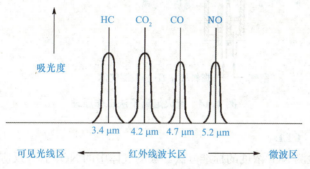

图 4-12 红外线吸收气体的波长

（2）不分光红外线气体分析仪的结构。不分光红外线气体分析仪是一种能够从汽车排气管中采集气样，对其中 CO 和 HC 含量进行连续分析的仪器。它由排气取样装置、排气分析装置、含量指示装置和校准装置等组成，如图 4-13 所示。

（3）不分光红外线气体分析仪的工作过程。两个光源提供脉冲红外线。仪器分为上、下两部分，上部有测定室、比较室，比较室中充有不吸收红外线的氮气，使射线顺利通过。向测定室中通入含 CO 的被测尾气，会有红外线被吸收。下部是检测室，有容积相等的左、右两个腔，充有同摩尔数的 CO，中间用金属膜片隔开。由于射到检测室左腔的红外线在通过测定室时一部分射线已被排气中的 CO 吸收，而通过比较室到达检测室右腔的红外线并未减少，这样检测室左、右两腔吸收的红外线能量不同，从而产生温差，使

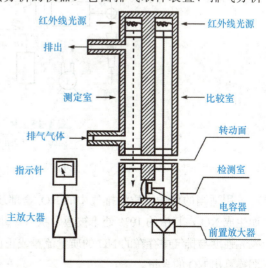

图 4-13 不分光红外线气体分析仪的结构

电容器一个表面的金属膜片弯曲振动。其振幅与排气中 CO 的浓度大小有关，用电信号输出就可得到检测值。

2. 氢火焰离子法（FID）

用氢火焰离子法分析发动机排气中的碳氢化合物是目前最有效的方法，如图 4-14 所示。利用某些气体在高温火焰中的电离现象，通过检测电极之间的离子电流来测定气体浓度。它具有很高的灵敏度，其检测极限最小可达 10^{-9} 数量级，而且线性和频响特性好，对环境温度及大气压力不敏感，可用于稳态工况或瞬态工况。

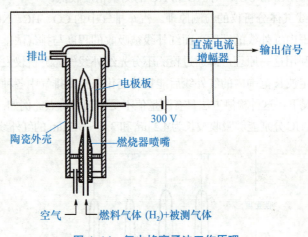

图 4-14 氢火焰离子法工作原理

氢火焰离子检测法

3. 化学发光法（CLD）

化学发光法是检测 NO_x 浓度的标准方法。被测气体中的 NO 与 O_2 反应产生化学发光现象，这种化学发光的强度与 NO 浓度成正比。NO_x 被转换为 NO 后，再进入化学发光室，转化效率应大于 90%，如图 4-15 所示。

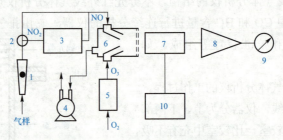

图 4-15 化学发光法检测原理

化学发光检测法

1—流量计；2—二通阀；3—催化转化器；4—抽气泵；5—O_3 发生器；
6—反应室；7—光电倍增器；8—放大器；9—指示仪表；10—高压电源

用适当的化学物质将排气中的 NO_x 全部还原成 NO。NO 与 O_3 在气态接触时发生化学反应而生成 NO_2，其中约 10% 处于被激励状态，并在恢复到基态时发出 0.6～2.5 mm 波长的光，其发光强度与排气中存在的 NO 的质量流量成正比。使用适当波长的光电检测器即可根据信号的强弱换算出 NO 的含量。

汽油车尾气分析仪通常对 O_2 和 NO_x 的浓度采用电化学的原理来测定，在测试通道中设置氧传感器和 NO_x 传感器。

4. 综合分析法

综合分析法是利用汽车综合排放分析仪同时进行快速检测汽车尾气成分的方法。这种检测方法能全面反映汽车污染物的排放情况，满足发动机台架试验或整车底盘测功机试验的排放测量要求。在故障检测诊断中应用的汽车尾气分析仪有两气、四气和五气等多种类型。两气尾气分析仪是用来测量汽车尾气排放中 CO 和 HC；四气尾气分析仪除测量 CO 和 HC 外，还能测量 CO_2 和 O_2 及计算过量空气系数 λ 和空燃比 A/F。在四气尾气分析仪中加上一个 NO_x 传感器就可以升级为五气尾气分析仪。

二、汽油车尾气检测方法

1. 怠速法

怠速法检测步骤如下：

（1）必要时在发动机上安装转速计、点火定时仪、冷却水和润滑油测温计等检测仪。

（2）发动机由怠速工况加速至 70% 额定转速，维持 60 s 后降至怠速。

（3）发动机降至怠速状态后，将取样探头插入排气管，深度达 400 mm，并将其固定于排气管上。

（4）先把指示仪表的读数转换开关拨到最高量程挡位，再一边观看指示仪表，一边用读数转换开关选择适合排气含量的量程挡位。

（5）发动机在怠速状态下维持 15 s 后开始读数，读取 30 s 内的最高值和最低值，其平均值即检测结果。

（6）若为多排气管，则取各排气管检测结果的算术平均值。

（7）检测结束后，把取样探头从排气管中抽出来，使其吸入新鲜空气 5 min，待指示仪表的指针回到零点后再关闭电源。

2. 双怠速法

双怠速排放标准是指在两种空转转速下检测污染物排放的标准。这两种空转转速中，一种是普通怠速转速，发动机在无负荷运转状态下，即离合器处于接合位置，变速器处于空挡位置（对于自动变速箱的车应处于停车或 P 挡位），油门踏板处于完全松开位置，采用车辆使用说明书上规定的怠速转速；另一种是高怠速转速，用油门踏板将发动机转速稳定控制在 50% 额定转速或制造厂技术文件中规定的高怠速转速下。

正常判断高怠速转速只需 50% 额定转速即可。比如，车辆的额定转速为 5 200 r/min，其高怠速转速就是 2 600 r/min。

我国现行国家标准中将轻型汽车的高怠速转速规定为（2 500±100）r/min，将重型汽车的高怠速转速规定为（1 800±100）r/min，如有特殊规定，则采用制造厂技术文件中规定的高怠速转速。

双怠速法检测程序如下：

（1）应保证被检测车辆处于制造厂规定的正常状态，发动机进气系统应装有空气滤清器，排气系统应装有排气消声器和排气后处理装置，排气系统不允许有泄漏。

(2) 进行排放测量时，发动机冷却液或润滑油温度应不低于 80 ℃，或者达到汽车使用说明书规定的热状态。

(3) 发动机从怠速状态加速至 70% 额定转速或企业规定的暖机转速，运转 30 s 后降至高怠速状态。将双怠速法排放测试仪取样探头插入排气管，深度不小于 400 mm，并固定在排气管上。维持 15 s 后，由具有平均值计算功能的双怠速法排放测试仪读取 30 s 内的平均值，该值即高怠速污染物测量结果。对使用闭环控制电子燃油喷射系统和三元催化器技术的汽车，还应同时计算过量空气系数（λ）的数值。

(4) 发动机从高怠速降至怠速状态 15 s 后，由具有平均值计算功能的双怠速法排放测试仪读取 30 s 内的平均值，该值即怠速污染物测量结果。

(5) 在测试过程中，如果任何时刻 CO 与 CO_2 的浓度之和小于 6.0%，或者发动机熄火，应终止测试，排放测量结果无效，需重新进行测试。

(6) 对多排气管车辆，应取各排气管测量结果的算术平均值作为测量结果。

(7) 若车辆排气系统设计导致的车辆排气管长度小于测量深度时，应使用排气延长管。

每个城市的地标规定的技术要求也有所不同，如在北京市地方标准中，汽油车双怠速排放标准中的高怠速转速指发动机转速为（2 000±50）r/min。

汽车的双怠速排放标准限值见表 4-2，排放检验的同时，应进行过量空气系数（λ）的测定。发动机在高怠速转速工况时，λ 应在 1.00±0.05 范围内，或者在制造厂规定的范围内。

表 4-2　双怠速法汽油车排放标准限值

类别	怠速		高怠速	
	CO/%	HC（$\times 10^{-6}$）[①]	CO/%	HC（$\times 10^{-6}$）[①]
限值 a	0.6	80	0.3	50
限值 b	0.4	40	0.3	30

注：[①] 对以天然气为燃料点燃式发动机汽车，该项目为推荐性要求。

注：排气污染物限值：

限值分为 a 和 b。

限值 a 为全国使用，限值 b 仅限满足要求的部分城市提前选用。全国实施 b 限值另行发布。跨地区检测，如果登记地或检测地中有使用限值 b 的，应符合限值 b 的要求，方法允许按照检测地方法进行。

限值规定主要原则按照筛查高排放车比例，限值 a 为 20%，限值 b 为 30%。

限值不按车辆生产年份，基准质量划分限值阶段。

3. 工况法

工况法是将汽车若干常用工况和排放污染较重的工况结合在一起测量排放污染物的方法。工况法一般多用于新车的型式核准试验和生产一致性检查。工况法的循环试验模式应根据汽车的排放性能、行驶特点、交通状况、道路条件、车流密度和气候地形等因素,对大量统计数据进行科学分析后来制定,以最大限度地重现汽车运行时的排放特性。工况法排放检测设备主要由底盘测功机、排气取样系统、排气分析仪、发动机转速计、OBD诊断仪、冷却装置、气象站和自动控制系统组成。检测设备应符合国家相关标准和计量检定规程的规定。

(1)稳态工况法。稳态工况法(Acceleration Simulation Mode,ASM)也称为加速模拟工况法,是指车辆预热到规定的热状态后,加速至规定车速,根据车辆规定车速时的加载负荷,通过底盘测功机对车辆加载,使车辆保持等速运转的运行状态。在这样的工况下,测试汽车尾气的排放情况,由两个试验工况组成即ASM5025和ASM2540,如图4-16所示。

1)ASM5025工况:经预热后的车辆,在底盘测功机上以25.0 km/h的速度稳定运行,系统根据测试车辆的基准质量自动施加规定的荷载(加载功率是在此行驶速度下输出功率的50%),测试过程中应保持施加的扭矩恒定,车速保持在规定的误差范围内。

2)ASM2540工况:经预热后的车辆,在底盘测功机上以40.0 km/h的速度稳定运行,系统根据测试车辆的整备质量自动施加规定的荷载(加载功率是在此行驶速度下输出功率的25%),测试过程中应保持施加的扭矩恒定,车速控制在规定的误差范围内。

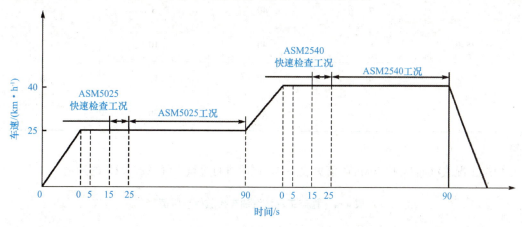

图4-16 稳态工况试验法

ASM测试流程如下:

1)车辆预热后加速至25 km/h,稳定5 s后开始系统计时,ASM5025工况开始。

2)计时开始稳定10 s后,排气分析仪开始采样,进入快速检查工况。若10 s内排放平均值修正后小于限值50%,则测试合格,检测结束。若快速检查未通过,则继续完成整个ASM5025工况至计时90 s。任意连续10 s平均值不超过限值则测试合格,检测结束。

3)如果任意连续10 s平均值大于限值,但不超过限值500%,则ASM5025工况测试不合格,应继续进行ASM2540工况。如果任意连续10 s平均值大于限值500%,则测试不合格,终止试验,打印最后连续10 s排放平均值。

4)ASM2540同ASM5025,但区别在于,任意连续10 s平均值超过限值,则测试不合格,检测结束,打印最后连续10 s平均值。

稳态工况法(ASM)测试运转循环表见表4-3。

表 4-3 稳态工况法（ASM）测试运转循环表

工况	运转次序	速度 / (km·h^{-1})	操作持续时间 mt/s	测试时间 t/s
ASM 5025	1	0～25	—	
	2	25	5	
	3	25	10	
	4	25	10	90
	5	25	70	
ASM 2540	6	25～40	—	
	7	40	5	
	8	40	10	
	9	40	10	90
	10	40	70	

稳态工况法汽油车排放标准限值见表 4-4，同时进行过量空气系数（λ）的测定。

表 4-4 稳态工况法汽油车排放标准限值

类别	ASM5025			ASM2540		
	CO/%	HC（×10^{-6}）[①]	NO（×10^{-6}）	CO/%	HC（×10^{-6}）[①]	NO（×10^{-6}）
限值 a	0.50	90	700	0.40	80	650
限值 b	0.35	47	420	0.30	44	390

注：① 对于装用以天然气为燃料点燃式发动机汽车，该项目为推荐性要求。

（2）简易瞬态工况法。简易瞬态工况法（Transient Loaded Mode）由多种瞬态工况组成，采用如图 4-17 所示的运转循环。它由 4 个城区 15 工况循环和 1 个城郊 13 工况循环组成。

检测时,将汽车放置在带有负荷和惯量模拟装置的底盘测功机上,并根据车辆参数自动设定底盘测功机的荷载,然后按规定的运转循环测量排放物浓度。简易瞬态工况法是当今世界最为科学并得以广泛使用的汽车排放试验方法,是汽车排放检测规范的发展趋势。简易瞬态工况法排放标准限值见表4-5。

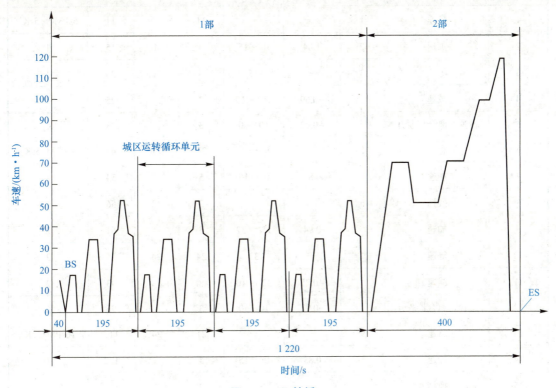

图4-17　运转循环

BS—取样开始；ES—取样结束

表4-5　简易瞬态工况法排放标准限值

类别	CO/(g·km^{-1})	HC+NO$_x$/(g·km^{-1})
限值 a	3.5	1.5
限值 b	2.8	1.2

简易瞬态工况法主要采用的是EUDC工况前195 s的工况,在底盘测功机上进行的测试运转循环见表4-6。其优点是在瞬态工况下进行试验,得到质量排放(g/km),能相对较好地反映出车辆在实际运行状态下的排放。其缺点是对测量结果可能产生的影响因素较多,对设备和管理的要求较高。汽车的简易瞬态工况法排放标准限值见表4-7。

表 4-6　测试运转循环表

操作序号	操作	工序	加速度 /(m·s^{-2})	速度 /(km·h^{-1})	每次时间 操作/s	每次时间 工况/s	累计时间/s	手动换挡时使用的挡位
1	急速	1	—	—	11	11	11	6sPM[①]+5sK$_1$[②]
2	加速	2	1.04	0～15	4	4	15	1
3	等速	3	—	15	8	8	23	1
4	减速	4	-0.69	15～10	2	5	25	1
5	减速,离合器脱开		-0.92	10～0	3		28	K$_1$
6	急速	5	—	—	21	21	49	16sPM+5sK$_1$
7	加速	6	0.83	0～15	5	12	54	1
8	换挡				2		56	—
9	加速		0.94	15～32	5		61	2
10	等速	7	—	32	24	24	85	2
11	减速	8	-0.75	32～10	8	11	93	2
12	减速,离合器脱开		-0.92	10～0	3		96	K$_2$
13	急速	9	—	—	21	24	117	16sPM+5sK$_1$
14	加速	10	0.83	0～15	5	26	122	1
15	换挡				2		124	—
16	加速		0.62	15～35	9		133	2
17	换挡				2		135	—
18	加速		0.52	35～50	8		143	3
19	等速	11	—	50	12	12	155	3
20	减速	12	-0.52	50～35	8	8	163	3
21	等速	13	—	35	13	13	176	3
22	换挡				2	12	178	—
23	减速	14	-0.86	35～10	7		185	2
24	减速,离合器脱开		-0.92	10～0	3		188	K$_2$
25	急速	15	—	—	7	7	195	7sPM

注：① PM—变速器置空挡,离合器接合。
　　② K1/K2—变速器置一挡或二挡,离合器脱开。

表 4-7 汽车的简易瞬态工况法排放标准限值

类别	CO/ (g·km^{-1})	HC/ (g·km^{-1})	NO$_x$/ (g·km^{-1})
限值 a	8.0	1.6	1.3
限值 b	5.0	1.0	0.7

注：[1]对于装用以天然气为燃料点燃式发动机汽车，该项目为推荐性要求

注：《汽油车污染物排放限值及测量方法（双怠速法及简易工况法）》（GB 18285—2018）自 2019 年 5 月 1 日起实施。全国范围内环保定期检验应采用汽油车简易工况法（无法上线的除外）。新车下线检验自 2019 年 11 月 1 日起实施。注册登记、在用汽车 OBD 检查自 2019 年 5 月 1 日起仅检查并报告，自 2019 年 11 月 1 日起实施。
全国范围实施本标准规定的限值 b 具体时间，国务院生态环境主管部门另行发布。
自本标准实施之日起，现有相关地方排放检验标准废止。

1）测试程序。

①驾驶员将受检车辆驾驶到底盘测功机上，车辆驱动轮应置于滚筒上，必须确保车辆横向稳定，车辆轮胎应干燥，轮胎间无夹杂石子等杂物。

②车辆应限位良好，对前轮驱动车辆，测试前应使驻车制动起作用。

③关闭发动机，根据需要在发动机上安装机油温度传感器等测试仪器。

④将分析仪取样探头插入排气管，插入深度至少为 400 mm，并固定在排气管上。将气体质量分析系统的锥形管安装到车辆排气管上，并按要求进行固定，注意排气收集软管的布置和走向都不应明显增加系统流动阻力。

⑤气体质量分析系统中环境空气 O_2 浓度的校正，每次排放测试前，都应利用气体质量分析系统中的氧传感器测量环境大气中 O_2 的浓度。在读数前，气体质量分析系统的鼓风机应该至少运行 1 min 以上，环境空气中 O_2 浓度的读数应该在 20.8%±0.3% 的范围内，如果气体质量分析系统测量的环境 O_2 浓度超出上述范围，主控计算机显示器上应该显示"警告"的字样，要求检验操作人员确认气体质量分析系统的排气采样管（锥形喇叭口）是否正确连接在排气管上，然后主控计算机继续进行环境空气 O_2 浓度测量。如果再次失败，主控计算机应该自动进入环境空气检查程序进行检查

2）排放测试。

①启动发动机：按照制造厂使用说明书的规定，启动汽车发动机。发动机保持怠速运转 40 s，在 40 s 结束时开始排放测试循环，并同时开始排气取样。在测试期间，驾驶员应该根据驾驶员引导装置上显示的速度-时间曲线轨迹规定的速度和换挡时机驾驶车辆，试验期间严格禁止转动方向盘。

②怠速：对于手动或半自动变速器，怠速期间，驾驶员应接合离合器，将变速器置空挡。为能够按循环正常加速，在循环的每个怠速后期，加速开始前 5 s，驾驶员应松开离合器，将变速器置一挡。对于自动变速器，在测试开始时，放好挡位选择器后，在整个测试期间的任何时候，都不得再次操作挡位选择器。

③加速：在整个加速工况期间，应尽可能使车辆加速度保持恒定。若在规定时间内未能完成加速过程，超出的时间应从工况改变的复合公差允许的时间中扣除，否则应从下一个等速工

况时间内扣除。对于手动变速器，如果不能在规定时间内完成加速过程，应按手动变速器的要求，操作挡位选择器进行换挡。

④减速：在所有减速工况时间内，应将加速踏板完全松开，离合器接合，当车速降至 10 km/h 左右时，松开离合器，但不得进行换挡操作。如果减速时间比相应工况规定的时间长，允许使用车辆制动器，以便使循环按照规定的时间进行。如果减速时间比相应工况规定的时间短，则应在下一个等速或急速工况时间中恢复至理论循环规定的时间。

⑤等速：从加速过渡到下一等速工况时，应避免猛踩加速踏板或关闭节气门操作。应采用保持加速踏板位置不变的方法实现等速驾驶。

循环终了时（车辆停止在转鼓上），将变速器置于空挡，离合器接合，排气分析系统停止取样。根据驾驶员引导装置的提示，将受检车辆开出底盘测功机，或者继续进行后续的测试。

三、检测结果判定与分析

汽车环保检测时的检测方法一般采用双怠速法和简易瞬态工况法，在维修过程中也需要实时检测发动机尾气成分的变化。现在的汽车多装有三元催化器，在分析发动机故障时，尾气取样应在三元催化器之前（部分催化器前的排气管上通常有一个用螺栓堵住的专用取样孔，可拆下螺栓，把尾气分析仪的取样探头由此插入）。检测装有二次空气喷射系统的发动机的尾气时，应让该系统暂时停止工作。

对于装有三元催化器的汽车，如果催化剂工作正常，则会使 CO 和 HC 的排放量减少。因此，应将取样探头插到三元催化器之前检测未经转换的排气或在 EGR 阀的排气口进行检测。必要时，使空气泵和二次空气喷射系统停止工作。读取检测数据前，不要让发动机怠速运转时间过长。在发动机暖机后，才能使用尾气分析仪进行尾气检测。在进行变工况测试中，要将加速踏板稳住后再读取检测数据。

通过尾气分析，可以检测到以下几个主要方面的故障：混合气过浓或过稀、二次空气喷射系统失灵、喷油器故障、进气歧管真空泄漏、汽缸盖衬垫损坏、EGR 阀故障、排气系统泄漏、点火正时错误及三元催化器的转换效率低等。

尾气分析主要是对尾气中的 CO、HC、NO、CO_2 及 O_2 等排放物的浓度进行检测，从而分析发动机控制系统产生故障的原因。表 4-8 列出了尾气检测值与系统故障的关系。

表 4-8 尾气检测值与系统故障关系

CO	HC	NO_x	CO_2	O_2	可能的故障
偏高	偏高	正常	偏低	偏高	混合气偏浓时失火
偏低	偏高	正常	偏低	偏低	点火系统故障（间歇性失火）；气缸压力低
偏低	偏高	正常	偏低	偏高	混合气偏稀时失火
偏低	偏高	偏高	正常	正常	点火过早
偏高	正常	正常	正常	偏低	点火过迟
偏高	偏高	正常	偏低	偏低	混合气浓
偏高	正常/偏低	正常	偏低	偏低	混合偏浓
变化	变化	正常	偏低	正常	EGR 阀漏气

续表

CO	HC	NO$_x$	CO$_2$	O$_2$	可能的故障
偏低	偏低	偏低	偏低	偏高	催化转化器之后的排放物泄漏；排气管漏气
偏低	偏低	偏低	偏高	偏低	燃烧效率高，催化转化器作用良好

1. O$_2$ 是反映空燃比的最好指标

尾气中的 O$_2$ 浓度主要与空燃比有关，失火也会导致 O$_2$ 浓度增加，这是由于没有燃烧或参与燃烧的 O$_2$ 减少，所以用 O$_2$ 判断混合气是否偏稀更可靠一些。当燃烧正常时，排气中应含有 1%～2% 的 O$_2$，O$_2$ 的读数小于 1% 说明混合气太浓了，O$_2$ 的读数大于 2% 说明混合气太稀了。造成混合气过稀的原因有很多，如燃油滤芯太脏、燃油油压低、喷油嘴堵塞、真空泄漏、EGR 阀泄漏等。如果混合气偏浓，则 O$_2$ 的读数低，CO 的读数高；如果混合气偏稀，则 O$_2$ 的读数高，CO 的读数低。若混合气偏向失火点，则 O$_2$ 的读数会上升得很快，同时 CO 的读数低，HC 的读数高而且不稳定。由于三元催化器的作用，目前 O$_2$ 的读数大多为 0.5% 左右，具体要依据车型而定。例如，空气中 O$_2$ 的含量为 21.0%，正常燃烧时 O$_2$ 的含量为 0.5%，如果 6 缸中有一个汽缸缺火，则 O$_2$ 的含量会升高到 4.0%（21.0%÷6＋0.5%=4.0%）。

2. HC 的读数高则说明燃油没有充分燃烧

HC 是未燃烧的燃油气体，一般空燃比过小或过大均会导致 HC 浓度增加，这是由混合气浓度超出着火界限所致。影响 HC 浓度的因素一般有点火系统工作不良、混合气过浓或过稀（影响空燃比的因素）、点火时间不正确、压缩比失常、积炭、配气相位错误、进气系统漏气等。

尾气中的 HC 主要由燃烧室壁面的激冷而形成。缸压不足、发动机温度过低、油箱中油气蒸发、混合气由燃烧室向曲轴箱的泄漏、混合气过浓或过稀、点火不正时、点火系统间歇性不点火、温度传感器不良、喷油嘴漏油或堵塞、油压过高或过低等都将导致 HC 读数过高。

3. CO$_2$ 的浓度可以反映出燃烧的效率

CO$_2$ 的浓度反映燃烧效率，因为完全燃烧使燃料中的 C（碳原子）与氧充分结合形成 CO$_2$，所以燃烧越完全，CO$_2$ 的浓度越高。

当发动机中的混合气充分燃烧时，CO$_2$ 的浓度将达到峰值。不管是否装有三元催化器，峰值均为 13.8%～16%，在发动机故障被排除后，通过 CO$_2$ 的读数便可以起到检测混合气燃烧的好坏，当混合气变浓或变稀时，CO$_2$ 的读数均会降低。

4. CO 是因为燃烧不完全而产生的

CO 是因为燃烧不完全而产生的，且随空燃比从小变大，其浓度逐渐变小，除非装有三元催化器且工作良好，否则一般不会为 0。凡是影响空燃比的因素均会导致 CO 浓度的增加，如配气相位、燃油压力、空气流量信号（MAP）、氧传感器反馈信号、发动机冷却液和进气温度、点火正时、三元催化器工作效率等。

5. NO$_x$ 是由于高温、富氧条件下产生的

产生 NO$_x$ 的主要原因是高温、富氧和在较大负荷下长时间工作。影响 NO$_x$ 浓度的因素有空燃比、发动机燃烧温度、点火时间、三元催化器、积炭等。

任务实施

依照上述的尾气检测方法和操作步骤，按任务工单要求用尾气检测仪对试验车辆进行尾气检测（表 4-9），并记录相应的检测条件及结果，做出相应分析。

表 4-9 任务工单

班 级		姓 名		学 号	
汽油车尾气检测					
1．填写车辆信息。 车辆 VIN 码：_____ 车型：_____ 生产年份：_____ 发动机型号：_____ 变速器型号：_____					
2．尾气分析仪的功能介绍。 					
3．尾气分析仪的连接与操作（说明检测条件及操作注意事项）。 					
4．检测结果记录与分析。 					
自我评价（个人技能掌握程度）：□非常熟练　□比较熟练　□一般熟练　□不熟练					
教师评语（包括工作单填写情况、语言表达、态度及沟通技巧等方面，并按等级制给出成绩）					
实训记录成绩_____　教师签字：_____　　年　　月　　日					

习题与思考

1. 说明五气尾气分析仪的工作原理。
2. 常用的尾气检测方法有哪些？
3. 举例说明尾气分析的方法。

工作任务三　柴油机尾气排放检测与分析

学习目标

知识目标：
1. 了解柴油机排放特点；
2. 熟悉烟度计的检测原理；
3. 掌握烟度计的检测方法。

技能目标：
能够进行柴油机尾气检测与分析。

素养目标：
1. 能够遵守安全操作规范，具有安全意识；
2. 能够正确处理废弃物，养成环保意识。

柴油机因具有燃烧效率高、耐用性好、保养要求低等优点，得到了汽车制造企业和用户的青睐。但是柴油车并不是无污染、零排放，它排放的尾气对人们的生活环境同样会造成危害。如何对柴油车的尾气排放进行有效控制，使之危害降到最低，已成为汽车行业亟待认真研究的重要课题。

一、柴油机排气成分分析方法

柴油发动机（以下简称柴油机）排放的尾气包含复杂的有机物和无机物，具有气态、液态和固态，其成分为 CO、HC、NO_x、SO_2 和颗粒物（PM）。柴油机的排放特点是颗粒物（PM）和 NO_x 的排放量大，CO 和 HC 的排放量相对较小，如图 4-18 所示。柴油机排放的颗粒物包括碳颗粒、金属颗粒、无机盐颗粒（硫酸盐、硝酸盐等）、有机颗粒等。

柴油机排放的颗粒物通常是一种复杂的复合体，其核心部分是碳颗粒，直径为 10~50 μm，其周围分布着复杂的有机或金属物质。单体颗粒通过链接形成较大的颗粒，根据链接颗粒的多少，形成大小不同的颗粒。这些排放的颗粒物是 PM2.5 值超标的直接影响因素，是对人体伤害最大的可吸入颗粒物，也是造成光化学污染的主要因素。因此，对柴油机要限制碳烟的排放，其排烟的多少用烟度计来检测。常用的烟度计有滤纸式和不透光式两种。排气烟度常用波许（Bosch）烟度 Rb 值和光吸收系数 K 值表示。

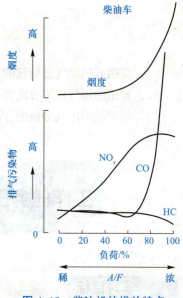

图 4-18　柴油机的排放特点

1. 滤纸式烟度计

滤纸式烟度计的工作原理是指从柴油机排气管中抽取一定容积的废气，使之通过白色滤纸，碳烟染黑滤纸，用检测装置测定滤纸的染黑度，即柴油机的排气烟度值（波许单位 Rb）。

烟度即一定容量的排气所透过滤纸的黑度。滤纸染黑的程度不同，对照射到滤纸表面光线的反射能力就不同。滤纸被染黑的程度用数量表示，称为 FSN（Filter Smoke Number），它是没有量纲的数值，又称为波许（Bosch）烟度单位，用 Rb 表示，从 0 Rb 到 10 Rb 均匀分度。当污染滤纸全黑时，烟度值为 10 Rb；当滤纸无污染时，烟度值为 0 Rb。

2. 不透光式烟度计

（1）检测原理。不透光式烟度计（消光式烟度计）是一种根据光在排气中被烟气削减的程度来测量烟度的仪器。

不透光式烟度计是一种测定入射光强度和出射光强度，一束光进入仪器光通道，部分能量被废气颗粒吸收，使透出光通道的光束强度被减弱，然后计算出不透光度和光吸收系数的仪器。

当容器内充满含有碳烟的气体时，光源发出的光线到达光接收器前将会被吸收一部分。被测气体含碳烟越多，光电池感受的光强度越弱。将光电池感受的信号转换处理后送入指示仪表，就可以测出气体的不透光度或对光的吸收程度。

不透光式烟度计是利用透光衰减率来测量排气烟度的典型仪器。其原理是使光束通过一段给定长度的排烟管，通过测量排烟对光的吸收程度来决定排烟对环境的污染程度。其是一种直接测量的计量仪器，如图 4-19 所示。

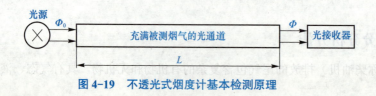

图 4-19　不透光式烟度计基本检测原理

不透光式烟度计的工作原理

$$\Phi=\Phi_0 e^{-KL}$$

式中 Φ_0——入射光通量（lm）（lumen，略作 lm 流明，光通量的单位）；

Φ——出射光通量（lm）；

K——光吸收系数，表示光束被单位长度排烟衰减的一个系数；

L——光通道有效长度（m）。

由上式可得

$$K=-\frac{1}{L}\ln\frac{\Phi}{\Phi_0}$$

由于我国现行排放标准中用光吸收系数作为柴油机排放烟度的评定指标，因此，不透光式烟度计应将光吸收系数作为计量单位，它是一种光吸收的绝对单位。但是，有一些不透光式烟度计用不透光度作为计量单位，其不透光度是指光线被排烟吸收而不能到达光接收器的百分率。仪表的不透光度可用下式换算为光吸收系数：

$$K=-\frac{1}{L}\ln\left(1-\frac{N}{100}\right)$$

式中 N——不透光度（%）。

两种计量单位的刻度范围均以光全通过时为零，光全吸收时为满量程。即烟气完全不吸光时，$N=0$，$K=0$；光线完全被烟气吸收时，$N=100$，$K=\infty$（m^{-1}）。可以认为 K 值与碳烟的质量浓度成正比。

（2）结构。不透光式烟度计的结构可以分为全流式和分流式。全流式不透光式烟度计通过测量全部排气的透光衰减率来检测烟度，而分流式不透光式烟度计则是通过测量由取样管引入的部分烟气的透光衰减率来检测烟度。分流式不透光式烟度计，可以直接插在排气管尾部或中部接口，安装及使用都很方便，适用现场检测操作。由于光学系统的污染，不透光式烟度计在测定中会产生误差，因此，必须注意清洗。另外，排烟中所含的水滴和油滴也可以作为烟度显示出来。当被校验的排烟超过 500 ℃时，必须采用其他热交换器来冷却排烟。

二、柴油机烟度检测

柴油机的排气烟度既是评价柴油机燃烧过程是否完美的重要参数，又是评价柴油机环境污染的重要指标。2019 年 5 月 1 日起实施的国家标准《柴油车污染物排放限值及测量方法（自由加速法及加载减速法）》（GB 3847—2018）规定：

（1）在全国范围内进行的汽车环保定期检验应采用本标准规定的加载减速法进行，对无法按加载减速法进行测试的车辆，可采用本标准规定的自由加速法进行。

（2）新生产汽车下线检验自 2019 年 11 月 1 日起实施。

（3）注册登记、在用汽车 OBD 检查和氮氧化物测试自 2019 年 5 月 1 日起仅检查并报告，自 2019 年 11 月 1 日起实施。

（4）全国范围实施本标准规定的限值 b 具体时间，国务院生态环境主管部门另行发布。

（5）自本标准实施之日起，现有相关地方排放检验标准废止。

对配置有 OBD 系统的在用汽车，在完成外观检验后应进行 OBD 检查。排气污染物检验过程中，不可断开 OBD 诊断仪。检验项目包括故障指示器状态，诊断仪实际读取的故障指示器状态、故障代码、MIL 灯点亮后行驶里程和诊断就绪状态值。在用汽车和注册登记排放检验排放限值见表 4-10。

表 4-10 在用汽车和注册登记排放检验排放限值

类别	自由加速法	加载减速法		林格曼黑度法
	光吸收系数 /m^{-1} 或不透光度 /%	光吸收系数 /m^{-1} 或不透光度 /%[①]	氮氧化物（$\times 10^{-6}$）[②]	林格曼黑度（级）
限值 a	1.2（40）	1.2（40）	1 500	1
限值 b	0.7（26）	0.7（26）	900	

注：①海拔高度高于 1 500 m 的地区加载减速法可以按照每增加 1 000 m 增加 0.25 m^{-1} 幅度调整，总调整不得超过 0.75 m^{-1}；

②2020 年 7 月 1 日前限值 b 过渡限值为 1 200$\times 10^{-6}$。

1. 自由加速烟度法

自由加速烟度是柴油机工作过程中可见的最大烟度，特别是增压发动机。由于加速过程中涡轮增压器的响应滞后，使加速过程中空气量的增加速度小于燃油增加速度，空燃比下降，混合气混合、雾化和燃烧恶化，导致加速过程中排气烟度增加，因此，自由加速烟度在一定程度上能反映出柴油机混合气形成和燃烧状况。其被世界各国广泛用于在用柴油车的烟度检测，检测规范如图 4-20 所示。

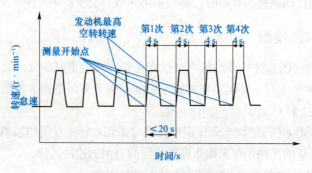

图 4-20 自由加速烟度检测规范

（1）车辆准备。车辆在不进行预处理的情况下也可以进行自由加速烟度试验。但出于安全考虑，试验前应确保发动机处于热状态，并且机械状态良好。发动机应充分预热，例如：在发动机机油标尺孔位置测得的机油温度至少为 80 ℃。由于车辆结构限制无法进行温度测量时，可以通过其他方法判断发动机温度是否处于正常运转温度范围内。在正式进行排放测量前，应采用三次自由加速过程或其他等效方法吹拂排气系统，以清扫排气系统中的残留污染物。

（2）检测方法。

1）通过目测进行车辆排气系统相关部件泄漏检查。

2）发动机（包括废气涡轮增压发动机），在每个自由加速循环的开始点均处于怠速状态，对重型车用发动机，将油门踏板放开后至少等待 10 s。

3）在进行自由加速测量时，必须在 1 s 的时间内，将油门踏板连续完全踩到底，使供油系统在最短时间内达到最大供油量。

4）对每个自由加速测量，在松开油门踏板前，发动机必须达到断油转速。对使用自动变速箱的车辆，应达到发动机额定转速（如果无法达到，不应小于额定转速的 2/3）。在测量过程中应监测发动机转速是否符合试验要求（特殊无法测得发动机转速的车辆除外），并将发动机转速数据实时记录并上报。

5）检测结果取最后三次自由加速烟度测量结果的算术平均值。

2．加载减速法

测量过程由两个阶段组成：第一个阶段进行功率扫描，确定最大轮边功率和对应的车速（发动机转速）。第二个阶段测量两个速度段的相关参数：最大功率点时的轮边功率和烟度；最大功率车速对应 80% 车速时的烟度和 NO_x 浓度，如图 4-21 所示。

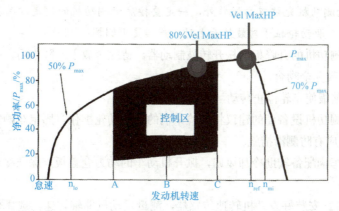

图 4-21 测量过程的两个阶段

加载减速法的主要仪器设备包括底盘测功机（轻型车和重型车）、不透光烟度计、柴油机转速传感器、气象站及主控计算机等，如图 4-22 所示。

（1）车辆准备。对车辆及发动机的要求：试验前应该对车辆的技术状况进行检查，以确定待检车辆是否能够进行后续的排放检测。待检车辆驾驶到底盘测功机上，按照规定的加载减速检测程序，检测最大轮边功率和相对应的发动机转速和转鼓表面线速度（VelMaxHP），并检测

图 4-22 加载减速法

VelMaxHP 点和 80%VelMaxHP 点的排气光吸收系数 K 及 80%VelMaxHP 点的氮氧化物。排气光吸收系数检测应采用分流式不透光烟度计。

加载减速过程中经修正的轮边功率测量结果不得低于制造厂规定的发动机额定功率的 40%，否则判定为检验结果不合格。

被测试车辆应采用符合国家标准的市售车用柴油，实际测试时，不应更换油箱中的燃料。进行检测时，如果发现受检车辆的车况太差，不适合进行加载减速法检测，应对车辆进行维修后才能进行检测。对紧密型多驱动轴或全时四轮驱动等不能按加载减速法进行试验的车辆可按自由加速法进行检测。检测过程中如果发动机出现故障，使检测工作中止时，必须待排除故障后重新进行排放检测。

（2）试验程序。在将车辆驾驶到底盘测功机前，应对受检车辆进行以下调整：中断车上所有主动型制动功能和扭矩控制功能（自动缓速器除外），如中断制动防抱死系统（ABS）、电子稳定程序（ESP）等。对无法中断车上主动型制动功能和扭矩控制功能的车辆，可采用自由加速法进行排放检测。关闭车上所有以发动机为动力的附加设备，如空调系统，并切断其动力传递机构。除检测驾驶员外，受检车辆不能载客，也不能装载货物，不得有附加的动力装置。必要时，可以用测试驱动桥质量的方法来判断底盘测功机是否能够承受待检车辆驱动桥的质量。检测员应按以下步骤将待检车辆驾驶到底盘测功机上。

1）举起底盘测功机的升降板，并检查是否已将转鼓牢固锁好。

2）小心将车辆驾驶到底盘测功机上，并将驱动轮置于转鼓中央位置。

注意：除底盘测功机允许双向操作外，一定要按底盘测功机的规定方向驶入，否则有可能损坏底盘测功机，当驱动轮位于转鼓鼓面上时，严禁使用倒挡。

3）放下底盘测功机的升降板，松开转鼓制动器。待完全放下升降板后，缓慢驾驶使受检车辆的车轮与试验转鼓完全吻合。

4）轻踩制动踏板使车轮停止转动，发动机熄火。

5）按照底盘测功机设备商的建议将受检车辆的非驱动轮楔住，固定车辆安全限位装置。对前轮驱动的车辆，应有防侧滑措施。

6）应为受检车辆配备辅助冷却风扇，掀开机动车的动力仓盖板，保证冷却空气流通顺畅，以防止发动机过热。

（3）试验准备。安装好发动机转速传感器，测量发动机曲轴转速。选择合适的挡位，使油门踏板在最大挡位置时，受检车辆的最高车速接近 70 km/h。由主控计算机判断底盘测功机是否能够吸收受检车辆的最大功率，如果车辆的最大功率超过了底盘测功机的功率吸收范围，不能在该测功机上进行加载减速检测。

（4）排气试验。试验前的最后检查和准备：在开始检测以前，应检查试验通信系统工作是否正常。在车辆散热器前方 1 m 左右处放置强制冷却风机，以保证车辆在检测过程中发动机冷却系统能有效地工作。

除检测人员外，在检测过程中，其他人员不得在测试现场逗留。车辆安置到位，将底盘测功机的举升机放下后，应对车辆进行低速运行检测，确保车辆运行处于稳定状态。

发动机应充分预热，例如：在发动机机油标尺孔位置测得的机油温度应至少为 80 ℃。因车辆结构无法进行温度测量时，可以通过其他方法使发动机处于正常运转温度。若传动系统处于冷车状态，应在底盘测功机无加载状态下低、中速运行车辆，使车辆的传动部件达到正常工作温度。

发动机熄火，变速器置空挡，将不透光式烟度计的采样探头置于大气中，检查不透光式烟度计的零刻度和满刻度。检查完毕后，将采样探头插入受检车辆的排气管，注意连接好不透光式烟度计，采样探头的插入深度不得低于 400 mm。不应使用尺寸太大的采样探头，以免对受检车辆的排气管压影响过大，影响输出功率。在检测过程中，应将采样气体的温度和压力控制在规定的范围内，必要时可对采样管进行适当冷却，但要注意不能使测量室内出现冷凝现象。

（5）试验步骤。正式检测开始前，检测员应按以下步骤操作，以使控制系统能够获得自动检测所需的初始数据：

1）启动发动机，变速器置空挡，逐渐加大油门踏板开度直至达到最大，并保持在最大开度状态，记录此时发动机的最大转速，然后松开油门踏板，使发动机回到怠速状态。

2）使用前进挡驱动被检车辆，选择合适的挡位，使油门踏板处于全开位置时，底盘测功机指示的车速最接近 70 km/h，但不能超过 100 km/h。对装有自动变速器的车辆，应注意不要在超速挡下进行测量。

使用计算机对按上述步骤获得的数据自动进行分析，判断是否可以继续进行后续的检测，被判定为不适合检测的车辆不允许进行加载减速检测。在确认机动车可以进行排放检测后，将底盘测功机切换到自动检测状态。

1）加载减速测试的过程必须完全自动化。在整个检测循环中，均由计算机控制系统自动完成对底盘测功机加载减速过程的控制。

2）自动控制系统采集两组检测状态下的检测数据，以判定受检车辆的排气光吸收系数 K 和 NO_x 是否达标，两组数据分别在 VelMaxHP 点和 80%VelMaxHP 点获得。

3）上述两组检测数据包括轮边功率、发动机转速、排气光吸收系数 K 和 NO_x，必须将不同工况点的测量结果都与排放限值进行比较。若测得的排气光吸收系数 K 或 NO_x 超过了标准规定的限值，均判定该车的排放不合格，如图 4-23 所示。

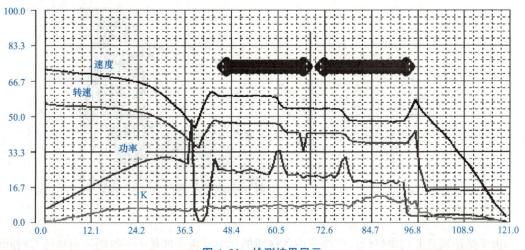

图 4-23 检测结果显示

检测开始后，检测员应始终将油门踏板保持在最大开度状态，直到检测系统通知松开油门踏板为止。在检测过程中检测员应实时监控发动机冷却液温度和机油压力。一旦冷却液温度超出了规定的温度范围，或者机油压力偏低，都必须立即暂时停止检测。当冷却液温度过高时，检测员应松开油门踏板，将变速器置空挡，使车辆停止运转。然后使发动机在怠速工况下运转，直到冷却液温度重新恢复到正常范围为止。检测过程中，检测员应时刻注意受检车辆或检测系统的工作情况。检测结束后，打印检测报告并存档。

（6）卸载程序。将受检车辆驶离底盘测功机以前，检测员应检查相关检测工作是否已经全部完成，是否完成相关检测数据的记录和保护。按下列步骤将受检车辆驶离底盘测功机。

从受检车辆上拆下所有测试和保护装置。将动力仓盖板复位。举起底盘测功机的升降板，锁住转鼓。去掉车轮挡块，确认受检车辆及其行驶路线周围没有障碍物或无关人员。车辆驾驶员在得到明确的驶离指令后，方可将受检车辆驶离底盘测功机，并停放到指定地点。

三、柴油机烟度分析

柴油机在正常工作温度下，其排气烟色应该是无色或淡灰色。所谓无色并不是完全无色，不是像汽油发动机那样无色，而是在无色中伴有淡淡的灰色，这是正常的排气烟色。柴油机在怠速时，以及在高速、高负荷时排气烟色可能会深一些。只有注意观察正常的排气烟色，才能对非正常的排气烟色进行判断和分析。柴油机燃料完全燃烧后，正常的排气烟色一般为淡灰色，负荷工作时为深灰色。柴油机在工作中会经常出现冒烟现象，其排烟有黑烟、蓝烟、白烟和灰烟四种，它们是判断柴油机故障的条件之一。

1．排气冒黑烟（碳烟）

黑烟也称碳烟，柴油机排气冒黑烟主要是由燃料混合气过浓、可燃混合气形成不良或燃烧不完全等原因造成的。柴油机在高温、高压燃烧条件下局部缺氧、裂解并脱氢而形成的以碳为主要成分的固体微小颗粒，是燃烧室内燃料燃烧不完全的表现，如图4-24所示。

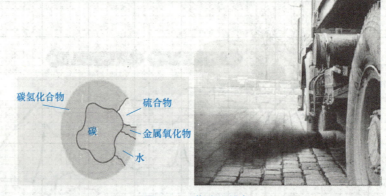

图4-24 柴油机排气

由于柴油机是非均质燃烧，燃烧室内各区域的化学反应条件是不一致的，而且随着时间而变化，所以，黑烟很可能是由许多不同途径生成的。柴油是复杂的碳氢化合物，喷入燃烧室内未燃烧的柴油受高温分解而形成炭黑，排气时随同废气一起排出而形成黑色烟雾。

某些情况下燃油喷射在燃烧室壁面上，形成液态油膜，油膜是最后蒸发的一部分，它的燃烧取决于其蒸发速度和燃料蒸气与氧气的混合速度。如果周围气体中氧气的浓度太低或混合的速度不够，则从油膜蒸发的燃料气体将被分解，并产生未燃烃、不完全氧化产物和黑烟。

按照上述定性描述，柴油机燃烧过程中黑烟的生成可以概括为三个阶段，即成核阶段、单粒阶段、单粒的燃烧消失或附聚成更大的絮团阶段。影响黑烟生成的主要原因如下：

（1）气门、活塞环、气缸套等磨损。气门、活塞环、气缸套磨损会引起压缩压力不足及机油上窜燃烧室，使气缸在压缩行程结束时混合气混合的正常比例发生改变，使燃油在无氧条件下燃烧，燃烧过程中容易产生积炭，排出的废气形成大量的黑色烟雾。

（2）燃烧室形状改变。燃烧室因制造质量及长期使用会导致技术状况下降，使压缩余隙过大、过小及活塞位置装错，都会使燃烧室形状和容积发生改变，从而影响燃油与空气混合的质量，使燃油的燃烧条件变坏。

（3）喷油器工作不良。柴油机的排气烟度与燃油雾化品质的关系密切，在柴油机喷油过程中，每次喷油临近结束时，喷油压力下降，雾化质量变差，使液滴直径比主要喷射阶段的油滴大 4～5 倍（体积约增大 100 倍），这些油滴蒸发与燃烧的时间短，周围氧气的浓度低，容易产生碳烟。喷油器不雾化、雾化不良或滴油会使燃料不能充分地与气缸内的空气混合，也不能完全燃烧。由喷油器工作不良引起的排黑烟现象在柴油发动机低速运转时较为明显，因为低速运转时气缸内的进气涡流较弱，油滴或油束被气流冲散的可能性减小并且停留的时间较长，更容易形成炭黑排出。

（4）供油量过大。供油量过大，使进入气缸内的油量增多，造成油多气少，燃油燃烧不完全。另外，工作负荷过重、燃油质量低劣、工作温度过低也会引起排气冒黑烟。

柴油机中燃料的高温裂解反应是不可避免的，特别是在空间混合燃烧的柴油机中，由于高温气体包围着液态的油滴，造成了有利于裂解反应的条件，因此，在燃烧初期产生了大量的碳粒。柴油机在正常燃烧时，在排气门打开以前，燃烧初期所形成的大量碳粒可以基本烧完，排气基本上是无烟的。只是在某些不利的工况下，碳粒不能及时燃烧反而团聚吸附，在气缸中和排气过程中形成了更大的碳烟粒子或絮团，使排气冒黑烟。

（5）供油提前角调整不当。供油提前角过大，燃油会过早地喷入燃烧室，由于此时汽缸内的压力和温度较低，故燃料不能着火燃烧。当活塞上行时，汽缸内达到一定的压力和温度，可燃混合气开始燃烧。

在直喷式柴油机中，当其他参数不变时，加大喷油提前角可以降低排气烟度。因为加大喷油提前角会使滞燃期加长，使着火前喷入汽缸的油量增加，预混合量增加，预混合气增多，加快了燃烧速度，燃烧可较早结束，从而使主燃期形成的碳粒具有较高的温度并在高温下停留较长的时间，有利于碳粒的氧化消失。然而过早地喷油会增加预混燃料量，使柴油机工作粗暴，燃烧噪声增大，并产生较大的机械负荷及较多的黑烟。

供油提前角过小，喷入汽缸内的燃油过迟，一部分燃料来不及形成可燃混合气就被分离或排出，致使部分在排气管中随废气排出的燃料受高温分解、燃烧，形成黑烟随废气一同排出。

2. 排气冒蓝烟

一般情况下排气冒蓝烟是由柴油机使用日久，慢慢开始烧机油而引起的。随着蓝烟的加重，烧机油越来越多，此时就应考虑维修柴油机了。有时燃油中混有水分，或有水分漏入燃烧室中，引起燃烧的改变，柴油机会冒浅蓝色的烟。影响蓝烟生成的主要因素如下：

（1）空气滤清器阻塞、进气不畅或油缸内油面过高，使进入汽缸内的气量减少，燃油混合气的正常比例发生改变，造成油多气少，燃油燃烧不完全，从而引起排气冒蓝烟。

（2）油底壳内的润滑油加入过多，柴油机运行中润滑油易窜入燃烧室。

（3）长期低负荷（标定功率的40%以下）运转，活塞与缸套之间的间隙过大，使油底壳内的润滑油容易窜入燃烧室，与汽缸中的燃料混合气混合，改变混合气的正常比例，导致燃烧不完全，从而引起排气冒蓝烟。

（4）活塞环卡住或磨损过多，弹性不足，安装时活塞环倒角方向装反，使机油进入燃烧室，润滑油燃烧后产生蓝色水气烟雾排出。

（5）机体通向气缸盖油道附近的汽缸垫烧毁，活塞、气缸套磨损，以及活塞环对口等状况会使润滑油上窜进入燃烧室，并与燃油混合气一同燃烧。

3. 排气冒白烟

白烟是指排气烟色为白色，它与无色不同，白色是水蒸气的颜色，表示排烟中含有水分或未燃烧的燃油成分。白烟呈液珠状态，和蓝烟相比其直径稍大，一般大于 1 μm。柴油发动机的白烟是未燃烃（含燃油和润滑油）、水蒸气及不完全燃烧的中间产物（如含氧、碳、氢），除水蒸气外，它们都属于微粒范畴。柴油机在刚启动时或冷机状态下排气管冒白烟，是由柴油机汽缸内温度低的油气蒸发而形成的，冬季尤为明显。柴油机在寒冷天气运行时温度低，排气管温度也低，由水蒸气排气凝结成水气而形成白色排烟是正常现象。当柴油机温度正常、排气管温度也正常时，仍然排出白烟，说明柴油机工作不正常，可判断为柴油机故障。影响白烟生成的主要因素如下：

（1）气缸套有裂纹或汽缸垫损坏，随着冷却水温度和压力的升高，冷却水进入汽缸，排气时容易形成水雾或水蒸气。

（2）喷油器雾化不良，喷油压力过低，有滴油现象。气缸中的燃油混合气不均匀，燃烧不完全，产生大量的未燃烃，排气时容易形成水雾或水蒸气。

（3）供油提前角过小。活塞上行至气缸顶前喷入气缸的燃油过少，形成较稀的可燃混合气，过迟的喷油减少了预混燃料量，预混合气量也随之减少，从而降低了燃烧速度，燃烧结束较晚，故形成大量的水气和烟雾。

（4）燃油中有水和空气。水和空气随着燃油喷射进气缸而形成不均匀的燃油混合气，导致燃烧不完全，从而产生大量的未燃烃排出机外。

（5）活塞、气缸套等磨损严重而引起压缩力不足，造成燃烧不完全。

（6）柴油机刚启动时，个别气缸内不燃烧（特别是冬天），未燃烧的燃油混合气随其他工作缸的废气排出而形成水气和烟雾。

任务实施

依照上述的尾气检测方法和操作步骤，按任务工单要求用烟度计对试验车辆进行尾气检测（表4-11），并记录相应的检测条件及结果，做出相应分析。

表 4-11　任务工单

班　级		姓　名		学　号	

柴油机尾气检测与分析

1. 填写车辆信息。

   车辆 VIN 码：_____

   车型：_____　生产年份：_____　发动机型号：_____　变速器型号：_____

2. 烟度计的功能介绍。

3. 烟度计的连接与操作（说明检测条件及操作注意事项）。

4. 检测结果记录与分析。

自我评价（个人技能掌握程度）：□非常熟练　□比较熟练　□一般熟练　□不熟练

教师评语（包括工作单填写情况、语言表达、态度及沟通技巧等方面，并按等级制给出成绩）

实训记录成绩_____　教师签字：_____　　年　　月　　日

1. 简要说明不透光式烟度计的工作原理。
2. 简述柴油车自由加速试验烟度检测方法。
3. 柴油车排烟不正常的原因有哪些?

项目五
汽车制动性能评定、检测与分析

工作任务一　汽车制动性能评定
工作任务二　汽车制动性能检测与分析

工作任务一 汽车制动性能评定

学习目标

知识目标：
1. 掌握汽车制动性能的评价指标；
2. 了解汽车制动装置的基本要求；
3. 掌握汽车制动性能检测相关标准。

技能目标
能够识别汽车制动系统部件。

素养目标
1. 能够遵守安全操作规范，具有安全意识；
2. 能够运用各种途径自主学习，崇尚工匠精神。

任务引入

汽车的制动性能是汽车重要的使用性能之一。制动性能的好坏直接关系到行车安全，性能良好和可靠的制动系统可保证行车安全，避免交通事故，反之，则很容易造成车毁人亡的恶性事故。同时，制动性能的好坏还会影响汽车动力性等其他使用性能的发挥。

相关知识

一、汽车制动性能及评价

汽车行驶时，能在短距离内迅速停车且维持行驶的方向稳定性、在下长坡时能维持一定的安全车速，以及在坡道上长时间保持停驻的能力，称为汽车的制动性能。汽车的制动性能直接关系着汽车的行驶安全。只有在保证行车安全的前提下才能充分发挥汽车的其他使用性能，如提高汽车的车速、机动性能等。汽车的制动性能主要从制动效能、制动抗热衰退性和制动稳定性三个方面来评价。

1. 制动效能

制动效能是指汽车迅速降低行驶速度直至停车的能力。评价制动效能的指标有制动距离、制动减速度、制动力和制动时间。为了更好地理解制动效能的评价指标，需对车辆的制动过程进行分析。图 5-1 所示是根据实测的汽车制动过程中制动减速度随制动时间变化的曲线绘制出的理想的制动减速度随制动时间变化的曲线。

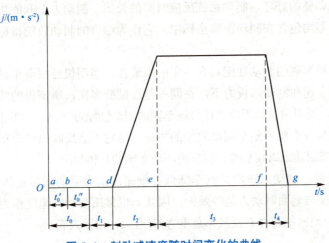

图 5-1　制动减速度随时间变化的曲线

驾驶员接收到需进行紧急制动的信号（图 5-1 中的 a 点）时并没有立即采取行动，而是经过 t_0' s 后才意识到应进行紧急制动，从 b 点移动右脚，经过 t_0'' s 后到 c 点，开始踩制动踏板。从 a 点到 c 点的时间 t_0 称为驾驶员的反应时间。

到达 c 点后，驾驶员踩下制动踏板，踏板力迅速增加至最大值。但由于制动踏板有一定的自由行程，而且要克服踏片回位弹簧的拉力，所以，要经过 t_1 s 后到达 d 点，此时制动器才开始产生制动作用，使汽车开始减速，这段时间称为制动系统的反应时间。

由 d 点到 e 点是制动器制动力的增大过程，车辆从开始产生减速度至达到最大稳定减速度所需要的时间 t_2 一般称为制动减速度（或制动力）上升时间。

从 e 点到 f 点的时间 t_3 为持续制动时间，在此期间制动减速度基本不变。

到达 f 点时，制动减速度开始减小，但制动解除还需要一段时间 t_4，这段时间称为制动释放时间。

综上所述，制动的全过程包括驾驶员发现信号后做出行动的反应、制动器开始起作用、持续制动和制动释放四个阶段。驾驶员的反应时间只与驾驶员自身有关，与车辆无关。在检验车辆时，驾驶员的反应时间可以忽略。驾驶员松开制动踏板后，制动释放过程会给下次起步行车带来影响，而对本次制动过程没有影响。所以在研究制动性能时，应着重研究从驾驶员踏着制动踏板开始到车辆停住这段时间（图 5-1 中的 $t_1+t_2+t_3$）内车辆的制动过程。

需要注意的是，制动释放过程给正常高速运行的汽车在"点刹"时带来的影响不可忽视，特别是同一轴上左、右车轮的制动释放时间不一致，会使高速运行的汽车在"点刹"时出现跑偏现象，影响汽车的安全运行。

（1）制动距离。制动距离是反映车辆制动效能比较简单而又直观的指标。从行车安全的角度来看，在行车中，如果遇到某些需要减速或采取紧急制动措施的情况时汽车能在较短的距离内停下来，则认为该车的制动效能良好。

制动距离是指车辆在一定的速度下制动，从脚接触制动踏板（或手触动制动手柄）时起至车辆停住时止的这段时间内车辆驶过的距离。它包括制动系统反应时间、制动减速度上升时间和以最大稳定减速度持续制动的时间内车辆在制动的全过程中所行驶的距离。

车辆制动系统调整的好坏、制动系统反应时间的长短、制动力上升的快慢及制动力使车辆产生减速度的大小等均包含在制动距离指标中。它作为综合的制动效能指标，为大多数国家评价制动性能所采用。

用制动距离检验车辆的制动性能具有一定的准确性。当用仪器测取车辆的制动距离时，对同一辆车在相同的车速和制动踏板力下，在同一路段试验多次，所测得的结果相同或很接近，试验的重复性较好，说明用制动距离来评价该车辆的制动性能可达到一定的准确度。

制动距离虽然是一个反映整车制动效能的指标，但它不能反映出各个车轮的制动状况及制动力的分配情况。当制动距离较长时，也反映不出车辆的具体故障。

（2）制动减速度。制动减速度是汽车降低行驶速度能力强弱的量化体现。对某一具体车辆而言，制动减速度与地面制动力是等效的，因此，也常用制动减速度作为评价制动效能的指标。制动减速度 j 与地面制动力 F 及汽车总重力 G_a 有关，用下式表示

$$j = \frac{g}{\delta \times G_a} F$$

式中　g——重力加速度；

　　　δ——汽车回转质量转换系数；

　　　G_a——汽车总重力（N）；

　　　F——地面制动力（N）。

制动减速度按测试、取值和计算方法的不同，可分为制动稳定减速度和充分发出的平均减速度。

1）制动稳定减速度 j_w。在用制动减速仪测取的制动减速度随时间变化的曲线中，取其最大稳定值（图 5-1 所示的 t_3 范围对应的稳定减速度值）为制动稳定减速度，用 j_w 表示。假设脱开发动机进行制动且车辆的各轮同时制动到全滑移状态。此时，制动力 F_1 与车辆的惯性力 F_2 相等，则根据制动平衡方程式：

$$F_1 = F_2$$
$$F_1 = G_a \phi, \quad F_2 = m j_w$$

又因为 $G_a = mg$，故可得

$$mg\phi = m j_w$$

即

$$j_w = \phi g$$

式中　G_a——汽车总重力；

　　　j_w——车辆的制动稳定减速度（m/s²）；

　　　ϕ——轮胎与路面间的附着系数；

　　　m——车辆总质量（kg）；

　　　g——重力加速度（m/s²）。

通常汽车制动到全滑移状态时，制动稳定减速度等于路面的附着系数和重力加速度的乘积。制动稳定减速度也是评价车辆制动性能的指标之一。

用制动减速仪来检验车辆的制动减速度时，从理论上讲，制动初速度的大小对测量值没有影响，测试时受路面不平整度的影响较小，测量仪器本身结构简单、使用方便。

2）充分发出的平均减速度 MFDD。充分发出的平均减速度是在车辆制动试验中用速度计测得了制动过程中车辆的速度和驶过的距离，然后根据下列公式计算得出。

$$MFDD = \frac{v_d^2 - v_e^2}{25.92(S_e - S_b)}$$

式中　$MFDD$——充分发出的平均减速度（m/s²）；
　　　v_b——车辆的速度，即 $0.8v_0$（km/h）；
　　　v_e——车辆的速度，即 $0.1v_0$（km/h）；
　　　S_b——车速从 v_0 到 v_b 时驶过的距离（m）；
　　　S_e——车速从 v_0 到 v_e 时驶过的距离（m）。

（3）制动力。车辆行驶过程中能强制地减速停车，最本质的因素是制动器所产生的摩擦阻力，即制动力。因此，制动力是本质上评价制动效能的指标。

当车轮同时制动到全滑移状态时，制动力 FT 与制动减速度的关系如下：

$$FT = mj = \frac{G_a}{g}j$$

式中各符号的含义同前。

从上式可以看出，制动减速度是随制动力的增加而增大的。用制动力这一指标来评价车辆的制动性能，不仅可以规定整车制动力的大小，还可以对前轴、后轴制动力的合理分配及每轴两轮的平衡制动力差提出要求，从而保证车辆各轮的制动性能良好，并且可使各轮的附着重量得到合理的发挥。为了较全面地检验车辆的制动性能，用制动力作为评价指标时，在规定了制动力的大小、合理分配及平衡制动力差的同时，还要规定制动协调时间。

用制动检测台检测制动力来评价车辆的制动性能，主要反映制动系统对整车制动性能的影响，而反映不出制动系统以外的因素（如悬架钢板弹簧的刚度不同等）对整车制动性能的影响。

（4）制动时间。从图 5-1 可以看出，用测量制动系统反应时间 t_1、制动减速度上升时间 t_2、最大减速度下持续制动时间 t_3、制动释放时间 t_4，也可以评价车辆制动性能的好坏。其中起主要作用的是持续制动时间 t_3，但制动系统的反应时间 t_1 和制动减速度上升时间 t_2，也就是制动协调时间（t_1+t_2）对制动距离的影响，是不可忽视的。在急踩制动踏板时，从制动踏板开始动作至车辆减速度（或制动力）达到标准规定充分发出的平均减速度（或制动力）的 75% 时所需的时间，称其为制动协调时间。制动系统反应时间的长短，可反映出制动系统调整的状况，特别是制动踏板自由行程调整是否合适。制动力（或制动减速度）上升时间 t_2 的长短，可以反映出制动力（或制动减速度）上升的快慢，从而间接地反映出制动性能的优劣。制动释放时间 t_4，可反映出从松开制动踏板到制动完全消除所需要的时间，从而可以看出制动释放是否满足使用要求。

制动时间是一个间接评价制动性能的指标，一般很少将它作为一个单独的参数来评价车辆的制动效能，但是它作为一个辅助的评价指标，有时是不可缺少的。

2. 制动抗热衰退性

检验汽车制动性能可以在制动器"冷态"和"热态"等不同的情况下进行。"冷态"试验一般是指制动器温度不超过 100 ℃时进行的测量汽车制动性能的试验；汽车制动抗热衰退性能是指汽车高速制动、短时间重复制动或下坡连续制动时制动性能的热稳定性，此时视为热态试验。制动过程实际上就是制动器产生摩擦阻力的过程，其摩擦材料的工作温度一般可达 300 ℃ ~ 400 ℃，在制动过程中，制动器温度不断提高，制动器摩擦系数下降，制动器摩擦阻力矩减小，从而使制动性能变差，这种现象称为热衰退现象。因此，可以用制动器处于热状态时能否保持冷状态时的制动性能来评价汽车的制动抗热衰退性能，该性能是衡量制动性能恒定性的一个指标。

随着高速公路的发展、汽车车速的提高，对汽车制动性能的恒定性要求也越来越高，但由于测试方法较复杂，故在一般汽车综合检测站较难实施，对于在用汽车也无须检测制动抗热衰退性能。一般抗热衰退性能试验只在汽车定型试验时进行，而对于一般的在用车辆，可通过冷态试验来检验其制动性能。

3. 制动稳定性

汽车在制动过程中有时会出现制动跑偏、侧滑现象而使汽车失去控制以致偏离原来的行驶方向，甚至发生驶入对方车辆行驶轨道、下沟或滑下山坡等危险。汽车在制动过程中维持直线行驶的能力或按预定弯道行驶的能力称为制动时汽车的方向稳定性，简称为制动稳定性。

制动稳定性通常用制动时按给定轨迹行驶的能力来评价，即按汽车制动时维持直线行驶或预定弯道行驶的能力来评价。在国际上，通常是用汽车直线行驶在一定的速度下制动时不偏离规定的试车通道来评价。在台架检测汽车的制动性能时，通常用汽车各轴左、右轮制动力的平衡情况来评价汽车的制动稳定性。

汽车的制动稳定性差主要表现为制动跑偏和车轮侧滑。制动跑偏是指汽车制动时不能按直线方向减速或停车而无控制地向左或向右偏驶的现象。

影响制动跑偏的因素很多，其中主要原因是汽车左、右轮制动器的制动力不相等或制动力增大的快慢不一致。特别是左、右车轮制动器的制动力不相等，更容易引起跑偏。悬架系统的结构与刚度、车轮定位角度、轮胎的机械特性、道路状况、轮荷的分配状态等都会引起跑偏。另外，制动时悬架导向杆系在运动学上的不协调也会引起车辆跑偏。

汽车在制动过程中，当车轮未抱死制动时，车轮尚具有承受一定侧向力的能力，在一般横向干扰力的作用下不会发生制动侧滑现象。但当车轮抱死制动时，车轮承受侧向力的能力几乎全部丧失，这时汽车在横向干扰力的作用下极易发生侧滑。

侧滑对汽车制动稳定性的影响取决于发生车轮抱死滑移的位置，一般制动时前轮先抱死滑移，车辆能维持直线减速停止，汽车处于稳定状态，但此时车辆将丧失转向能力，对在弯道上行驶的车辆是十分危险的。若后轮比前轮提前一定的时间先抱死，则车辆在侧向干扰力的作用下将发生急剧甩尾或旋转，使车辆丧失制动稳定性。高速行驶的车辆若出现这种制动不稳定现象则更加危险。

为了提高车辆的制动稳定性，首先在设计时就应保证各轮的制动力适当并在各轴之间合理地分配制动力，有的在汽车上装有制动力分配调节装置，如限压阀、比例阀、感载阀等，近年已发展到采用计算机控制的汽车电子防抱死制动装置等。在车辆投入使用后，应经常检查、调整，以保持左、右轮制动力平衡，提高制动稳定性。当车辆抱死产生侧滑时，应立即放松制动踏板，停止制动，降低车速，把转向盘朝着侧滑的一方转动。当车辆的位置调整好后，应平稳地把转向盘转到原来的位置。

前面讨论的评价指标主要是评价汽车制动时制动性能的好坏。当需要解除制动时，制动装置能否迅速而彻底地解除制动也会影响行车安全。

在行车中踩下制动踏板后再抬起，若不能迅速解除制动，则说明仍有制动作用，这种现象称为制动拖滞。车辆制动拖滞现象的出现虽然不能立即引起行车事故，但如果不及时排除故障，将会导致制动系统损坏，特别是制动器过热、制动蹄片烧蚀等会降低车辆的制动性能。因此，控制车辆的阻滞力也被列为制动性能的检测项目。

二、制动装置

汽车应设置足以使其减速、停车和驻车的制动系统，应具有行车制动、应急制动和驻车制动功能。应急制动是行车制动系统具有应急特性或与行车制动分开的系统。行车制动的控制装置与驻车制动的控制装置应相互独立。

1. 行车制动

（1）行车制动必须保证驾驶员在行车过程中能控制汽车安全并有效地减速和停车。

（2）行车制动必须是可控制的，且必须保证驾驶员在其座位上双手不离开转向盘就能实现制动。

（3）行车制动系统制动踏板的自由行程应符合汽车制造厂规定的与该车有关的技术条件。

（4）行车制动在产生最大制动作用时的踏板力对于乘用车应不大于 500 N，对于其他车辆应不大于 700 N。

（5）液压行车制动在达到规定的制动性能时，踏板行程（含空行程，下同）不得超过全行程的 3/4；制动器装有自动调节间隙装置的车辆的踏板行程不得超过全行程的 4/5，且对于乘用车踏板行程不得超过 120 mm，其他类型车辆不得超过 150 mm。

（6）气压制动系统必须装有限压装置，以确保储气筒内气压不超过允许的最高气压。

（7）装备储气筒或真空罐的汽车均应采用单向阀或相应的保护装置，以保证在筒（罐）与压缩空气源（真空源）连接失效或漏损的情况下，由筒（罐）提供的压缩空气（真空度）不致全部丧失。

（8）储气筒的容量应保证在调压阀调定的最高气压下，且在不继续充气的情况下，汽车在连续五次踩到底的全行程制动后气压不低于起步气压（未标明起步气压的，按 400 kPa 计）。

（9）采用气压制动系统的车辆，发动机在 75% 的额定功率转速下，4 min（汽车为 6 min，城市铰接公共汽车和无轨电车为 8 min）内气压表的指示气压应从零开始升至起步气压（未标明起步气压的，按 400 kPa 计）。

（10）车辆的行车制动必须采用双回路或多回路。

（11）采用真空助力的行车制动系统，当真空助力器失效后，制动系统仍能保持规定的应急

制动性能。

（12）在车辆运行过程中不应发生自行制动现象。当挂车与牵引车意外脱离后，挂车能自行制动，牵引车的制动仍然有效。

（13）汽车防抱死制动装置是改善汽车制动稳定性较好的制动装置，是汽车重要的制动安全结构。

（14）采用液压行车制动的汽车，其储液器的加注口必须易于接近，从结构设计上必须保证在不打开容器的条件下就能很容易地检查液面。若不能满足此条件，则必须安装制动液面过低报警装置。采用气压行车制动的汽车，当制动系统的气压低于起步气压时，报警装置应能连续不断地向驾驶员发出容易听到或看到的报警信号。对于安装了防抱死制动装置的汽车，当防抱死制动装置失效时，报警装置应能连续不断地向驾驶员发出容易听到或看到的报警信号。

2. 应急制动

（1）应急制动如果不是独立系统，则行车制动必须具有应急制动特性，驻车制动不能单独作为应急制动。事实上对于小型汽车只有行车制动装置，制动管路对角线布置时才能达到规定的应急制动性能要求，而大、中型车辆必须装备独立的应急制动装置。

（2）应急制动应是可以控制的，应急制动系统的布置应使驾驶员容易操作，驾驶员在座位上用一只手握住转向盘，就可以实现制动。它的操纵机构可以与行车制动系统的操纵机构结合，也可以与驻车制动系统的操纵机构结合，但三个操纵机构不得结合在一起。

3. 驻车制动

（1）驻车制动应能使车辆在没有驾驶员的情况下，也能停在上、下坡道上。驾驶员应在座位上就可以实现驻车制动。

（2）挂车的驻车制动装置应能由站在地面上的人实施操作。

（3）施加于驻车制动操纵装置的力：用手操纵时，座位数不大于9座的载客汽车应不大于400 N，其他车辆应不大于600 N；用脚操纵时，座位数不大于9座的载客汽车应不大于500 N，其他车辆应不大于700 N。

（4）驻车制动操纵装置的安装位置应适当，其操纵装置应有足够的储备行程（开关类操纵装置除外），一般应在操纵装置全行程的2/3以内产生规定的制动性能；驻车制动机构装有自动调节装置时，允许在全行程的3/4以内达到规定的制动性能。

（5）驻车制动应通过纯机械装置把工作部件锁止。采用弹簧储能制动装置做驻车制动时，应保证在失效状态下能快速地解除驻车状态；如需要使用专用工具，应随车配备。

三、制动检测标准

1. 台试检测标准

（1）行车制动性能的要求。

1）制动力要求。汽车、汽车列车、无轨电车和农用运输车在平板式制动检测台上测出的制动力应符合《机动车运行安全技术条件》（GB 7258—2017）的规定，见表5-1。对空载检测制动力有疑问时，可按照表5-1中规定的满载检测制动力要求进行检测。

表 5-1　台试检测制动力要求

机动车类型	制动力总和与整车重量的百分比		轴制动力与轴荷[a]的百分比	
	空载	满载	前轴[b]	后轴[b]
三轮汽车	—	—	—	≥ 60[c]
乘用车、其他总质量小于等于 3 500 kg 的汽车	≥ 60	≥ 50	≥ 60[c]	≥ 20[c]
铰接客车、铰接式无轨电车、汽车列车	≥ 55	≥ 45	—	—
其他汽车	≥ 60[d]	≥ 50	≥ 60[e]	≥ 50[e]
挂车	—	—	—	≥ 55[f]
普通摩托车	—	—	≥ 60	≥ 55
轻便摩托车	—	—	≥ 60	≥ 50

注：[a] 用平板式制动检测台检验乘用车、其他总质量小于等于 3 500 kg 的汽车时应按左、右轮制动力最大时刻所分别对应的左、右轮动态轮荷之和计算。
[b] 机动车（单车）纵向中心线中心位置以前的轴为前轴，其他轴为后轴；挂车的所有车轴均按后轴计算；用平板式制动检测台测试并装轴制动力时，并装轴可视为一轴。
[c] 空载和满载状态下测试均应满足此要求。
[d] 对总质量小于准备质量的 1.2 倍的专项作业车应大于 50%。
[e] 满载测试时后轴制动力百分比不做要求；空载用平板式制动检测台检测时应大于等于 35%；总质量大于 3 500 kg 的客车，空载用反力滚筒式制动检测台测试时应大于等于 40%，用平板式制动检测台检测时应大于等于 50%。
[f] 满载状态下测试时应大于等于 45%。

2）制动力平衡要求（两轮、边三轮摩托车和轻便摩托车除外）。在制动力增长全过程中同时测得的左、右轮制动力差的最大值与全过程中测得的该轴左、右轮最大制动力中的较大者（当后轴制动力小于该轴轴荷的 60% 时，为与该轴轴荷）之比，对新注册车和在用车应分别符合《机动车运行安全技术条件》（GB 7258—2017）的规定，见表 5-2。

表 5-2　台试检测制动力平衡要求

项目	前轴	后轴	
		轴制动力大于等于该轴轴荷 60% 时	前动力小于该轴轴荷 60% 时
新注册车	≤ 20%	≤ 24%	≤ 8%
在用车	≤ 24%	≤ 30%	≤ 10%

3）制动协调时间要求。对液压制动的汽车，制动协调时间不应大于 0.35 s；对气压制动的汽车，制动协调时间不应大于 0.60 s；对汽车列车、铰接式客车、铰接式无轨电车，制动协调时间不应大于 0.80 s。

4）车轮阻滞力要求。车轮阻滞力是指行车和驻车制动装置处于完全释放状态，将变速器置空挡位置时平板式制动检测台的驱动轮所需的作用力。汽车各车轮的阻滞力不得大于该轴轴荷的 5%。

（2）驻车制动性能的要求。当采用平板式制动检测台检测车辆的驻车制动力时，车辆空载，乘坐一名驾驶员，使用驻车制动装置，驻车制动力总和不应小于该车在测试状态下整车重量的 20%；而对于总质量为整备质量 1.2 倍以下的机动车，应不小于 15%。

将被测车辆驶上坡度为 20%（总质量为整备质量的 1.2 倍以下的车辆为 15%）、附着系数不小于 0.7（混凝土或沥青路面）的驻车试验台上，按正、反两个方向保持固定不动，其时间不少于 5 min，检验车辆的驻车制动是否符合要求。

（3）制动踏板力的要求。行车制动在产生最大制动作用时的踏板力，对于座位数不大于 9 的载客汽车不应大于 500 N，对于其他车辆不应大于 700 N。

（4）制动完全释放时间的要求。汽车制动完全释放时间（从松开制动踏板到制动消除所需要的时间）对两轴汽车不大于 0.80 s，对三轴及三轴以上的汽车不大于 1.2 s。

2．路试检测标准

（1）制动距离和制动稳定性要求。在规定初速度下的制动距离和制动稳定性要求应符合表 5-3 的规定。对空载检测的制动距离有疑问时，可按照表 5-3 中规定的满载检测的制动距离进行检测。

表 5-3　制动距离和制动稳定性要求

机动车类型	制动初速度 /（km·h^{-1}）	空载检测制动距离要求 /m	满载检测制动距离要求 /m	试验通道宽度 /m
三轮汽车	20	≤ 5.0		2.5
乘用车	50	≤ 19.0	≤ 20.0	2.5
总质量小于等于 3 500 kg 的低速货车	30	≤ 8.0	≤ 9.0	2.5
其他总质量小于等于 3 500 kg 的汽车	50	≤ 21.0	≤ 22.0	2.5
铰接客车、铰接式无轨电车、汽车列车中（乘用车列车除外）	30	≤ 9.5	≤ 10.5	3.0[a]
其他汽车、乘用车列车	30	≤ 9.0	≤ 10.0	3.0[a]
两轮普通摩托车	30	≤ 7.0		—

续表

机动车类型	制动初速度/(km·h^{-1})	空载检测制动距离要求/m	满载检测制动距离要求/m	试验通道宽度/m
边三轮摩托车	30	≤8.0		2.5
正三轮摩托车	30	≤7.5		2.3
轻便摩托车	20	≤4.0		—
轮式拖拉机运输机组	20	≤6.0	≤6.5	3.0
手扶变型运输机	20	≤6.5		2.3

注：a 对车宽大于2.55 m的汽车和汽车列车，其试验通道宽度（单位：m）为"车宽（m）+0.5"。

（2）充分发出的平均减速度和制动稳定性要求。汽车、汽车列车在规定的初速度下急踩制动时充分发出的平均减速度和制动稳定性要求应符合表5-4的规定。对空载检测的充分发出的平均减速度有疑问时，可按照表5-4中规定的满载检测的充分发出的平均减速度进行检测。

表5-4 充分发出的平均减速度和制动稳定性要求

机动车类型	制动初速度/(km·h^{-1})	空载检测充分发出的平均减速度/(m·s^{-2})	满载检测充分发出的平均减速度/(m·s^{-2})	试验通道宽度/m
三轮汽车	20	≥3.8		2.5
乘用车	50	≥6.2	≥5.9	2.5
总质量小于等于3 500 kg的低速火车	30	≥5.6	≥5.2	2.5
其他总质量小于等于3 500 kg的汽车	50	≥5.8	≥5.4	2.5
铰接客车、铰接式无轨电车、汽车列车（乘用车列车除外）	30	≥5.0	≥4.5	3.0^a
其他汽车、乘用车列车	30	≥5.4	≥5.0	3.0^a

注：a 对车宽大于2.55 m的汽车和汽车列车，其试验通道宽度（单位：m）为"车宽（m）+0.5"。

1．汽车制动性能与汽车效能有何不同？
2．对汽车制动系统的要求有哪些？
3．汽车制动性能的检测标准有哪些？

 汽车制动性能检测与分析

学习目标

知识目标：
1．了解制动检测台的结构与工作原理；
2．能够根据检测结果对车辆的制动性能做出评价。

技能目标：
能够使用检测设备对车辆进行制动性能检测。

素养目标：
1．能够遵守安全操作规范，具有安全意识；
2．能够运用各种途径自主学习，崇尚工匠精神。

 任务引入

　　制动性能检测是汽车安全性能检测的重点项目之一。制动性能检测一般分为台试检测和路试检测。台试检测制动性能通常使用反力滚筒式或平板式制动检测台，主要检测参数为制动力。反力滚筒式制动检测台和平板式制动检测台均有一定的局限性，包括承载能力限制及车辆结构限制，因而并不是所有类型的车辆均能进行台试检测。对于不能进行台试检测的车辆及对台试检测的结果有争议时，均需进行路试检测。路试检测车辆的整车性能时，经常要使用五轮仪、制动减速仪等来检测车辆的制动距离、制动时间和制动减速度。

一、制动性能检测设备

根据《机动车运行安全技术条件》(GB 7258—2017)的规定,机动车可以用制动距离、制动减速度和制动力来衡量制动性能,只要其中之一符合要求,即判为合格。检测设备主要采用制动减速仪和制动检测台。

用制动减速仪检测汽车的制动性能时,需在路试中进行;台试检测使用制动检测台。与路试检测相比,台试检测具有迅速、准确、经济、安全,以及不受自然条件的限制、试验重复性好和能定量地指示出各车轮的制动力等优点,因而在国内外获得了广泛应用。

制动检测台有多种类型,按测量原理不同,可分为反力式和惯性式;按支承车轮的形式不同,可分为滚筒式和平板式;按检测参数不同,可分为测制动力式、测制动距离式和多功能综合式;按测量装置至指示装置传递信号的方式不同,可分为机械式、液压式和电气式;按同时能测车轴数的不同,可分为单轴式、双轴式和多轴式。在上述类型中,反力滚筒式及惯性平板式制动检测台应用广泛。

1. 反力滚筒式制动检测台

(1)结构。单轴反力滚筒式制动检测台的结构如图5-2所示。它由框架、驱动装置、滚筒装置、测量装置、举升装置、指示与控制装置等组成。为使制动检测台能同时检测车轴两端左、右车轮的制动力,除框架、指示与控制装置外,其他装置是分别独立设置的。

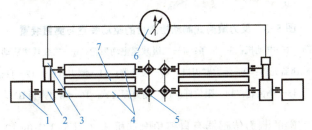

图5-2 单轴反力滚筒式制动检测台的结构

1—电动机;2—减速器;3—测量装置;4—滚筒装置;5—链传动;
6—指示与控制装置;7—举升装置

1)驱动装置。驱动装置由电动机、减速器和链传动等组成。电动机的转动通过减速器内的蜗轮蜗杆传动和一对圆柱齿轮传动后传递给主动滚筒,主动滚筒又通过链传动将动力传递给从动滚筒。减速器与主动滚筒共用一轴,减速器壳体处于浮动状态。

2)滚筒装置。滚筒装置由四个滚筒组成。每对滚筒独立设置,有主动滚筒和从动滚筒之分。每个滚筒的两端分别用滚动轴承支承,被测车轮被置于两滚筒之间。为使滚筒与轮胎的附着系数与路面相接近,在滚筒圆周表面上沿轴线方向开有间隔均匀、有一定深度的若干沟槽,附着系数可达0.6~0.7。当车轮抱死时,这种带沟槽的滚筒有剥伤轮胎和附着系数仍显不足的缺点。因此,在国产反力滚筒式制动检测台中,已越来越多地出现在圆周表面覆盖一定厚度的黏砂、烤砂或其他材料以代替沟槽的滚筒。这种带有涂覆层的滚筒表面几乎与道路表面一致，模拟性好，附着系数高（干态可达 0.9，湿态不低于 0.8），是比较理想的滚筒表面。

3）测量装置。测量装置主要由测力杠杆、测力传感器和测力弹簧等组成。测力杠杆的一端与测力传感器连接，另一端与减速器连接。连接的方式一般有两种：一种是将测力杠杆直接固定在减速器壳体上；另一种是测力杠杆通过轴承松套在框架的支承轴上，其尾端作用有固定在减速器壳体上的带有刃口的传力臂，如图 5-3 所示。当浮动的减速器壳体前端向下移动时，采用第一种连接方式的测力杠杆的前端也向下移动；采用第二种连接方式的测力杠杆通过传力臂刃口的作用使其前端向上移动，并拉伸测力弹簧 A 与测力弹簧 B。测力弹簧 A 与测力弹簧 B 在不同的测量范围内起作用。如国产 ZD-6000 型制动检测台，制动力在 0～4 000 N 范围内，测力弹簧 A 起作用；制动力在 4 000~20 000 N 范围内，测力弹簧 A 与弹簧 B 共同起作用。

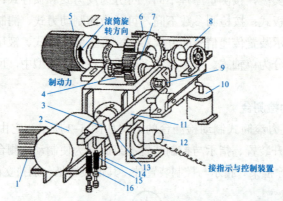

图 5-3 反力滚筒式制动检测台的驱动装置与测量装置

1、5 滚筒；2—电动机；3—齿条；4—二级减速主动齿轮；6—二级减速从动齿轮；
7—蜗轮；8—减速器壳体；9—传力臂刃口；10—缓冲器；11—测力杠杆；12—自整角电动机；
13—小齿轮；14—限位杆；15—测力弹簧 A；16—测力弹簧 B

安装在测力杠杆前端的测力传感器有自整角电动机式（图 5-3 中的 12）、电位计式、差动变压器式或电阻应变片式等多种类型，它能把测力杠杆的位移或力变成反映制动力大小的电信号送入指示与控制装置。

以上所述的驱动装置、滚筒装置和测量装置，均可直接或间接安装在框架上。

4）举升装置。为了便于汽车出入检测台，在两个滚筒之间设有举升装置。举升装置一般由举升器、举升平板和控制开关等组成。每个举升平板下一般设置 1～2 个举升器。常见的检测台举升器主要有气压式、液压式和电动机械式三种类型。气压式举升器有气缸式和气囊式之分，两者均以压缩空气为动力，以驱动气缸中的活塞上移或使气囊向上变形，从而完成举升工作。液压式举升器为液压缸式，以油液为动力驱动液压缸中的活塞上移，从而完成举升工作。电动机械式举升器由电动机通过减速器带动螺母转动，迫使丝杠向上运动以完成举升工作。

有些反力滚筒式制动检测台的两个滚筒之间设置了一根直径比较小的第三滚筒，其上带有转速传感器。当车轮制动接近抱死时，第三滚筒上的转速传感器送出的电信号可使滚筒立即停止转动,以防止轮胎被剥伤,从而延长其使用寿命。

5) 指示与控制装置。目前,检测线制动检测台的指示与控制装置均采用计算机式,测力传感器送来的电信号经处理后,由工位测控计算机及检验程序指示器显示并发往主控计算机。制动过程中,当左、右车轮的制动力之和大于一定值时,计算机即开始采集数据,采集时间为3 s。3 s后计算机发出指令使电动机停转,以防止轮胎被剥伤。

(2) 工作原理。汽车开上反力滚筒式制动检测台,使被检车轴左、右车轮处于每对滚筒之间,放下举升器,启动电动机,通过减速器、链传动使主、从动滚筒带动车轮低速旋转,然后用力踩下制动踏板。此时,车轮制动器产生的摩擦力矩作用在滚筒上,与滚筒的转动方向相反,因而产生一反作用力矩。如图5-4所示,减速器壳体在这一反作用力矩的作用下,其前端发生绕其输出轴向下的偏转,迫使测力杠杆前端向下或向上移动,通过测力传感器将其转换成反映制动力大小的电信号,由计算机采集、处理后指令电动机停转,并由指示与控制装置指示或由打印机打印检测到的制动力数值。

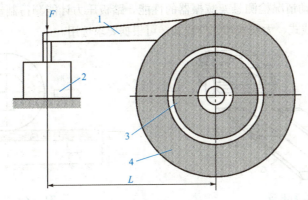

图 5-4 制动力测试原理

1—测力臂;2—测力传感器;3—电动机(或变速箱)定子;4—电动机转子

需要指出的是,制动力的诊断参数标准是以轴制动力占轴荷的百分比为依据的,因此,必须在测得轴荷和轴制动力后才能评价轴的制动性能。所以,反力滚筒式制动检测台需要配备轴重计或轮重仪。有些反力滚筒式制动检测台本身带有内藏式轴重测量装置(称为复合式制动检测台),可不必再单独设置轴重计或轮重仪。

另外,在反力滚筒式制动检测台上检测多轴汽车并装轴(如三轴汽车的中轴和后轴)的制动力而其中任一轴的传动关系又不能单独脱开时,无须在检测台前、后布置自由滚筒。此时,按多轴汽车并装轴检测程序进行检测,只要一组滚筒的驱动电动机正转,而另一组滚筒的驱动电动机反转,测完制动后两电动机再反方向重测一次,每一次只采集车轮正转时的制动力数据,即可完成该轴制动力的检测,而相邻另一并装轴在地面上的车轮不转动。这种检测方法除无须使用制动检测台的前、后两套自由滚筒外,还减小了占地面积,降低了资金投入。

2. 平板式制动检测台

由于平板式制动检测台具有结构简单、测试方便、不需要模拟转动惯量,测试精度不受车轮直径大小的影响,以及测试过程更接近实际制动过程等优点,因此,在检测设备出现的早期就有所应用。有些平板式制动检测台不仅能检测制动性能，还能检测轴重、侧滑和悬架的技术状况等，因而又称为平板式检测设备或平板式底盘检测设备。

平板式检测设备由测试平板、数据处理系统和踏板力计等组成，如图 5-5 所示。测试平板一共有 6 块，其中 4 块做制动、悬架、轮荷测试用，1 块做侧滑测试用，还有 1 块为空板，不起任何测试作用。

测试平板由面板、底板、钢球和力传感器等组成。图 5-6 所示的底板作为底座固定在混凝土地面上，面板通过压力传感器和钢球支承在底板上，其纵向则通过拉力传感器与底板相连。压力传感器用于测量作用于面板上的垂直力；拉力传感器用于测量沿汽车行驶方向，轮胎作用于面板上的水平力。垂直力和水平力的大小变化分别对应压力传感器和拉力传感器所输出的电信号的变化。压力传感器和拉力传感器输出的电信号由计算机采集、处理后被换算成制动力和轮荷的大小并分别在装置上显示出来。如果装有无线式踏板压力计，则平板式制动检测台不仅可测出最大制动力，还可提供制动力随时间变化的曲线、制动协调时间等信息，并可根据垂直力在制动过程中的波动情况检测悬架减振器的性能。踏板压力计能测得制动时作用在制动踏板上的力，其形式有有线式、无线式和红外线式，可根据要求选用。

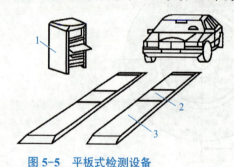

图 5-5 平板式检测设备

1—数据处理系统；2—踏板力计；3—测试平板

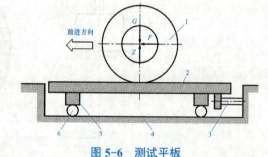

图 5-6 测试平板

1—车轮；2—平板；3—拉力传感器；4—底板；
5—压力传感器；6—支承钢球

3. 制动减速度仪

制动减速度仪以检测制动稳定减速度和制动时间为主，用于整车道路试验。制动减速度仪多为计算机式智能化仪器，一般由仪器和传感器两部分组成，并附带一个脚踏开关。仪器和传感器既可以制成整体式，装在一个壳体内，又可以制成分体式，两者用导线相连接。

制动减速度仪的传感器有滑块式和摆锤式两种。常见的滑块式传感器由光电转换机构、弹簧和滑块机构组成，如图 5-7 所示。汽车制动时，在惯性力的作用下，滑块克服弹簧的拉力发生位移，位移量与汽车减速度的大小成正比。为尽量减小弹簧、滑块组合产生的简谐振动，可由阻尼杆产生适当的阻尼作用。光电转换机构由发光二极管、光敏晶体管、定光栅和动光栅组成。当滑块发生位移时，与滑块固定为一体的齿条通过与之啮合的齿轮使动光栅转动，光敏晶体管接收到时通时断的光信号，并将其变成电脉冲信号送入仪器。仪器接到脚踏开关的闭合信号后，对传感器送来的信号进行整形、放大、分析、处理，最后显示制动减速度和制动时间。

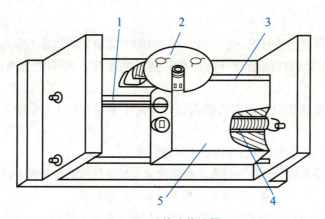

图 5-7 滑块式传感器

1—阻尼杆；2—光电转换机构；3—齿条；4—弹簧；5—滑块机构

应用比较多的制动减速度仪以便携式为主，是专门用于路试检测车辆充分发出的平均减速度 MFDD 及制动协调时间的仪器，尤其适用机动车安全技术检验。便携式制动性能测试仪的优点如下：

（1）测定 MFDD 时，制动初速度的偏差对 MFDD 的检测结果影响较小，因此，对制动初速度的要求相对较宽松，路试检测制动性能的成功率较高，但准确率基本上不会受到影响。

（2）体积小、质量轻，安装和操作方便，无须与车辆进行机械和电气连接，所有功能均以菜单形式进行操作，通过少数按键的操作就可以完成所需的功能，一名检验员仅用 5 min 就可以完成一次路试制动性能检测。

二、制动性能检测方法

1．准备工作

（1）检测台准备。

1）反力滚筒式制动检测台。

①将反力滚筒式制动检测台指示与控制装置上的电源开关打开，按使用说明书的要求将其预热至规定时间。

②如果指示与控制装置为指针式仪表，则检查指针是否在机械零点上，否则应调整到机械零点。

③检查反力滚筒式制动检测台滚筒上是否粘有泥、水、砂、石等杂物，如有则应清除干净。

④核实汽车各轴轴荷，不得超过反力滚筒式制动检测台允许的荷载。

⑤检查反力滚筒式制动检测台的举升器是否在升起位置，如不在则应升起举升器。

2）平板式制动检测台。

①将平板式制动检测台指示与控制装置上的电源开关打开，按使用说明书的要求将其预热至规定时间。

②检查平板式制动检测台平板上是否粘有泥、水、砂、石等杂物，如有则应清除干净。

③核实汽车各轴轴荷，不得超过平板式制动检测台允许的荷载。

（2）车辆准备。

1）检查汽车轮胎是否粘有泥、水、砂、石等杂物，如有则应清除干净。

2）检查汽车轮胎的气压是否符合汽车制造厂的规定，如不符合则应将其充气至规定气压。

3）如果需测制动踏板力，则应将踏板力计固定于制动踏板上（或套装在引车员右脚上）。

2. 检测步骤

（1）单轴反力滚筒式制动检测台的检测步骤。

1）对于外置轴重仪检测台，先将汽车前轮停置于轴重仪检测台平板上，检测前轴轴重。

2）将汽车后轮停置于轴重仪检测台平板上，检测后轴轴重。

3）使被检测车辆尽可能顺着垂直于滚筒的方向驶入制动检测台。先前轴再后轴，使车轮处于两个滚筒之间。

4）汽车停稳后将变速杆置于空挡位置，使行车制动器和驻车制动器处于完全放松状态，能检测制动时间的检测台还应把脚踏开关套在制动踏板上。

5）降下举升器至举升器平板与轮胎完全脱离为止。

6）如制动检测台带有内置式轴重测量装置，则应在此时测量轴荷。

7）启动电动机，使滚筒带动车轮转动，先测出制动拖滞力。

8）检验员按显示屏指示 5～8 s（或按厂家规定的速率）将制动踏板逐渐踩到底（对气压制动车辆）或踩到制动性能检测时规定的制动踏板力，测得左、右车轮制动力增长全过程中的数值及左、右车轮的最大制动力，并依次测试各车轴；对于驻车制动轴的检测，应操纵驻车制动装置，测得驻车制动力的数值。

制动检测时，如果被测试车轮在滚筒上抱死而制动率未达到合格要求，则应采用下述方法进行检测：

在车辆上增加足够的附加质量或相当于附加质量的作用力（在设备额定荷载以内，附加质量或作用力应在该轴左、右车轮之间对称，不计入轴荷）。为防止被检车辆在反力滚筒式制动检测台上后移，可采用在非测试车轮后方垫三角垫块或整车牵引的方法。

用平板式制动检测台检测制动力或按标准规定的路试方法检测制动距离或充分发出的平均减速度和制动协调时间。

9）所有车轴的行车制动性能及驻车制动性能检测完毕后升起举升器，将汽车开出制动检测台。

10）切断制动检测台电源。台试检测左、右轮制动力的差不合格但底盘动态检测过程中制动时，车辆无明显跑偏现象的，应换用平板式制动检测台或采用路试方法进行检测。

（2）平板式制动检测台的检测步骤。

1）被测汽车以 5～10 km/h 的速度开上测试平板。

2）当车辆前轮刚进入前平板时，引车员及时踩下装有踏板力计的制动踏板，使车辆在测试平板上制动并停驻。

3）重新起步加速，当车辆后轮位于前平板上时，引车员及时拉紧驻车制动，使车辆在测试平板上制动并停驻。

4）重新起步，将车辆驶离本工位。

三、制动性能分析

在制动检测台上检测汽车的制动性能时，若检测结果被判定为不合格，排除检测操作规范的问题，则主要是由汽车制动系统的故障造成的。汽车制动常见的故障形式有制动力不足，同轴左、右车轮的制动力平衡不符合要求，制动协调时间过长和车轮的阻滞力超限等。

1．检测误差分析

（1）制动力不足的原因分析。

1）如果是检测结果普遍存在的制动力不足，则首先应该考虑轴（轮）重仪以及制动检测台是否出现了示值误差超标的问题。

2）如果是前轴以外的其他轴的制动力偏低，则应考虑其他轴是否有制动力自动调节装置。因为国家标准对前轴以外的其他轴的制动力"和"没有较严格的限制，所以，检测报告单往往出现各轴制动力"和"均合格但整车制动力"和"不合格的情况。对于其他轴带有制动力自动调节装置的车辆，应对前轴采取增加附着力的方法用试验确定。

提高制动力的措施（允许采取的检测措施）如下：

①提高滚筒的附着系数。

②增加附着质量。当制动力和检测不合格时采取该措施，左、右轮均匀增加。增加的附着质量不计轴荷。

③增加非检测车轮的附着力。

3）如果轮胎磨损严重，则会对制动性能的检测结果有影响。

（2）制动力异常的原因分析。制动力异常主要是指检测数据不符合理论或者不现实的情况。例如，未采取增加附着力的方法进行检测，从而使制动力过大、制动力"和"超过100%等。与制动力不足类似，轴（轮）重仪示值偏低或制动检测台示值过大均可导致制动力"和"超过100%。

（3）制动力差超标的原因分析。制动力差超标同样也应该排除制动检测台本身示值误差因素的影响。

除车辆本身左、右车轮制动器的制动力不一致，制动器间隙不一致，轮胎气压及轮胎磨损使得左、右车轮的附着系数不一致等因素可导致制动力差超标外，当车辆左、右车轮的轮荷相差较大且制动器的制动力大于附着力而出现抱死拖滑现象时，也可导致制动力差超标。

对于轻型和微型汽车，应注意引车员的重量对制动力差的影响。这里同样要指出的是，如果车轮制动器的制动力大于附着力，则车轮将出现抱死拖滑现象，此时所测得的制动力实际上是附着力，而附着力等于该车轮的轮荷与附着系数的乘积。如果左、右车轮的附着系数相等，则所测得的力就与该车轮的轮荷有关。所以，引车员的重量对轻型和微型车前左、右车轮的影响不能忽视，它可能会引起制动力差的超标，应该特别注意这一点。

在检测时还应注意，引车员应适当控制好踩下制动踏板的速度。对于制动协调时间非常短、制动力增长的斜率较陡的液压制动车辆，如果踩下制动踏板的速度过快，则可能会引起制动力差超标。这是因为通过模拟通道采样的信号，记录时刻的同步时间差为0.5 ms左右。另外，每个记录点之间间隔 10 ms 的采样时间,对于快速增长的制动力也可能会出现漏掉最大制动力点的情况,这也是制动力检测时往往出现重复性不好的主要原因。

2. 车辆原因分析

(1) 液压制动系统原因分析。

1) 各车轮的制动力均偏小,主要原因是制动踏板的自由行程太大、制动液中有空气或制动液变质、制动主缸故障及增压器或助力器效能不佳或失效。

2) 车轮的制动力偏小,主要原因是该车轮的制动器故障,若同一制动回路中两车轮的制动力均偏小,则应检查该制动回路中有无空气或不密封处。

3) 同轴左、右车轮的制动力最大值的差值过大的原因同 2);若在制动力上升阶段左、右车轮制动力最大值的差值过大,则应检查制动间隙是否适当;若在制动释放阶段左、右车轮制动力最大值的差值过大,则应检查制动轮缸及制动蹄回位弹簧。

4) 各车轮的制动协调时间过长,应主要检查制动踏板的自由行程是否过大;若个别车轮的制动协调时间过长,则主要检查该车轮的制动间隙是否过大;若同一制动回路中两车轮的制动协调时间过长,则可能是该制动回路中有空气。

5) 各车轮的阻滞力均超限,主要原因是制动主缸故障或制动踏板无自由行程;若个别车轮的阻滞力超限,则主要是该车轮的制动间隙过小、制动轮缸故障、制动蹄回位弹簧故障或轮毂轴承松旷。

(2) 气压制动系统原因分析。

1) 各车轮的制动力均偏小,主要原因是制动踏板的自由行程太大,储气筒气压太低或制动阀故障。

2) 个别车轮的制动力偏小,主要原因是该车轮的制动间隙过大或制动器故障。

3) 同一制动回路中两车轮的制动力均偏小,主要原因是制动管路漏气或某一制动气膜片破裂。

4) 同轴左、右车轮的制动力最大值的差值过大的原因同 2);若在制动力上升阶段左、右车轮制动力最大值的差值过大,则应检查制动间隙是否适当;若在制动释放阶段左、右车轮制动力最大值的差值过大,则可能是制动蹄或制动气室回位弹簧故障。

5) 各车轮的制动协调时间过长,应主要检查制动踏板的自由行程是否过大;若个别车轮的制动协调时间过长,则应主要检查该车轮的制动间隙是否过大。

6) 各车轮的阻滞力均超限,主要原因是制动踏板无自由行程或制动控制阀故障;若个别车轮的阻滞力超限,则主要是该车轮的制动间隙过小、制动蹄回位弹簧故障或轮毂轴承松旷。

任务实施

了解制动性能检测设备的功能、结构原理、使用要求及安全操作注意事项,掌握汽车制动性能的检测方法,按照相应的任务工单(表 5-5)要求完成汽车制动性能的检测。

表5-5　任务工单

班级		姓名		学号	
\multicolumn{6}{c}{制动试验台检验}					

制动试验台检验

1. 填写车辆信息。

车辆VIN码：_____

车型：_____　生产年份：_____　车辆行驶里程：_____　车辆总质量：_____

2. 操作记录。

(1) 采用的制动试验台的型号：
(2) 检查制动试验台电路连接部分是否良好？
　　□是　　　　　　□否
(3) 检查滚动表面是否清洁？
　　□是　　　　　　□否
(4) 检查制动试验台运动件是否运转正常？
　　□是　　　　　　□否
(5) 打开控制计算机，检验计算机是否能正常开机？
　　□是　　　　　　□否
(6) 启动检测程序，检验程序是否能正常启动？
　　□是　　　　　　□否
(7) 检查程序运转是否正常？
　　□是　　　　　　□否
(8) 对程序进行设定启动检测程序进行检测：
(9) 将汽车前轮开到指定位置进行前轴测量，测得前轴轴重：
(10) 将汽车前轮开到滚筒中间进行检测，根据计算机屏幕提示踩下制动踏板进行检测，测得前轮制动力：左前轮：_____，右前轮：_____，车轮滚动阻滞力为_____。
(11) 将汽车前轮开出滚筒，使后轮到达指定位置测量后轴轴重，测得后轴轴重为_____。
(12) 将汽车后轮开进滚筒之间测量后轴制动力，根据计算机屏幕提示进行操作，测得后轮制动力：左后轮：_____，右后轮：_____，车轮的滚动阻力为_____，驻车制动力为_____。
(13) 检测完毕。将汽车开出试验台，保存并打印检测结果

3. 检测结果分析。

自我评价（个人技能掌握程度）：□非常熟练　□比较熟练　□一般熟练　□不熟练

教师评语（包括工作单填写情况、语言表达、态度及沟通技巧等方面，并按等级制给出成绩）

实训记录成绩_____　教师签字：_____　　年　　月　　日

1. 制动性能台式检测的方法有哪些类型？
2. 制动性能路试检测的方法有哪些类型？
3. 正确叙述反力滚筒式制动检测台的基本结构与工作原理。
4. 试分析液压制动系统制动性能检测不合格的原因。

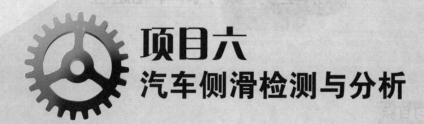
项目六
汽车侧滑检测与分析

工作任务一　汽车车轮定位
工作任务二　汽车侧滑检测与分析

工作任务一 汽车车轮定位

学习目标

知识目标：
1. 了解车轮定位参数的作用；
2. 了解车辆稳定性的影响因素；
3. 熟悉车轮定位与侧滑的关系。

技能目标：
能够进行定位参数调节。

素养目标：
1. 能够遵守安全操作规范，具有安全意识；
2. 能够运用各种途径自主学习，崇尚工匠精神。

任务引入

汽车的操纵稳定性包含互相联系的两部分内容：一部分是操纵性；另一部分是稳定性。汽车前轮的定位参数是影响汽车操纵性和稳定性的重要因素。汽车如果没有正确的前轮定位，将引起转向沉重、操纵困难、增加驾驶员的劳动强度，同时转向轮在向前滚动时会产生横向滑移，即车轮侧滑。因此，汽车转向轮的定位参数是汽车安全检测中的重点检测项目之一。

相关知识

一、车轮定位基础

汽车车轮定位包括前轮定位和后轮定位，总称为四轮定位。汽车的转向轮、转向节和前轴之间的安装具有一定的相对位置，这种具有一定相对位置的安装叫作转向轮定位，也称为前轮定位。后轮同样存在与后轴之间安装的相对位置，称为后轮定位。

为了提高汽车行驶的安全性、平顺性和乘坐的舒适性，汽车研发部门必须恰当地设计车轮定位角。正确的车轮定位角可以保证汽车转向轻便，转向后能自动回正，当汽车转向时、急剧改变车速时、高速行驶时，以及在坏路行驶或紧急制动时能保证行驶方向的稳定性。另外，操作车辆时稳定,准确,路面振动小,在坏路上车身没有明显的摇摆,乘车舒适,轮胎寿命长。正确的车轮定位角可以使系统中所有部件都处于正常装配关系。

1. 延长轮胎的使用寿命

一组新的轮胎,有时表现为某一个轮胎使用不久就会发生异常磨损,有时发生在前轮,有时发生在后轮。在大多数情况下,轮胎的异常磨损或跑长途时爆胎的原因是车轮定位角不准确。正确的车轮定位校正是非常重要的。校正不适当,可能会造成转向困难、转向后车轮不能自动回正、行驶跑偏、产生不正常的噪声或轮胎异常磨损等。

2. 操纵的稳定性

不正确的车轮定位角会加剧转向轮乃至整个转向系统的摆振,造成行驶跑偏、高速时转向发飘、左右牵引、车轮不能自动回正,以及路面的振动无法被有效地吸收等。正确的车轮定位角则可以避免或排除上述故障。

3. 减轻转向机械和悬架的磨损

由于不同的车轮定位角可以使汽车处于不同的平稳关系中,因此,不正确的车轮定位角不仅会加剧车轮的磨损,还会造成悬架和转向系统传动部分的转动部件,如控制臂衬套、球头销、主销衬套等的非正常磨损。

4. 提高燃油经济性

所有的车轮定位角都是为了使车轮在行驶中尽可能地垂直于地面,最大限度地减轻车轮滑移,使车轮的滚动阻滞力减小,燃油经济性提高。正确的车轮定位角还可以保证4个车轮彼此平行,这样保证了最小的滚动阻滞力,再加上正确的轮胎充气,可提高燃油经济性。

5. 得到最佳的行驶平顺性

正确的车轮定位能帮助前、后悬架恰如其分地工作,使行驶系统、转向系统的所有部件均处于正确关系中,路面的振动被有效地吸收,车辆行驶更加平稳。

6. 确保安全驾驶

正确的车轮定位角最大的好处就是能保证安全驾驶。它可以确保车辆的可操作性、操作的稳定性及在正常行驶中有正确、迅速地操纵响应。

二、前轮定位

前轮定位包括主销后倾(角)、主销内倾(角)、前轮外倾(角)和前轮前束(角),具有以下优点:

(1)保证汽车直线行驶的稳定性。在水平面上驾驶员双手离开方向盘后,汽车仍能直线向前行驶;遇到小坑、小包及拱形路面时,汽车仍能保持直线行驶;承载后车轮能垂直于路面,能扼制转向轮的摆振;高速行驶中没有转向发飘现象。

(2)在外力使车轮偏转或驾驶员转向后,能保证方向盘自动回正。

(3)使转向轻便。

(4)减轻转向轮和转向机构的磨损,最大限度地延长轮胎的使用寿命。

1. 主销后倾角

在汽车纵向垂直平面内,主销轴线与通过前轮中心的垂线的夹角叫作主销后倾角,如图6-1

所示。向垂线后面倾斜的角度称为正主销后倾角，向前倾斜的角度称为负主销后倾角。

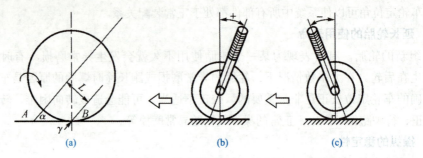

图 6-1 主销后倾角

（a）主销后倾角的原理；（b）正主销后倾角；（c）负主销后倾角

（1）保证汽车直线行驶的稳定性。主销后倾角越大，行驶过程中车轮偏转时产生的离心力越大，防止车轮发生偏转的反向推力就越大，所以，主销后倾角越大，汽车直线行驶的稳定性就越好。但是主销后倾角越大，汽车转向时所克服的反向推力就越大，行驶过程中转向就越沉重，所以，主销后倾角一般不能超过3°。

（2）辅助转向轮自动回正。行驶过程中转向轮发生偏转时，由于主销后倾角有阻碍车轮发生偏转的作用，能够帮助转向轮自动回正到中间位置，所以，适当加大主销后倾角是帮助车轮回正的有效方法。

2．主销内倾角

在汽车横向平面内，主销轴线与铅垂线的夹角即为主销内倾角，如图6-2所示。

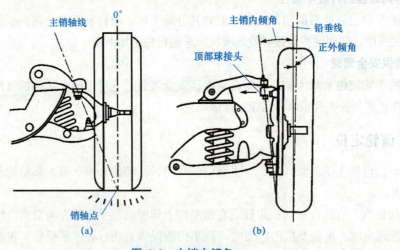

图 6-2 主销内倾角

（a）销轴中心线；（b）主销内倾角

（1）辅助转向轮自动回正。转向作用的前轮是绕着主销旋转的，而主销是向内倾斜的。主销内倾使转向节距地面的高度降低，距地面更近，重力的作用使车辆的高度降低，转向轮在转向时绕着倾斜的主销做弧线运动，就像门围绕歪斜的门轴做弧线运动一样，随着转向角和主销内倾角的加大，轮胎外侧对路面的压力也逐步加大。汽车在松软的路面上转向时，主销内倾角越大,转向角越大,转向轮外侧压入地下越多,在松软的路面上转弯时,前轮的外侧部分可能陷入地下容易实现转向。汽车在沥青、水泥等硬路面上行驶时,轮胎不可能陷入地下,在地面的反作用力下,转向轮连同它所承载的汽车前部都要抬起一个相应的高度,才能使它实现转向。当不再施加转向力时,将会产生转向轮回位的力辅助其自动回正。

(2)使转向轻便。前轴重心在主销轴线上,主销内倾角使主销轴线的延长线与路面的交点和车轮中心地面的交点距离减小,力臂的减小使转向变轻便了。若主销轴线的延长线距离车轮的中心线过近,则容易使转向发飘,主销内倾角越大,行驶稳定性越好。

3. 前轮外倾角

除主销后倾和主销内倾两个角度用于保证汽车稳定直线行驶外,车轮中心平面不是垂直于地面的,而是向外倾斜一个角度 α,即轮胎的几何中心线与地面的铅垂线的夹角,称为前轮外倾角,如图 6-3 所示。

当轮胎中心线与铅垂线重合时,称为零外倾角,其作用是防止轮胎不均匀的磨损。当轮胎中心线在铅垂线外侧时,两者的夹角称为正外倾角,其作用主要是减小作用于转向节上的负载、防止车轮滑落、防止因负载而产生不需要的外倾角及减小转向操纵力。当轮胎中心线在铅垂线内侧时,两者的夹角称为负外倾角,其作用是使内、外侧滚动半径近似相等,使轮胎的内、外侧磨损均匀,还可以提高车身的横向稳定性。前轮有了外倾角,就可与拱形路面相适应。前轮外倾角一般为 30′~1°。

4. 包容角

包容角是主销内倾角与前轮外倾角之和,如图 6-4 所示。因为包容角是由刚性零件(转向节组件或麦迪逊式减振器)确定的,所以,它一般是不可调的。当这些零件变形时,主销内倾角将发生变化,因此,包容角是一个用来诊断车轴磨损及减振器变形的有力工具。

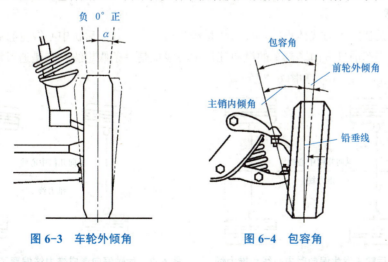

图 6-3 车轮外倾角　　　　图 6-4 包容角

5. 前轮前束

车轮外倾角的存在会使车轮在滚动时类似滚锥而向外滚开,转向横拉杆和车桥的约束使得车轮不可能向外滚开,车轮将在地面上出现边滚边滑的现象,从而加重轮胎的磨损。为了消除车轮外倾角所产生的轮胎侧滑,保持汽车直线行驶,车轮应设置前束。

前桥左、右车轮的旋转平面不平行，车轮前端胎面中心线之间的距离 B 小于车轮后端胎面中心线之间的距离 A，称为前轮前束 $A-B$，如图 6-5 所示。

对于每个车轮来说，前端偏向汽车中心纵轴线为正前束，前端偏离汽车中心纵轴线为负前束（又称前张）。总前束是左轮前束与右轮前束之和。前轮前束可通过改变横拉杆的长度来调整。

当正前束过大时，轮胎外侧磨损会有正外倾角过大所形成的磨损状态，胎纹磨损形式为羽毛状。当用手从内侧向外侧抚摸时，胎纹外缘有锐利的刺手感觉。当负前束太大时，轮胎内侧会有负外倾角过大所形成的磨损状态，胎纹磨损形式为羽毛状。当用手从外侧向内侧抚摸时，胎纹外缘有锐利的刺手感觉。

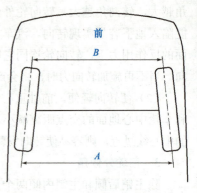

图 6-5　前轮前束 $A-B$

三、后轮定位

如果汽车只做前轮定位，在定位基准上就可能会发生偏差，因为前轮定位是以纵向几何中心线，即两前轮和两后轮之间的中心线为定位基准的，而不是以后轮推力线为定位基准的。一旦后轮定位角发生偏差，后轮推力线就会和纵向几何中心线发生偏离，形成推力角，无法保证直线行驶时四个车轮处于平行状态。直线行驶时，前轮必然脱离定位基准，难以保证行驶的直线性。

四轮定位是以后轮推力线作为车轮定位基准线的，后轮推力线是后轮总前束的中心线，该定位基准线由后轮定位角决定，所以，四轮定位时先检测和调整后轮定位再进行前轮定位调整。

1. 推力线

后轮定位是通过推力线体现的。推力线是经过后桥中心且与后桥中心线垂直相交的一条假想线，它指向汽车前进方向。汽车的纵向几何中心线也是一条假想线，它是通过汽车前桥和后桥中心线的直线，如图 6-6 和图 6-7 所示。

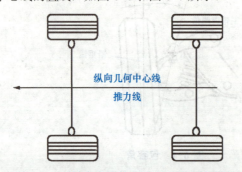

图 6-6　后轴未发生偏向时中心线和推力线

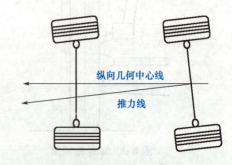

图 6-7　后轴偏向造成推力线偏离了几何中心线

汽车受到猛烈冲击或悬架衬套磨损松旷都会使推力线发生偏移。推力线如和汽车前、后轮几何中心线平行，再配合适当的主销后倾角和主销内倾角，则在笔直的公路上，即使双手离开方向盘，汽车仍可以保持直线行驶。

2. 推力角

推力角（也叫作推进角或驱动偏向角）是指推力线和汽车的纵向几何中心线不重合时，推力线与纵向几何中心线形成的夹角。推力线朝左，推力角为正；推力线朝右，推力角为负。后轮推力角是两后轮前束角差值的一半。

推力角并非设计参数，而是一种故障状态参数，如左后轮和右后轮的前束不等、后轴安装偏斜、车轴偏角等，都会产生推力角。推力角的存在不仅会产生行驶跑偏的倾向，还加重了汽车转向轮的侧滑。当推力线向汽车纵向几何中心线的左侧偏斜时，后轮将使汽车顺时针转向，如图 6-7 所示。如果驾驶员松脱方向盘，则汽车向右转。若使汽车保持直线行驶，则应使汽车前轮不断向左偏转进行补偿，这将造成轮胎的羽毛状磨损。

3. 后轮外倾角

后轮外倾角的概念同前轮外倾角。许多前轮驱动汽车的后轮具有较小的负外倾角，以便改进转向稳定性。

4. 后轮前束角

后轮前束角是指车轮中心线与汽车纵向几何中心线的夹角。当推力角为 0° 时，左后轮和右后轮的前束角应相等。两后轮的前束角不一致会形成推力角而引起跑偏。

后轮前束角主要是为了使前、后车轮以后轮推力为定位基准，使四个车轮保持平行，保证汽车直线行驶的稳定性，减少后轮在行驶中的侧滑，以最大限度地延长后轮的使用寿命。前轮驱动汽车行驶中的驱动力使后轮心轴受向后的力，后轮的前端距离略大于后端距离，前轮驱动轿车通常具有很小的后轮前束角。

5. 车轴偏角

对于车轮安装角度正常的汽车，其左侧前、后两个车轮中心线之间的距离应该与右侧前、后两个车轮中心线之间的距离相等，即左、右轴距相等。若车轮前束值失准或车辆发生了严重的碰撞事故，则会导致同一车轴上的两个车轮的位置发生变化，使右前轮相对于左前轮向前或向后偏移。

车轴偏角是指同一车轴左、右两个车轮的位置发生变化后，其实际轴线与理论轴线之间的夹角，如图 6-8 所示。此时，一个车轮较另一个车轮后退一些。右侧车轮如果向前偏移，则车轴偏角为正；右侧车轮如果向后偏移，则车轴偏角为负。车轴偏角不是设计角度，而是车辆由于碰撞事故或调整不当而产生的。车轴偏角的出现将导致左、右轴距的差异，这时汽车会出现跑偏及操纵不稳现象，行驶方向将偏向轴距较小的一侧。车轴偏角需要配置较高的四轮定位仪（需有 8 个传感器）才能测量出来。测量车轴偏角时，要先确保前束正确，因为不正确的前束会使测量时产生不正常的车轴偏角。

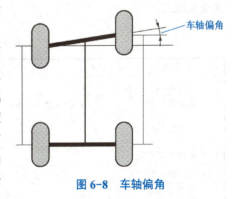

图 6-8 车轴偏角

设置后轮定位可削弱后轴的偏向、偏迹在正常行驶和转向时所产生的负面影响，保持正确的后轮外倾角和后轮前束是非常重要的。当出现轮胎畸形磨损，特别是后轮胎冠出现偏磨损（后轮外倾角不对）、后轮胎肩处出现锯齿形磨损（后轮前束严重超差），以及后轮悬架发生早期损坏时，都应进行四轮定位检测。

四、四轮定位的检测与调整

1. 四轮定位的检测

（1）车辆检测。

1）车轮的检测。首先检查轮胎的磨损是否均匀、轮胎的尺寸或类型配合是否恰当，其次检查轮胎的气压是否符合要求。例如，安装子午线轮胎的发动机前置前驱轿车，在空载时四轮的胎压要求较低，常低于 2.5 bar；满载时要求前轮的胎压一般为 2.5 bar，后轮的胎压稍高，一般为 3.0 bar 左右（标准数值应以车辆上的标示为准）。对于行驶跑偏问题，可以先将前轮左、右两车轮进行对调，然后试车。如果前轮左、右两车轮对调后跑偏朝向对调前的相反方向，则可以确定前轮是主要的影响因素。如果前轮左、右两车轮对调后跑偏不变，则可以确定跑偏不是由车轮引起的，必须进行四轮定位测量以进一步找出原因。

2）四轮悬架高度的检测。每个车轮承担的质量不同，一般发动机前置且横向布置的轿车，前轮的轴重要略大于后轮，右侧车轮的质量略大于左侧车轮，所以，会使四轮悬架的高度略有差别。常以每个车轮上部翼板下边缘到车轮中心点为测量对象，则前轮的悬架高度一般低于后轮，同一轴的左、右侧轮的质量应基本一致。

3）车上负载的检测。四轮定位标准参数一般是在车辆空载、满箱燃油及备胎、随车工具等均处于合适位置的状态下测出的。因此做四轮定位时，要检查车辆的负载情况及装备部件的摆放位置。

4）零部件状态的检测。四轮定位参数的改变往往是由零部件失效引起的，所以在调整四轮定位参数前，应首先排除零部件失效的可能。

（2）路试。路试的目的是确定故障现象。应当多向车主咨询一下，了解车辆的使用情况，这样有助于尽快排除故障。

驾驶时应当检查方向盘是否平顺，感觉方向盘、地板和座位的振动。注意方向是否跑偏或操纵中出现的不正常情况，如转向困难、转向时出现轮胎噪声等，表 6-1 列出了一些常见的问题及其原因。

表 6-1 行驶故障可能原因

行驶故障	可能原因
方向盘太重	主销后倾角太大；动力转向机构故障
转向盘发抖	车轮动态不平衡；车轮中心点偏离，产生凸轮效应；制动盘异常磨损，厚度不均匀
行驶跑偏	后倾角不正确；外倾角不正确；车身高度左右不相等；左右车轮气压不相等；轮胎变形或不良，转向系统卡住，制动片卡住
方向盘漂浮不定	主销后倾角太小；零部件磨损严重，间隙太大
方向盘不能良好回正	主销后倾角太小；零部件动动干涉、卡滞；助力转向机构故障
方向盘不正	总前束正确，方向盘在中间位置时，单边前束不等
轮胎羽毛状磨损	前束不正确
轮胎单边磨损	外倾角不正确
轮胎凹凸状磨损	车轮动态不平衡

2. 四轮定位的调整

四轮定位仪只是解决问题时借助的工具,不能过分依赖它。由于四轮定位仪本身存在测量误差,加上操作者本身也会引起操作误差,所以,四轮定位参数的调整有时需要进行多次才能到位,最终要通过车辆行驶的实际状况对调整结果进行检测。

在进行四轮定位参数的调整时,要以先后轮、后前轮及先外倾、后前束为顺序,即后轮外倾角—后轮前束角—前轮主销后倾角—前轮外倾角—前轮前束角。

很多车型只有前束和外倾这两项参数可以调整,其他参数在汽车设计和制造时就可以保证精度。部分车型经过长时间的使用或事故修复后,在正常的调整范围内调整不能满足要求,但是可以通过加装调整垫片或更换偏心螺栓等方法进行深度加工来调整,下面就来介绍此类调整方法。

前束一般可以通过调节转向机构上的横拉杆来达到调整要求。外倾的调整要根据作业车型的具体悬架结构来选择调整方法。

(1) 从上控制臂调整的常用方法。

1) 增减垫片调整主销后倾角和车轮外倾角,如图6-9所示。

2) 移动上控制臂来调整前轮外倾角和主销后倾角,如图6-10所示。

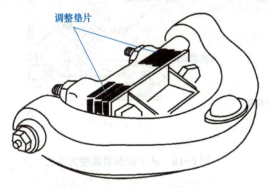

图6-9 从上控制臂调整方法一

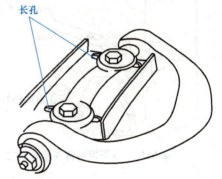

图6-10 从上控制臂调整方法二

3) 旋转凸轮来调整车轮外倾角和主销后倾角,如图6-11所示。

4) 旋转上控制臂上两个偏心凸轮来调整主销后倾角和前轮外倾角,如图6-12所示。

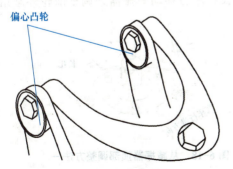

图6-11 从上控制臂调整方法三

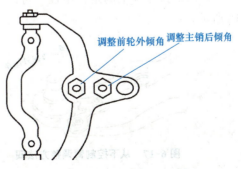

图6-12 从上控制臂调整方法四

5）分别旋转两个偏心螺栓，来调整前轮外倾角和主销后倾角，如图 6-13 所示。

（2）从下控制臂调整的常用方法。

1）旋转偏心凸轮，可调整前轮外倾角，如图 6-14 所示。

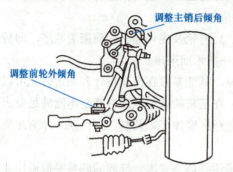

图 6-13　从上控制臂调整方法五

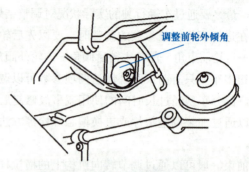

图 6-14　从下控制臂调整方法一

2）调整主销后倾角时松开环销并旋转，调整前轮外倾角时旋转偏心螺栓，如图 6-15 所示。

3）松开下控制臂安装螺栓，旋转偏心凸轮可调整前轮外倾角和前束角，如图 6-16 所示。

图 6-15　从下控制臂调整方法二　　　　图 6-16　从下控制臂调整方法三

4）松开下控制臂前端的球头安装螺栓，可以推进或拉出球头，从而调整前轮外倾角，如图 6-17 所示。

（3）从减振器顶部进行调整的常用方法。

1）松开前减振器顶上的定位螺栓，可以沿长孔左右移动减振器来调整前轮外倾角，如图 6-18 所示。

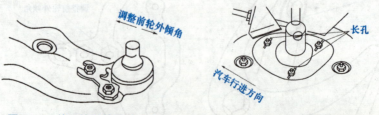

图 6-17　从下控制臂调整方法四　　　　图 6-18　从减振器顶部调整方法一

2）松开减振器顶上的定位螺栓，向下推减振器并旋转 180°，顺时针转则增大外倾角，逆时针转则减小外倾角，如图 6-19 所示。

（4）从减振器支架部位进行调整的常用方法。

1）松开减振器支架上的两个螺栓，旋转上部带偏心凸轮的螺栓即可调整前轮外倾角，如图 6-20 所示。

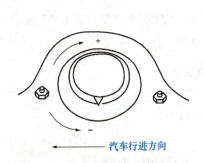

图 6-19 从减振器顶部调整方法二

图 6-20 从减振器支架部位调整方法一

2）松开两个螺栓向里推或向外拉轮胎，可以调整前轮外倾角，如图 6-21 所示。

3）松开两个螺栓向外或向内移动轮胎上部，可以调整前轮外倾角。调整后可以加进楔形锯齿边铁片（简称楔铁），既能固定又可防松脱，如图 6-22 所示。

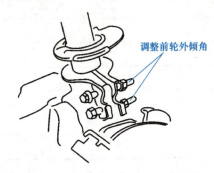

图 6-21 从减振器支架部位调整方法二

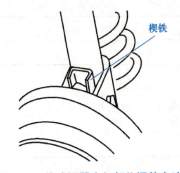

图 6-22 从减振器支架部位调整方法三

3. 前束参数换算

前束的单位表示方法分为两种：一种是以毫米（mm）为单位；另一种是以度数（°）为单位。两者之间的换算公式为

$$L = D \times \sin\varphi$$

式中　L——单轮前束值（mm）；

　　　D——车轮前束测量点所处的直径（mm）；

　　　φ——单轮前束角（°）。

由于在测量过程中通常以轮胎的外缘为测量点，所以，D 可以通过轮胎的型号计算得出。如 205/55R16 91V 的轮胎："205"表示轮胎宽度为 205 mm；"55"表示轮胎的扁平比，即轮胎高度是轮胎宽度 205 mm 的 55%；"16"为车轮轮辋的直径即 16 in。由此可得轮胎的外缘处直径为

2×(205×55%)+16×25.4=631.9（mm），即2倍的轮胎高度加上轮辋的直径。所以，可由上述换算公式来变换前束参数单位。

 任务实施

参考操作手册完成对试验车轮定位参数调整操作，按照任务工单（表6-2）要求，填写相关操作信息，记录相应的检测条件及结果，做出相应分析。

表6-2 任务工单

班级		姓名		学号	
汽车车轮定位参数调整					
1. 填写车辆信息。 车辆VIN码：_____ 车型：_____ 生产年份：_____ 发动机型号：_____ 变速器型号：_____					
2. 前轮定位参数（参数名称）及标准值查询。 （1）_____ （2）_____ （3）_____ （4）_____ （5）_____					
3. 后轮定位参数（参数名称）及标准值查询。 （1）_____ （2）_____ （3）_____ （4）_____ （5）_____					
4. 测量并调整车辆前束。 调整前的测量值：_____ 调整后的测量值：_____ 自我评价（个人技能掌握程度）：□非常熟练 □比较熟练 □一般熟练 □不熟练					
教师评语（包括工作单填写情况、语言表达、态度及沟通技巧等方面，并按等级制给出成绩）					
实训记录成绩_____ 教师签字：_____ 年 月 日					

习题与思考

1. 车轮定位参数有哪些？对车辆使用有哪些影响？
2. 前轮定位与后轮定位有何不同？
3. 简述四轮定位参数的检测与调整方法。

工作任务二　汽车侧滑检测与分析

学习目标

知识目标：
1. 了解侧滑检测台的结构与工作原理；
2. 掌握侧滑检测台的检测方法。

技能目标

能够进行侧滑检测并分析。

素养目标
1. 能够遵守安全操作规范，具有安全意识；
2. 能够运用各种途径自主学习，崇尚工匠精神。

任务引入

侧滑检测是为了检查车辆前束与车轮外倾的配合状态，是车辆安全检测项目之一。当两者配合得恰到好处时，汽车将保持稳定的行驶状态，可以减少轮胎的磨损。如何能够方便快捷地完成侧滑检测项目呢？侧滑检测台就是检测汽车车轮横向滑动量并判断其是否合格的一种设备。

相关知识

一、车轮侧滑

当车轮外倾角和前束在使用过程中发生变化，两个参数的平衡被破坏，使轮胎处于边滚边滑的状态时，将产生侧向滑移现象，称为车轮侧滑。引起车轮侧滑的原因有很多，经分析，汽车车轮的外倾角和前束对其侧滑的影响较大。

1. 车轮外倾角引起的侧滑

为了保证重载后轮胎胎面能与具有横向拱形的路面有效接触，以减轻轮胎磨损，汽车设计有车轮外倾角。由于车轮外倾角的存在，在滚动过程中车轮将向外张开（图6-23），只是由于车桥不可能伸长，在实际滚动过程中才不至于真正向外滚开，但由此而形成的这种外张力势必成为加剧轮胎磨损的隐患。

假设让两个只有外倾角而没有前束的车轮同时向前驶过两块相对于地面可以左右滑动的滑板，就可以看到左、右车轮下的滑板在车轮外张力的作用下会出现图6-24中虚线所示的分别向内侧滑移的现象。其单边转向轮的内侧滑量 S_c 为

图6-23 车轮外倾滚动状态

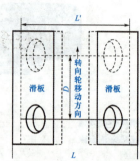

图6-24 车轮外倾引起的滑移

$$S_c = \frac{L'-L}{2}$$

2. 车轮前束引起的侧滑

为了弥补车轮外倾角产生的不良作用，对于设有外倾角的车轮均设有车轮前束如图6-25所示，总前束值 $c+d=a-b$。

车轮有了前束后，在滚动过程中会向内收拢，只是由于车桥不可能缩短，在实际滚动过程中才不至真正向内收拢，但由此而形成的这种内向力势必成为加剧轮胎磨损的隐患。

假设让两个只有前束而没有外倾角的车轮向前驶过图6-26所示的滑板，可以看到左、右车轮下的滑板在车轮作用力的推动下，出现图中虚线所示的分别向外侧滑移的现象。其单边转向轮的外侧滑量 S_t 为

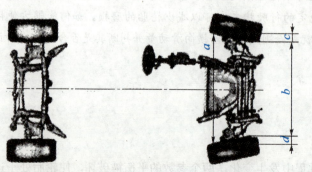

图6-25 车轮前束

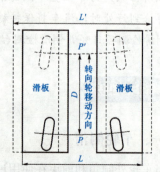

图6-26 车轮前束引起的侧滑

$$S_t = \frac{L' - L}{2}$$

如果车轮外倾角与前束配合恰当，车轮就不会产生向外张开和向内收拢的趋势，因而可保证车轮只做纯滚动而不产生侧滑，如图 6-27 所示。

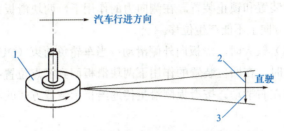

图 6-27　车轮外倾角和前束综合作用结果

1—转向车轮；2—车轮前束；3—车轮外倾

二、滑板式侧滑检测台

侧滑检测台就是应用上述滑板原理来检测转向轮的侧滑量的设备。检测前轮侧滑量的主要目的是判断汽车前轮的外倾角和前束这两个参数配合得是否恰当，而非测量这两个参数的具体数值。

汽车侧滑检测设备按其测量参数可以分为两类：一类是测量转向轮侧滑量的滑板式侧滑检测台；另一类是测量转向轮侧向力的侧滑检测台。上述两种检测台都属于动态侧滑检测台。

滑板式侧滑检测台检测侧滑量的大小与方向，其实质是让汽车驶过可横向自由滑动的滑板，由于前轮的外倾角和前束配合不当而产生侧向力，从而使滑板产生侧滑，测量滑板移动的大小和方向以表示汽车前轮的侧滑量。滑板式侧滑检测台按照结构又可分为双板式侧滑检测台和单板式侧滑检测台两种形式。前者只有一块滑板，检测时汽车只有一侧车轮从检测台上通过；后者有左、右两块滑板，检测时汽车左、右车轮同时从滑板上通过。

1. 双板式侧滑检测台

双板式侧滑检测台的结构如图 6-28 所示，它由机械部分、测量装置、指示装置等部分组成。

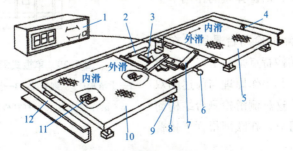

图 6-28　双板式侧滑检测台的结构

1—侧滑台仪表；2—传感器；3—回位装置；4—限位装置；5—右滑板；6—锁定装置；
7—双摇臂杠杆机构；8—滚轮；9—导轨；10—左滑板；11—导向装置；12—框架

测量装置由框架、左滑板、右滑板、双摇臂杠杆机构、回位装置、滚轮装置、导向装置、锁止装置、位移传感器及信号传递装置等组成。它能把前轮的侧滑量测出并传递给指示装置。

滑板的长度一般有 500 mm、800 mm 和 1 000 mm 三种。滑板的上表面有 T 形纹或十字形纹，以增加滑板与轮胎之间的附着力。滑板的下部装有滚轮装置和导向装置，两块滑板之间连接有双摇臂杠杆机构、回位装置和锁止装置。在侧向力的作用下，两块滑板只能在左右方向上产生等量同向位移，在前后方向上不能产生位移。

当车轮正前束（IN）较大时，滑板向外侧滑动；当车轮负前束（OUT）较大时，滑板向内侧滑动；当侧向力消失时，在回位装置的作用下两块滑板回到零点位置；当关闭锁止装置时，两块滑板被锁止，不再左右滑动。按滑板侧滑量传递给指示装置方式的不同，测量装置可分为机械式和电气式两种。

侧滑检测台多采用数字式指示装置，并多以单片机进行数据采集和处理，因而具有操作方便、运行可靠、抗干扰性强等优点，同时还具有对检测结果进行分析、判断、存储、打印和数字显示等功能。

在检测车轮侧滑量时，为便于快速地表示出检测结果是否合格，当车轮侧滑量超过规定时，侧滑检测台的报警装置能根据测量装置的限位开关发出的信号用蜂鸣器或信号灯报警，因而无须再读取指示仪表上的具体数值。

2. 单板式侧滑检测台

单板式侧滑检测台的结构如图 6-29 所示。在上、下滑板之间装有滚棒，因而可以使得上滑板沿横向（左右方向）自由滑动，但纵向不能移动。当被测车轮从上滑板通过时，车轮的侧滑通过轮胎与上滑板之间的附着作用传递给上滑板，使上滑板左右横向滑动，通过杠杆机构带动指针偏转，从而在刻度尺上显示出侧滑量的大小和方向。为了防止滚棒滑出上、下滑板，在两块滑板之间设有滚棒保持架和导轨。当车轮通过上滑板后，在回位弹簧的作用下上滑板重新回位。

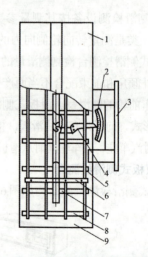

图 6-29 单板式侧滑检测台的结构
1—上滑板；2—刻度尺；3—把手；4—指针；5—掩体；
6—滚棒保持架；7—杠杆机构；8—导轨；9—下滑板

还有一种单板式侧滑检测台是固定在地面上使用的，其主要结构特点是在上、下滑板之间装有位移传感器，其工作原理与前述的双板式侧滑检测台相同。这种侧滑检测台结构简单、磨损件少、工作可靠，在欧洲得到了较普遍的应用。

从上述结构原理可以看出，即使是单滑板，检测时只有一个车轮通过滑板，位于地面上的车轮也能将其产生的侧向力通过车桥（车身）传给位于滑板上的车轮，故实际检测的数值仍反映同轴两个车轮产生的侧滑量，但滑板实际侧滑量是双滑板的两倍。

3. 侧向力与侧滑量双功能侧滑检测台

侧滑检测台是用来检测车轮外倾角和前束的配合状况是否良好的一种检测设备，但由于滑板的横向移动会释放存储在左、右车轮与地面之间的横向作用力和能量，故与实际行车状况不符。为更准确地测出车轮与地面之间侧向力的大小和方向，可在原有侧滑检测台的基础上加装两个测力传感器。

如图 6-30 所示，在左、右滑板旁安装了两个测力传感器，这两个测力传感器通过连接器与两块滑板相连。它们的连接与松开只要轻扳手柄就可完成。连接器松开时滑板可以移动，恢复原有侧滑检测台的功能，此时的侧滑量由位移传感器测出；连接器连接时，两块滑板被测力传感器刚性地连接在一起，如同地面一样稳固不动，此时所测得的力就是汽车行驶时所受到的车轮侧向力。因此，采用两个测力传感器就可以同时测出左、右车轮所受到的侧向力的大小。这里为了便于分析、比较，做如下规定：将滑板受到的向外的作用力记为负的侧向力，将滑板受到的向内的作用力记为正的侧向力。

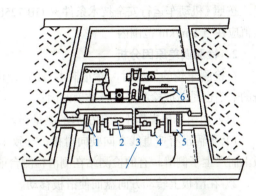

图 6-30　加装两个测力传感器的侧滑台

1—左向力传感器；2—左连接器；3—框架；4—右连接器；
5—右向力传感器；6—位移传感器

三、侧滑检测步骤

1. 准备工作

（1）轮胎气压应符合汽车制造厂的规定。

（2）当轮胎上粘有油污、泥土、水或花纹沟槽内嵌有石子时，应清理干净。

（3）检查侧滑检测台导线连接情况，在导线连接良好的情况下打开电源开关，查看指针式仪表的指针是否在机械零点上，并视需要进行调整，查看数码管的亮度是否正常且都在零位上。

（4）检查报警装置在达到规定限值时能否发出报警信号，并视需要进行调整或修理。

（5）检查侧滑检测台上表面及其周围的清洁情况，如有油污、泥土、沙石及水等应予以清除。

（6）打开侧滑检测台的锁止装置，检查滑板能否在外力作用下左右滑动自如，当外力消失后回到原始位置，指示装置是否指在零点上。

2. 检测步骤

（1）汽车以 3～5 km/h 的速度垂直于滑板驶向侧滑检测台，使前轮（或后轮）平稳通过滑板。

（2）当前轮（或后轮）完全通过滑板后，从指示装置上观察侧滑方向并读取、打印最大侧滑量。

（3）检测结束后切断电源并锁止滑板。

3. 注意事项

（1）不能让超过侧滑检测台允许轴荷的车辆通过侧滑检测台。

（2）不能让车辆在侧滑检测台上转向或制动。

(3)保持侧滑检测台内、外及周围环境清洁。
(4)其他注意事项参见侧滑检测台使用说明书。

四、检测数据分析

1. 检测标准

按照《机动车运行安全技术条件》(GB 7258—2017)的规定,用侧滑检测台检测前轮侧滑量,其值应在 ±5 m/km 范围内。

2. 检测误差原因分析

在检测车轮的侧滑时,除车辆本身的原因导致侧滑外,引车员的操作水平和侧滑检测台本身的缺陷也是造成检测结果不准确的因素。

(1)由引车员操作不正确引起的测量误差。

1)车辆没有按直线方向驶向滑板,导致车轮产生一个额外的侧向力,这个侧向力作用在滑板上而产生了侧滑。有的检测站在侧滑检测台前装有对正机,以消除这种现象。

2)在滑板上转动方向盘而使滑板移动。

3)检测时应保持车速稳定,若车速过高或时高时低,则滑板产生的硬性力冲击会影响检测结果。

4)在检测驱动轮的侧滑时应控制好车速,不应突然加油、收油或踩离合器,这样会改变驱动轮的受力情况和定位,影响检测精度。

(2)由侧滑检测台本身引起的测量误差。

1)滑板表面有油污、水渍、沙石等,使车轮与滑板之间产生相对滑动,影响检测精度。

2)侧滑检测台本身的准确度超标,使测量结果失真。

(3)由被测车辆本身引起的测量误差。若被测车辆的车轮变形,则当车辆直线行驶时,其行驶轨迹不再是一条直线,而呈 S 形。而侧滑检测台的滑板长度最长只有 1 m,其长度小于车轮的周长,仅是车轮圆周的一部分。如果对该车进行重复检测,车轮进入滑板不是同一个始点,则有可能出现两次测量结果不同的现象。如果该车转向系统存在故障,则也会造成检测数据失真。

3. 侧滑误差原因分析

如果侧滑量检测不合格,则说明车轮外倾角与前束配合不当。如果检测值偏大(正向、向内),则一般说明前束小,可调大前束,但也可能是由车轮外倾角过大引起的,所以应最后再做车轮定位。同理,如果检测值偏小(负向、向外),则一般说明前束过大,但也可能是由车轮外倾角过小引起的。

任务实施

参考操作手册完成对试验汽车侧滑检测操作,按照任务工单(表 6-3)要求,填写相关操作信息,记录相应的检测条件及结果,做出相应分析。

表 6-3　任务工单

班级		姓名		学号	
汽车侧滑检测					

1. 填写车辆信息。

车辆 VIN 码：_____

车型：_____　生产年份：_____　发动机型号：_____　变速器型号：_____

2. 侧滑台的功能介绍。

3. 侧滑检测操作（简要说明操作步骤及操作注意事项）。

4. 检测结果记录与分析。

自我评价（个人技能掌握程度）：□非常熟练　□比较熟练　□一般熟练　□不熟练

教师评语（包括工作单填写情况、语言表达、态度及沟通技巧等方面，并按等级制给出成绩）

　　　　　　　　　　　　实训记录成绩_____　教师签字：_____　　年　　月　　日

习题与思考

1. 影响车辆侧滑的原因有哪些？
2. 单滑板侧滑台与双滑板侧滑台的工作原理有何不同？

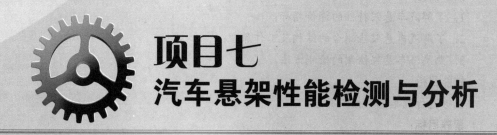

项目七 汽车悬架性能检测与分析

一、影响汽车平顺性的主要因素
二、悬架性能评价
三、悬架性能检测
四、悬架性能的检测与分析

汽车检测设备运用与数据分析
Application and data analysis of automobile testing equipment

知识目标：
1. 了解汽车悬架特性的评价指标；
2. 了解汽车悬架检测台的结构及工作原理；
3. 熟悉汽车悬架检测的检测方法。

技能目标：
能够进行汽车悬架检测并分析。

素养目标：
1. 能够遵守安全操作规范，具有安全意识；
2. 能够运用各种途径自主学习，崇尚工匠精神。

随着道路条件的改善，尤其是高速公路的发展，不但小轿车的行驶速度大大提高，货车和大客车以 100 km/h 的速度行驶的情况也很常见。在高速行驶状态下，汽车操纵的稳定性和行驶安全性尤为重要，并与悬架装置有着直接的关系。当悬架装置中的减振器工作不正常时，会产生汽车行驶中跳跃严重、车轮有 30% 的路程接地力减小、汽车方向盘发飘、弯道行驶时车身晃动加剧、制动时易发生跑偏或侧滑、轮胎磨损异常、乘坐舒适性降低及有关机件的磨损速度加快等不良后果。因此，悬架装置工作性能的检测是十分重要的。

相关知识

一、影响汽车平顺性的主要因素

汽车行驶平顺性的评价方法通常是根据人体对振动的生理反应及对保持货物完整性的影响来制定的，并用振动的物理量，如频率、振幅、加速度、加速度变化率等作为行驶平顺性的评价指标。

目前，常用汽车车身振动的固有频率和振动加速度来评价汽车的行驶平顺性。试验表明，为了保持汽车具有良好的行驶平顺性，当车身振动的固有频率是人体所习惯的步速时，身体上、下运动的频率应保持在 $60 \sim 85$ 次/min（$1 \sim 1.4$ Hz）范围内，振动加速度极限值应为 $0.2 \sim 0.3\,g$。为了保证所运输货物的完整性，车身振动加速度也不宜过大。如果车身加速度达到 $1g$，则未经固定的货物就有可能离开车厢底板。所以，车身振动加速度极限值应低于 $0.7g$。影响汽车行驶平顺性的主要因素是悬挂结构，以及轮胎、簧载质量等其他因素。悬挂结构主要指弹性元件、导向装置与减振装置，其中弹性元件与悬架系统中的阻尼影响较大。汽车振动系统本身和路面输入的复杂性决定了影响汽车行驶平顺性的因素很多，下面从结构因素与使用因素两个方面进行分析。

1. 结构因素

汽车是一个由多质量组成的复杂振动系统,为便于分析,需要对这个复杂的振动系统进行简化。一般情况下,汽车可视为由彼此相联系的悬架质量和非悬架质量组成。悬架质量 M 主要由悬架弹簧上的车身、车架及其上的总成组成,非悬架质量 m 主要由悬架弹簧下的车轮和车轴组成,由此形成由车身和车轮组成的双质量振动系统,如图 7-1 所示。实际上从振动角度来看,由于存在前、后车轮两个路面输入,决定了汽车有垂直和俯仰两个自由度振动,从而导致汽车纵轴线上任一点的垂直振动不同。

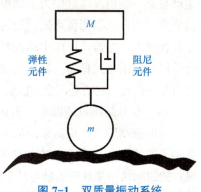

图 7-1 双质量振动系统

(1) 悬架弹性的影响。悬架弹性对车身振动频率的大小起着决定性的作用。悬架上的荷载与其变形之间的关系称为弹性元件的弹性特性。如果悬架的刚度是常数,则其变形与所受荷载成正比,这种悬架称为线性悬架,一般钢板弹簧悬架、螺旋弹簧悬架均属于此类。采用线性悬架的汽车往往不能满足汽车行驶平顺性的要求,使用中汽车的有效荷载变化较大(特别是公共汽车和载货汽车),会出现空载时振动频率较高或满载时振动频率较低的现象。为了改善这种情况,现代汽车多采用非线性悬架(也称变刚度悬架),即其刚度可随荷载的变化而变化。如采用空气弹簧、空气液力弹簧和橡胶弹簧等具有非线性特性的弹性元件,或增设副簧、复合弹簧等。

(2) 悬架阻尼的影响。为了衰减车身的自由振动并抑制车身和车轮的共振,以减小车身的垂直振动加速度和车轮的振幅(防止车轮跳离地面),悬架系统中应具有适当的阻尼。悬架的阻尼主要来自减振器、钢板弹簧叶片和轮胎变形时橡胶分子之间的摩擦等。钢板弹簧悬架系统中的干摩擦较大,而且钢板弹簧叶片数目越多,摩擦越大,故当汽车采用钢板弹簧悬架系统时可以不装减振器,但弹簧摩擦阻尼的数值很不稳定,钢板弹簧生锈时摩擦阻力过大,不易控制。而采用其他内摩擦很小的弹性元件(如螺旋弹簧、扭杆弹簧等)的悬架,则必须使用减振器吸收振动能量而使振动迅速衰减。为使减振器阻尼效果好且不传递大的冲击力,常把压缩行程的阻力和伸张行程的阻力取不同的值,压缩行程取较小的相对阻尼系数,伸张行程取较大的相对阻尼系数。有的减振器压缩时无阻尼而只在伸张行程时有阻尼,具有这种阻尼特性的减振器称为单向作用减振器。而在压缩、伸张两行程中均有阻尼作用的减振器称为双向作用减振器。

采用减振器不仅可以提高汽车行驶的平顺性,还可以增加悬架的角刚度,改善车轮与道路的接触情况,防止车轮跳离地面,因而能改善汽车的稳定性,提高汽车的行驶安全性。改善减振器的性能对提高汽车在不平道路上的行驶速度有很好的作用。悬架系统的干摩擦可使悬架的弹性部分或全部被锁住,使汽车只在轮胎上发生振动,因而增加了振动频率且使路面冲击容易传给车身。为减小钢板弹簧叶片间的摩擦,可在叶片间加润滑脂或摩擦衬垫,在结构上采用少片弹簧。

(3) 主动悬架与半主动悬架。一般悬架由弹簧和减振器组成,其特性参数(悬架刚度 K 和阻尼系数 c)是在一定条件下进行优化确定的。这种悬架的特性参数一旦选定便无法更改,故称为被动悬架。其缺点是不能根据使用工况(如荷载变化引起的悬架质量变化、车速和路况所决定的路面输入等)的变化进行控制、调整,无法满足汽车较高性能的要求。

利用电控技术与随动液压技术的主动悬架和半主动悬架能较好地改善汽车行驶的平顺性。主动悬架一般用液压缸作为主动控制力发生器来代替悬架的弹簧和减振器,由外部高压液体提供能源,用传感器测量系统运动的状态信号并反馈到电控单元,然后由电控单元发出指令控制主动控制力发生器,产生主动控制力并作用于振动系统,构成闭环控制。半主动悬架的核心部分采用可调阻尼减振器,其控制逻辑有的和主动悬架类似,是闭环的,有的则根据车速等参数进行开环控制。它消耗的全部能量只用来驱动控制阀,故能耗较低。

(4) 非悬架质量的影响。非悬架质量对汽车行驶的平顺性影响较小,减小非悬架质量可降低车身的振动频率、提高车轮的振动频率,从而使高频共振移向更高的行驶速度,这对汽车行驶的平顺性有利。另外,减小非悬架质量可有效减小其对车身的冲击力。非悬架质量对行驶平顺性的影响常用非悬架质量与悬架质量之比(m/M)来评价,比值越小,行驶的平顺性越好。现代轿车 m/M 的值为 10.5% ~ 14.5%,具有良好的行驶平顺性。

(5) 轮胎的影响。轮胎的弹性使悬架的换算刚度减小。当汽车在不平道路上行驶时,轮胎的弹性作用使得轮胎位移曲线比道路断面轮廓圆滑、平整,跳跃长度比道路坎坷不平的长度大,而跳跃曲线的高度则比道路不平的真正高度小(所谓轮胎的展平能力),它可使汽车在高频共振时的振幅减小。轮胎内摩擦所引起的阻尼作用可吸收振动能量,使振动衰减。从改善汽车行驶平顺性的角度考虑,轮胎的径向刚度应尽可能小。但轮胎的径向刚度过低会增加轮胎侧偏的程度,影响汽车的操纵稳定性,还会使滚动阻力增加并降低轮胎的使用寿命。

(6) 底盘旋转件不平衡的影响。在汽车行驶过程中,底盘旋转件(如传动轴、车轮等)的不平衡极易产生周期性的激振力,而后通过悬架传至车身,影响汽车行驶的平顺性。提高底盘旋转件的动平衡度对改善汽车行驶的平顺性会起到一定的作用。

(7) 轴距的影响。在汽车行驶过程中,当受到路面不平的冲击时,汽车车身的俯仰角加速度随轴距的加大而减小,而垂直振动加速度则随着轴距的加大,除前、后轴上方没有变化外,其他各处都减小,所以,轴距的加大对汽车行驶平顺性的改善是非常有利的。

(8) 乘坐位置与座椅的影响。座椅的位置对汽车行驶平顺性反应的差别很大。试验和实际感受表明,接近车身中部的座位,其振动量最小。与汽车质量中心的距离越大,车身振动对乘客的影响越大。对于载货汽车和公共汽车,为了减小水平纵向振动的振幅,座位在高度上应尽量减小与质心的距离。坐垫的弹性要适当,若汽车的悬架较硬,则可采用较软的坐垫;若汽车的悬架较软,则可采用较硬的坐垫,以防因乘客在座位上的振动频率与车身的振动频率重合而发生共振。另外,坐垫也需要一定的阻尼,以衰减振动。

总之,影响汽车行驶平顺性的结构因素很多且关系错综复杂,必须对这些因素进行综合分析,以便正确选择,提高汽车行驶的平顺性。

2. 使用因素

道路不平是引起汽车振动的主要因素,这就决定了汽车行驶过程中的平顺性与路面状况和车速有着密切的关系。另外,汽车悬架系统在汽车行驶过程中的技术状况对汽车行驶的平顺性也有重要的影响。

(1) 路况与车速。汽车在不平道路上行驶时,前、后车轮连同车身都要受到来自路面的冲击作用。对某一汽车来说,激振的强度和频率主要取决于路面状况和车速,这就相应决定了汽车的振动响应。

（2）悬架系统的技术状况。悬架系统的固有频率和阻尼系数对汽车行驶的平顺性有着重要的影响。汽车在使用过程中由于受各种因素的影响，使得这些参数可能发生变化，如钢板弹簧叶片之间的润滑不好或减振器阻尼过大等，都会使弹簧部分或全部被锁住，引起车身的振动频率增加。当汽车通过不平的路面时，就会使汽车产生剧烈的冲击。

二、悬架性能评价

汽车悬架的性能对整车的行驶平顺性、安全性、通过性和燃油经济性有重要的影响。研究表明，当汽车悬架的减振器阻尼下降至原设计值的20%以下时，车轮离地的概率剧增，汽车的操纵稳定性恶化，因此，我国有关汽车标准对悬架性能的检测和评定提出了具体要求。汽车悬架的性能可通过谐振式悬架检测台或平板式悬架检测台测得。

1. 谐振式悬架检测台的评价指标

汽车悬架装置的弹性元件或减振器损坏后，会使悬架装置的角刚度减小，增加了高频非悬挂质量的振动位移，使车轮和道路的接触状态变差。车轮作用在地面上的接地力减小，大振幅的车轮振动甚至会使车轮跳离地面。因此，若悬架装置被损坏，则不仅会影响汽车行驶的平顺性，还会影响汽车的操纵稳定性，使汽车的行驶安全性变差。

为了评价悬架的性能，引入了车轮与道路接触状态的概念。车轮与道路的接触状态可以用车轮对地面的作用力来表示，这个作用力称为接地力。在实际路面上行驶时，汽车的各个车轮与地面的作用状况是不同的，这是因为各车轮悬架装置的性能不同，或承受的负载不同，或轮胎气压不同，或路面冲击不同等。如果在检测台上调整各车轮的轮胎气压，承受的负载和路面冲击达到一致，则车轮与道路的接触状态就主要取决于悬架装置的工作性能。因此，用测量汽车在检测台上车轮与地面接地力的大小和变化来评价汽车悬架装置的品质和性能是完全可行的。

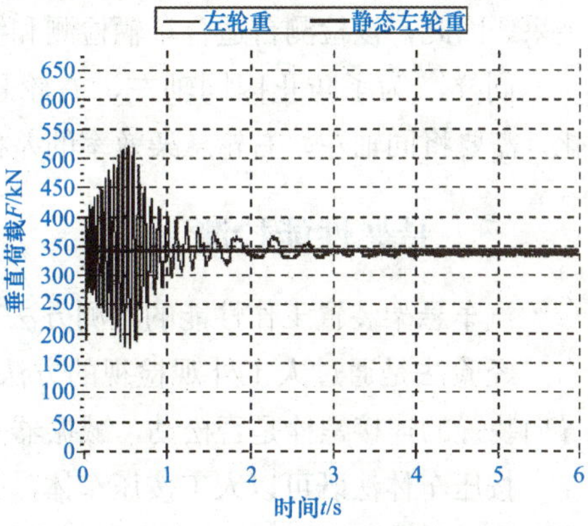

谐振式悬架检测台是通过测试车轮作用在激振台板上的垂直荷载（图7-2）或激振台板的位移变化来评价悬架性能的，采用悬架吸收率作为悬架性能的评价指标。我国有关标准规定悬架吸收率的定义：被测车轮（包括汽车的悬架装置）和车架（或车身）发生共振时，车轮的最小动态垂直荷载与静态垂直荷载之比，以百分数表示，即

图7-2 悬架垂直荷载的时域曲线

$$\lambda = \frac{F_{\min}}{W} \times 100\%$$

式中　λ——悬架吸收率（%）；
　　　$F_{\min}$——车轮的最小动态垂直荷载（N）；
　　　W——该车轮的静态垂直荷载（N）。

采用吸收率来评价汽车悬架装置的性能，不仅考虑了悬架装置对汽车行驶平顺性的影响，还着重考虑了对汽车操纵稳定性和行驶安全性的影响。它考察的是汽车在最差的工作条件情况下，即地面的激振使车轮达到共振时，车轮与地面的接触状态。这是一个比较直观的评价指标，既能快速检测，又能综合评价汽车悬架装置的弹簧与减振器的匹配性能及品质。当然，随着汽车检测技术的发展，这种方法还会不断地加以修改和完善。

2. 平板式悬架检测台的评价指标

对于平板式悬架检测台，采用悬架效率作为悬架性能的评价指标。图7-3所示为采用平板式悬架检测台检测所得的左前轮的荷载变化曲线。悬架效率的定义为

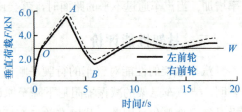

图7-3 左前车轮荷载变化

$$\eta = \left\{ 1 - \left| \frac{F_B - W}{F_A - W} \right| \right\} \times 100\%$$

式中　η——悬架效率（%）；

F_A——悬架衰减振动过程中的车轮的最大动荷载（N）；

F_B——悬架衰减振动过程中的车轮的最小动荷载（N）；

W——该车轮的静态垂直荷载（N）。

当在平板式悬架检测台上检测汽车的悬架效率时，测试过程接近路试，可以真实地反映车辆悬架的减振性能。而且试验数据全部由计算机自动处理，操作方便，试验瞬间即可得出测试结果。因此，该检测台适合车辆检测和维修单位使用。

同样，为了防止因同轴左、右轮悬架效率的差异过大而引起操纵稳定性和制动稳定性恶化，需要将同轴左、右轮悬架效率的差控制在一定范围内。

三、悬架性能检测

汽车悬架装置工作性能的检测方法有经验法、按压车体法和台架检测法三种。

经验法是通过人工外观检视的方法，主要从外部检查悬架装置的弹簧是否有裂纹，弹簧和导向装置的连接螺栓是否松动，减振器是否漏油、缺油和损坏等。

按压车体法既可以人工按压车体，又可以用检测台的动力按压车体。按压使车体上下运动，观察悬架装置的减振器和各部件的工作情况，凭经验判断是否需要更换或修理减振器和其他部件。

台架检测法能快速检测、诊断悬架装置的工作性能，并能进行定量分析。根据激振方式的不同，悬架检测台可分为谐振式和平板式两种类型。其中，谐振式悬架检测台根据检测参数的不同，又可分为测力式和测位移式两种类型。

1. 谐振式悬架检测台

谐振式悬架检测台如图7-4所示，它一般由机械部分和微机控制部分组成。检测时，先通过检测台中由电动机、偏心轮、蓄能飞轮和激振弹簧组成的激振器迫使检测台台面及其上被检汽车的悬架装置产生振动，然后在开机数秒后断开电动机电源，从而由蓄能飞轮产生扫频激振。由于

电动机的频率比车轮的固有振动频率高,因此,在蓄能飞轮逐渐降速的扫频激振过程中总能扫到车轮的固有振动频率处,从而使台面与汽车系统产生共振。通过检测激振后振动衰减过程中力或位移的振动曲线,可求出频率和衰减特性,从而判断出悬架装置减振器的工作性能。

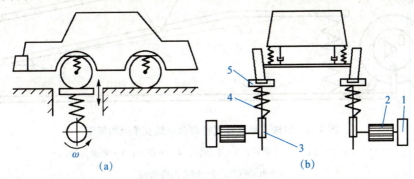

图 7-4　谐振式悬架装置检测台
(a)侧视图；(b)正视图

1—蓄能飞轮；2—电动机；3—凸轮；4—激振弹簧；5—台面

测力式悬架检测台检测的是振动衰减过程中的力,测位移式悬架检测台检测的是振动衰减过程中的位移量,它们的结构简图如图 7-5 所示。由于谐振式悬架检测台性能稳定、数据可靠,因此应用广泛。

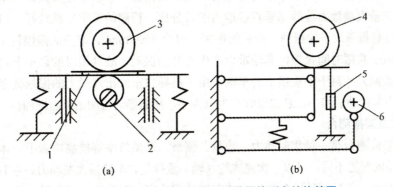

图 7-5　测力式和测位置式悬架装置检测台结构简图
(a)测力式；(b)测位移式

1—力传感器；2—偏心轴；3、4—车轮；5—位移传感器；6—偏心轮

谐振式悬架检测台的机械部分由箱体和左、右两套相同的振动系统构成,其单轮支承结构简图如图 7-6 所示。因为一套振动系统左右对称,故另一侧省略。每套振动系统由上摆臂、中摆臂、下摆臂、支承台面、激振弹簧、驱动电动机、蓄能飞轮和传感器等构成。传感器一端固定在箱体上,另一端固定在支承台面上。上摆臂、中摆臂和下摆臂通过三个摆臂轴和六个轴承安装在箱体上。上摆臂和中摆臂与支承台面连接,构成平行四边形的四连杆机构,以保证上下运动时能平行移动且台面受载时始终保持水平。中摆臂和下摆臂的端部之间装有弹簧。驱动电动机的一端装有蓄能飞轮,另一端装有凸缘,凸缘上有偏心轴。连杆一端通过轴承和偏心轴连接,另一端和下摆臂端部连接。

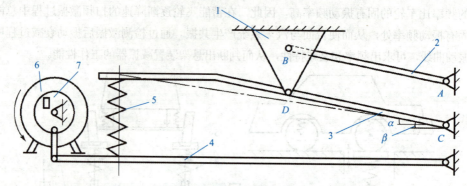

图 7-6 谐振式悬架装置检测台单轮支承结构简图

1—支承台面；2—上摆臂；3—中摆臂；4—下摆臂；5—激振弹簧；
6—驱动电机；7—偏心惯性结构

检测时，将汽车驶上支承台面，启动测试程序，驱动电动机带动偏心机构使整个汽车与台面系统振动。激振数秒钟达到某稳定角频率强迫振动后断开驱动电动机电源，接着由蓄能飞轮以此角频率进行扫频激振。由于停在支承台面上的车轮的固有频率介于此稳定频率和 0 之间，因此，蓄能飞轮的扫频激振总能使汽车与台面系统产生共振。断开驱动电动机电源的同时启动采样测试装置，记录数据和波形，然后进行分析、处理和评价。

谐振式悬架检测台采用吸收率作为悬架特性的评价指标。吸收率是指共振时车轮作用于检测台的最小动态垂直接地力与静态垂直接地力的百分比，检测结果重复性较好。但由于谐振式悬架检测台通过台板激发车轮振动，台板的振幅一般为 3～6 mm，车身的振幅较小。对于轴重较大的车辆，由于共振时间很短，车轮难以产生充分的振动，故共振时的最小车轮动载偏大，悬架吸收率也就偏大；对于轴重很小的车辆，由于易导致车轮出现过大的振幅甚至跳离台面，故共振时的最小车轮动载偏小，悬架吸收率也就偏小，从而影响检测结果的准确性。

2. 平板式悬架检测台

平板式悬架检测台是一种集制动力、轮重、侧滑、悬架效率等检测功能于一体的汽车检测设备。根据设备的配置不同，可以一次完成轮（轴）重称量、车轮最大制动力、左右轮制动力平衡、制动协调时间、前后制动力分配比、整车制动减速度、车轮横向侧滑量、悬架效率等多种项目的检测。平板式汽车检测设备的最大特点是在汽车运动过程中测试能够比较真实地反映汽车在道路上行驶时的实际性能。平板式汽车检测设备的检测方法简便，检测时间短，且具有耗电少、安装方便、费用低等优点。目前，这种平板式悬架检测台正越来越多地被汽车检测机构所采用。

平板式悬架检测台结构示意如图 7-7 所示，它主要由机架、制动平板、轮重传感器、制动传感器、力臂、信号处理盒和计算机、检

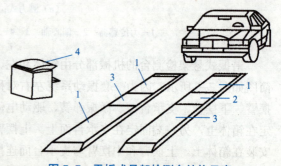

图 7-7 平板式悬架检测台结构示意

1—测试板；2—侧滑板；3—过渡板；4—控制柜

测控制系统软件、控制柜等组成。

用于小型车辆检测的平板式悬架检测台一般有四块制动平板，用于重型车辆检测的平板式悬架检测台有的只有两块制动平板，每块制动平板在检测时承担一个车轮的质量。在每块制动平板的下面装有起支承作用的轮重传感器，前端装有制动力传感器和力臂，还有一个负责信号采集、前置处理的处理器。

控制柜用来放置计算机、显示器和打印机等操作用件。检测控制软件的主要作用有引导车辆检测、采集信号数据、计算评价结果及打印检测报告和振动衰减曲线等。

用平板式悬架检测台检测悬架性能时，测试过程接近道路试验。检测时，车辆以 5～10 km/h 的速度驶上平板，当四个车轮都驶在平板上时，驾驶员进行紧急制动，迅速将制动踏板踩到底，使车轮停在平板上。此时，前、后车轮处的负重情况将发生变化，主要是由制动时前、后车轮之间的负荷发生转移及车身通过悬架在车轮上的振动引起的。车身加速向下时，车轮处负重增加；车身加速向上时，车轮处负重减小。

图 7-8 所示的车轮负重变化曲线是平板式悬架检测台在显示悬架性能测试结果时给出的前、后车轮处的负重随时间变化的曲线。从图 7-8（a）可以看出，前轮处的动态负重先从静态负重值的近 O 点上升到最大值（A 点），再从最大值下降到最小值（B 点）。显然，图 7-8（a）所反映的是制动时前部车身先加速向下，再加速回升向上的"制动点头"现象。图 7-8（b）反映了后部车身的振动，它与图 7-8（a）反相位，即前部车身向下运动时后部车身向上抬起（加速度较大时后轮可能会离地），前部车身回升时后部车身向下运动。因此，图 7-8（b）反映了车辆制动时引起的前、后车身纵向俯仰振动的现象。由于车辆的悬架系统能够衰减、吸收车身的振动，所以，车身的振动经过一段时间后就会消失，因而图 7-8 中曲线的后段部分逐渐平直并接近 O 点的高度（车轮处于静态负重）。该曲线反映了车辆制动时引起的车身振动被悬架系统逐渐衰减的过程。这说明平板式悬架检测台是按照"车轮处于动态负重的变化—车身振动—悬架衰减振动—悬架效率"这一原理测试汽车悬架性能的。

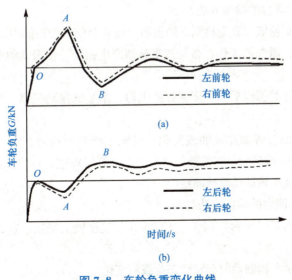

图 7-8 车轮负重变化曲线

(a) 前轮；(b) 后轮

平板式悬架检测台采用悬架效率作为悬架特性的评价指标。悬架效率反映了悬架的减振能力。谐振式悬架检测台是在车辆处于静止状态下进行检测的，一次只能检测一个悬架，所以悬架之间的相互干涉必然对检测结果有一定的影响，车辆的轴距和轮距越小，检测结果的误差越大。而平板式悬架检测台是在车辆行驶过程中进行检测的，通过紧急制动的激励作用使车身产生振动，车轮几乎不振动，车身的振幅一般为 20 mm 左右，可使悬架系统的各部件产生充分的运动，从而使悬架的动态特性最大限度地表现出来，由制动引起的车身振动再由阻尼的自由衰减振动，评价指标悬架效率直接反映了悬架的固有特性（相对阻尼比），而且四轮同时检测，与车辆悬架系统的实际工作状况基本一致。

由于检测过程与驾驶员对车辆行驶速度和制动的控制差异较大，因此，平板式悬架检测台检测悬架效率的重复性不够理想。

四、悬架性能的检测与分析

悬架检测台的型号、结构形式，允许轴重不同，其使用方法也不同。在使用前一定要认真阅读使用说明书，以掌握正确的使用方法。悬架检测台的一般使用方法如下：

1. 使用的注意事项

（1）超出悬架检测台额定荷载的汽车禁止驶上悬架检测台。

（2）不要在悬架检测台上停放车辆和堆积杂物，严禁做空载试验。

（3）不要对脏的车辆直接进行检测，特别是对于轮胎和底盘部分粘有较多泥土的车辆，应首先清洗并待滴水较少时再进行检测。

（4）雨天检测必须为车辆除水，滴水较少时才能进行检测。

（5）严禁悬架检测台中进水，应保持传感器干燥，以确保传感器正常工作。

（6）为保证测试精度，悬架检测台必须预热 30 min。

2. 检测步骤

（1）谐振式悬架检测台的检测方法。

1）将车辆每轴的车轮依次驶上检测台的台面，使轮胎位于台面的中央位置。

2）启动检测程序，激振器工作，带动汽车悬架产生振动，使振动频率上升到超过系统的共振频率。

3）当振动频率超过共振点后，关闭激振器电源，系统的振动频率自然衰减（降低）并通过系统的共振点。

4）记录衰减振动的过程数据及曲线变化，设纵坐标为车轮动态荷载变化值，横坐标为时间。计算并显示车轮动态荷载与静态荷载的百分比，计算同轴左、右轮百分比的差值。

5）打印检测报告及车轮振动衰减曲线图。

（2）平板式悬架检测台的检测方法。

1）驾驶员将车辆对正平板台，以 5～10 km/h 的速度驶上平板，置变速器于空挡，急踩制动，使车辆停在平板上。

2）连续测量并记录车辆制动时车轮动态荷载的变化。

3）计算并显示悬架效率和同轴左、右悬架效率之差。

4）打印检测报告及车轮振动衰减曲线图。

3. 检测标准

悬架检测台在检测中，悬架检测台台板连同其上的被检汽车按正弦规律做垂直振动，激振振幅固定而频率变化。力传感器感应到车轮作用到台板上的垂直作用力并将力信号存入存储器中。当对全车所有车轮的悬架装置检测完毕后，计算机对力信号进行分析和处理，便可获得车轮的接地性指数即悬架吸收率。欧洲减振器制造协会（EUSAMA）推荐的悬架吸收率的参考标准见表7-1，可供检测悬架装置的工作性能时参考。

表 7-1 悬架吸收率参考标准

悬架吸收率/%	车轮接地状态	悬架吸收率/%	车轮接地状态
60～100	优	20～30	差
45～60	良	1～20	很差
30～45	一般	0	车轮与路面脱离

需要指出的是，表7-1中的车轮接地性指数是在悬架检测台台面振幅为6 mm的情况下测得的，这也是大部分悬架检测台使用的激振振幅。表7-1中的参考标准适用大多数汽车，但非常轻的小轿车和微型车例外，虽然这类汽车其中一个轴（一般为后轴）的两个车轮的接地性指数非常低，但是它们的悬架装置是正常的。

一般对于最大设计车速不小于100 km/h、轴载质量不大于1 500 kg 的载客汽车：

（1）用悬架检测台按悬架特性检测中规定的方法进行检测时，受检车辆的车轮在受外界激励振动下测得的吸收率应不小于40%，同轴左、右轮吸收率之差不得大于15%。

（2）用平板式悬架检测台按悬架特性检测中规定的方法进行检测时，受检车辆制动时测得的悬架效率应不小于45%，同轴左、右轮悬架效率之差不得大于20%。

4. 检测结果分析

悬架性能检测不属于安全技术检测项目，在营运车辆技术等级评定中，悬架特性为不分级项目，检测结果符合上述要求即合格。若不满足标准规定的限值，则评定为不合格。对不合格的车辆应进行调试、修理，直至检测合格为止。

（1）减振器故障的原因。在悬架系统中起主要作用的部件是减振器。减振器是汽车使用过程中的易损配件，减振器工作的好坏将直接影响汽车行驶的平稳性和其他机件的寿命，因此应使减振器经常处于良好的工作状态下。悬架装置检测中不合格的车辆可能的故障原因如下：

1）减振器内部的轴磨损、内部阀片损坏、各密封处漏油等，导致减振功能失效。
2）减振器外部的紧固螺栓磨损、松动、脱落。
3）减振用螺旋弹簧的弹性降低、疲劳或折断，造成早期损坏。
4）悬架系统各连接部件磨损、松动。

（2）减振器的检查方法。为衰减振动，汽车悬架系统中采用的减振器多是液力减振器，其工作原理是当车架和车桥间振动而出现相对运动时，减振器内的活塞上下移动，减振器腔内的油液便反复地从一个腔经过不同的孔隙流入另一个腔。此时，孔壁与油液之间的摩擦和油液分子之间的内摩擦对振动形成阻尼力，使汽车振动能量转化为油液热能，再由减振器吸收而散发到大气中。当油液通道截面等因素不变时，阻尼力随车架与车桥之间的相对运动速度增减，并与油液黏度有关。根据减振器的工作原理，可以对其进行如下检测来验证减振器的性能：

1）让汽车在道路条件较差的路面上行驶10 km后停车，用手摸减振器外壳，如果不够热，则说明减振器内部无阻力，减振器不工作，此时可加入适当的润滑油再进行试验。若外壳发热，则为减振器内部缺油，应加足油，否则说明减振器失效。

2）用力按下保险杠，然后松开，如果汽车有2～3次跳跃，则说明减振器工作良好。

3）当汽车缓慢行驶而紧急制动时，若汽车振动比较剧烈，则说明减振器有问题。

4）拆下减振器将其直立，并把下端连接环夹于台钳上，用力拉压减振杆数次，此时应有稳定的阻力，往上拉（复原）的阻力应大于向下压的阻力。如阻力不稳定或无阻力，则可能是减振器内部缺油或阀门零件损坏，应进行修复或更换零件。

5. 悬架使用注意事项

车辆的悬架装置是连接车身和车轮的弹性元件系统，在行驶中，它用来传递车轮和车身之间的各种力和力矩，吸收和衰减由路面不平引起的对车身车轮系统的冲击和振动，保证汽车行驶时必要的安全性和操纵稳定性。为避免悬架装置早期损坏，延长其使用寿命，在使用中要正确驾驶车辆，注意以下几个方面：

（1）汽车起步要平稳，行驶中尽量避免紧急制动。因为起步过急，悬架系统所承受的负荷增加，容易造成零部件的损坏。汽车紧急制动时，由于惯性力和制动力的作用，使悬架系统同时受到弯曲应力和拉伸应力，这两种力的合力大大超过了垂直弯曲时的应力。紧急制动是造成悬架系统损坏的主要原因。

（2）转弯要慢。汽车转弯时产生离心力，转弯时的车速越高，所产生的离心力越大。由于离心力的作用增加了外侧弹簧的负荷，故过急的转弯不仅可能发生事故，还会使外侧悬架系统的负荷增大过多，使其应力过大，从而容易损坏。

（3）保持中速行驶。汽车行驶速度过快，特别是在不平道路上高速行驶，会使悬架系统的变形幅度加大、变形次数增多，加速疲劳或折断。

（4）避免超载行驶。汽车的装载量超过规定标准时，会使悬架系统的负荷增大，产生过大的变形应力，使悬架系统的耐疲劳性能降低，缩短其使用寿命。

参考操作手册完成对试验汽车悬架性能检测操作，按照任务工单（表7-2）要求，填写相关操作信息，记录相应的检测条件及结果，做出相应分析。

表 7-2　任务工单

班 级		姓 名		学 号	

汽车悬架性能检测

1．填写车辆信息。

车辆 VIN 码：_____

车型：_____　生产年份：_____　发动机型号：_____　变速器型号：_____

2．悬架性能检测台功能说明。

3．悬架性能检测准备。

（1）轮胎气压：左前轮_____　右前轮_____　左后轮_____　右后轮_____

（2）悬架部件状态检查：_____

_____

_____

4．检测数据记录。

检测悬架	悬架吸收率 /%	差值
前左		
前右		
后左		
后右		

5．对检测结果进行分析评价。

自我评价（个人技能掌握程度）：□非常熟练　□比较熟练　□一般熟练　□不熟练

教师评语（包括工作单填写情况、语言表达、态度及沟通技巧等方面，并按等级制给出成绩）

实训记录成绩_____　教师签字：_____　　年　月　日

1. 举例说明如何评价汽车悬架的工作状态。
2. 影响汽车悬架性能的因素有哪些?

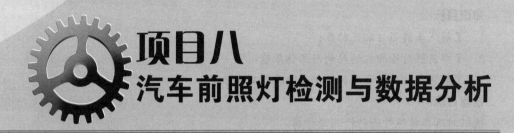

项目八
汽车前照灯检测与数据分析

一、汽车前照灯
二、前照灯的检验指标
三、汽车前照灯的配光特性
四、前照灯检测仪的检测原理
五、前照灯检测仪的类型
六、汽车前照灯的检测与分析

汽车检测设备运用与数据分析
Application and data analysis of automobile testing equipment

知识目标：
1. 了解汽车前照灯配光特性；
2. 了解前照灯检测仪的结构与工作原理；
3. 了解汽车前照灯检测的检测标准和检测方法。

技能目标：
能够对汽车前照灯进行检测与分析。

素养目标：
1. 能够遵守安全操作规范，具有安全意识；
2. 能够爱岗敬业，具有道德意识。

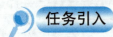

汽车前照灯即汽车大灯，是汽车在夜间或能见度较低的情况下为驾驶员提供行车道路照明的重要设备，也是驾驶员发出警示、进行联络的灯光信号装置。在行车过程中汽车受到振动，可能引起前照灯部件的安装位置发生变动，从而改变光束的正确照射方向，同时灯泡在使用过程中会逐步老化，反射镜也会受到污染而使其聚光的性能变差，导致前照灯的亮度不足。当发光强度不足或光束照射位置偏斜时，汽车驾驶员不易辨清前方的障碍物或给对面来车的驾驶员造成眩目，因而导致交通事故。因此，应定期对前照灯的发光强度和光束照射位置进行检测、校正，必须熟悉前照灯的检测指标、配光特性、检测标准及前照灯检测仪的结构和正确使用方法等。

一、汽车前照灯

前照灯又称大灯，装于汽车头部两侧，用于夜间行车道路的照明。它是保证汽车在夜间或能见度较低的情况下安全行车的重要装置。前照灯有远光和近光的功能，合理使用前照灯应做到会车时使用近光，会车后可以变回远光，通过交叉路口和超车时应通过变换远、近光来提示。

1. 前照灯的使用

远光用于前方无来车或不尾随其他车辆时的行驶照明，远光要求明亮而均匀，可以照亮车前方 150 m 的距离；近光用于两车相会时的近距离照明，照亮车前方 40 m 范围且不能产生眩目，还用于夜间以下情况：

（1）尾随前车且与前车相距 30～50 m 时；

(2) 在有路灯照明的城市道路上行驶；

(3) 通过交通指挥岗之前。

白天在有雾、降雪、暴雨或多尘区行驶视线不清时，可使用近光灯代替雾灯；夜间不允许雾灯代替近光灯使用。

2. 前照灯的组成

(1) 灯泡。

1) 充气灯泡：钨丝受热蒸发，寿命缩短且易黑化。

2) 卤钨灯泡：利用卤钨再生循环反应原理制成。

3) 氙气放电灯泡：利用光电子气体放电原理制成。

2) 反射镜：其作用是尽量把灯泡的光线聚合起来导向前方，达到最远的照射距离。

(3) 配光镜：将反射镜反射出的平行光束折射，使车前具有良好而又均匀的照明。

(4) 灯泡插座。

(5) 灯壳。

(6) 前照灯的防眩。眼睛由于受到强光的刺激会产生眩目。影响眩目的因素有三个方面：光源小且亮；光源直射眼睛；光亮变化（亮暗之间）快。为防止眩目的产生，前照灯采用以下措施：

1) 采用双丝灯泡。

2) 采用具有配光屏的双丝灯泡。

3) 采用具有非对称配光屏的双丝灯泡。

二、前照灯的检验指标

1. 发光强度

发光强度表示光源在一定方向范围内发出的可见光辐射强弱的物理量，单位为坎德拉，简称坎，用符号 cd 表示。按国际标准单位 SI 规定，若一光源在给定方向上发出频率为 5.4×10^{10} Hz 的单色辐射且在此方向上的辐射强度为 1/683 W/sr（瓦特每球面度），则此光源在该方向上的发光强度为 1 cd。

2. 照度

由于实际检测汽车前照灯时检测仪均需离开前照灯一定的距离，故前照灯检测仪实际检测的并不是发光强度，而是照度。照度是物体单位面积上所得到的光通量，它表示不发光物体被光源照明的程度，是表征受光面明亮度的物理量，单位为勒克斯，用符号 lx 表示。1 lx 等于 1 cd 的点光源在半径为 1 m 的球面上产生的光照度。照度可用下式表示：

$$E = \frac{\phi}{S}$$

式中　E——照度；

　　　ϕ——照射到物体上的光通量；

　　　S——被照明物体的面积。

在光源发光强度不变的情况下，物体离开光源越远，被照明的程度越差。在不计光源大小，即把光源看作点光源的情况下，照度等于发光强度与离开光源距离的平方的比值，其关系如图8-1所示。

图8-2所示为根据大量试验测得的数据绘制的前照灯主光轴照度与距离的变化曲线。从图中可以看出，距离超过5 m时，实测值和理论计算值基本一致；距离为3 m时，产生15%左右的误差。可见距离越远，越能得到准确的测量值。但由于受到场地的限制，在用前照灯检测仪进行测量时，通常采用在前照灯前方3 m、1 m、0.5 m、0.3 m处进行测量的方法，并将该测量值当作前照灯前方10 m处的照度，将其换算成发光强度进行指示。

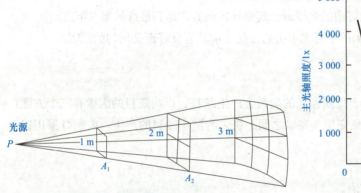

图8-1 发光强度与照度的关系

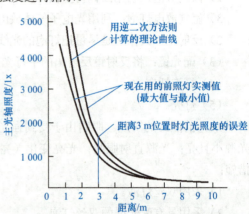

图8-2 前照灯主光轴照度与距离的变化曲线

3. 光束照射位置的偏移量

如果把前照灯最亮的地方看作光束的中心，则它对水平、垂直坐标轴交点的偏离即表示它的照射方位的偏移，偏移的尺寸就是光束照射位置的偏移量，也称为光轴的偏斜量，如图8-3所示。

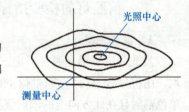

图8-3 光束照射方向

三、汽车前照灯的配光特性

前照灯的远光是夜间照明时用的，当无迎面来车或不尾随其他车辆时，灯光照得远并使路面有足够的亮度；前照灯的近光是会车时用的，要求光束倾向路面一侧，避免造成对面来车的驾驶员眩目。因此，前照灯发出的光线应满足一定的分布。配光特性就是用等照度曲线表示的明亮分布特性。用等照度曲线表示的明亮分布特性称为配光特性，也称为光形分布特性。前照灯的配光特性有对称配光和非对称配光两种。

目前，国际上通用的前照灯配光标准有美国的SAE标准和欧洲的ECE标准，我国国家标准所规定的配光标准与ECE标准一致，按照ECE标准制造的前照灯属于非对称防眩光前照灯。两种配光方式的远光基本相同，区别在于近光的照射位置和防眩目的方法。前照灯的配光特性应满足的要求是远光要有良好的照明，近光应具有足够的照度且不眩目。

1. SAE配光方式

SAE配光方式也称为美国配光方式，如图8-4所示。远光灯丝位于反射镜焦点处，所发出的光线经反射沿光学轴线方向射向远方；近光灯丝位于焦点之上，所发出的光线经反射后大部分向下倾斜，从而下部较亮而上部较暗，所形成的光形分布是水平方向宽、垂直方向窄。若等照度曲线左右对称，不偏向一边且上下扩展得不太宽，则为好的配光特性。SAE 配光方式的近光照射在屏幕上的光斑没有明显的明暗截止线。

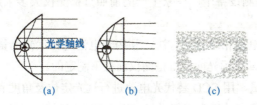

图 8-4 SAE 配光

(a) 远光；(b) 近光；(c) 近光照在屏幕上的光斑

2. ECE 配光方式

ECE 配光方式也称为欧洲配光方式，其远光配光与 SAE 配光方式相同，但近光灯丝位于反射镜焦点之前，且在灯丝下设有遮光屏，这样近光光线只落在反射镜上半部分而向下倾斜反射，照射到屏幕上时，可看到明显的明暗截止线和明暗截止线转角点的光斑，如图 8-5 所示。

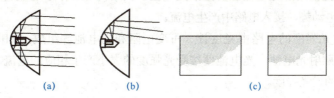

图 8-5 ECE 配光

(a) 远光；(b) 近光；(c) 近光照在屏幕上的光斑

ECE 配光方式有两种：一种是在配光屏幕上，左半部分明暗截止线与水平的前照灯基准中线的高度水平线 $h—h$ 重合，右半部分明暗截止线以 $h—h$ 线与 $V—V$ 线（汽车纵向中心平面在屏幕上的投影线）的交点为起点，呈 15°向右上方倾斜，如图 8-6（a）所示；另一种是左半部分明暗截止线在 $h—h$ 线下 250 mm 处，右半部分明暗截止线则先在左半部分明暗截止线与 $V—V$ 线的交点处向上倾斜 45°，与 $h—h$ 线相交后成为水平线，明暗截止线在屏幕上呈 Z 字形，如图 8-6（b）所示。我国前照灯的近光灯已采用 Z 字形配光方式。

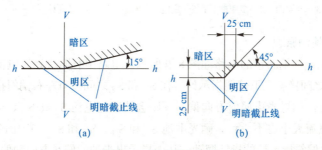

图 8-6 近光配光方式

(a) 近光非对称配光；(b) Z 字形非对称配光

四、前照灯检测仪的检测原理

前照灯检测仪是利用光电原理制成的专门用于检测汽车前照灯技术状况的仪器,该仪器可同时检测到前照灯的光束照射位置及发光强度,进而对前照灯的技术状况进行全面的评价。

目前,对各前照灯检测设备生产厂家生产的前照灯检测仪大多采用以下五种测量方法进行检测:

(1)采用CCD和光电池相结合的方法,利用光电池进行远光测量,利用CCD进行近光测量。这种方法是在沿用早期单远光前照灯检测仪前提下制定的。

(2)采用全CCD测量,用CCD替代光电池进行远光定位及角度和发光强度的测量。

(3)利用CCD的成像高分辨率进行远光和近光的角度测量,利用具有大动态范围的光电池进行远光发光强度的测量。

(4)采用全光电池的方法。测量近光时用光电池进行扫描,以得到平面图像进行近光分析。

(5)用手工进行仪器的定位,用目视的方法进行偏角的观察,同时利用光电池进行发光强度的测量。

1. 发光强度检测原理

前照灯检测仪上使用的光电池主要是硒光电池,其结构与工作原理如图8-7所示。硒光电池受光照射时产生电动势,接入电路中产生电流。

检测前照灯发光强度的电路由光度计、可变电阻和光电池等组成,如图8-8所示。按规定的距离使前照灯照射光电池,光电池便按受光强度的大小产生相应的电流,使光度计指针摆动,指示出前照灯的发光强度。

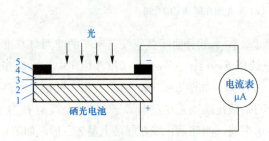

图8-7 硒光电池结构与工作原理

1—金属底板;2—硒层;3—分界面;4—金属薄膜;5—集电环

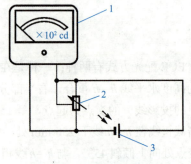

图8-8 发光强度检测原理

1—光度计;2—可变电阻;3—光电池

2. 光轴偏斜量检测原理

检测前照灯远光光轴偏斜量的电路如图8-9所示。电路中有四块硒光电池,即$S_左$、$S_右$、$S_上$和$S_下$。在$S_上$和$S_下$之间接有上下偏斜指示计,在$S_左$和$S_右$之间接有左右偏斜指示计。当前照灯的光束照射硒光电池时,如果光束照射方向偏斜,则会使硒光电池$S_上$和$S_下$、$S_左$和$S_右$的受光面不一致,因而产生的电流大小也不一致。硒光电池$S_上$和$S_下$、$S_左$和$S_右$,产生的电流差值分别使上下偏斜指示计及左右偏斜指示计的指针摆动,从而指示出光轴的偏斜方向和偏斜量。图8-10所示为光轴无偏斜时的情况,此时上下偏斜指示计的指针与左右偏斜指示计的指针均处于中间垂直位置，即上下、左右均无偏斜指示。图 8-11 所示为光轴向左、向下偏斜时的情况，这时上下偏斜指示计的指针显示向下偏斜，左右偏斜指示计的指针显示向左偏斜。由此，可检测出前照灯主光轴的偏斜方向和偏斜量。

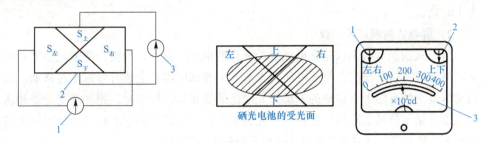

图 8-9　远光光轴偏斜量检测原理　　　　　图 8-10　光轴无偏斜时的情况
1—左右偏斜指示计；2—硒光电池；3—上下偏斜指示计　　1—左右偏斜指示计；2—上下偏斜指示计；3—光度计

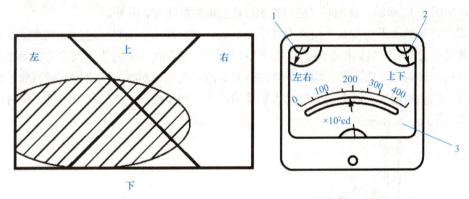

图 8-11　光轴向左、向下偏斜时的情况

1—左右偏斜指示计；2—上下偏斜指示计；3—光度计

3.CCD 检测原理

传统的前照灯检测仪以远光检测为主，利用对称分布的光电池对光轴中心进行检测，这种方法无法检测非对称性近光灯。带 CCD 元件的检测设备利用 CCD 元件成像技术，通过计算机计算光轴的中心，可以较准确地检测出非对称性近光灯灯光的偏斜量。

CCD 是一种特殊的半导体器件，其平面上分布着很多相同的感光元件，每个感光元件称为一个像素。当灯光照在感光元件上时，每个感光元件都可将光线强度转换成电信号将每个点的电信号送到计算机，经处理就可获得一个灯光照在 CCD 上的完整图像，通过图形处理软件就可得到明暗截止线拐点的位置，确定近光光轴的中心，从而检测出光轴的偏斜量。

五、前照灯检测仪的类型

前照灯检测仪按照结构特征与测量方法，可将其分为聚光式、屏幕式、投影式、自动追踪光轴式和计算机式等几种类型。这些不同类型的前照灯检测仪均由受光器接收前照灯光束、由使受光器与汽车前照灯对正的找准装置，前照灯发光强度指示装置，光轴偏斜方向和偏斜量指示装置及支柱、底板、导轨、车辆摆正找准装置等组成。

1. 聚光式前照灯检测仪

聚光式前照灯检测仪是用受光器的聚光透镜把前照灯的散射光束聚合起来，根据其对光电池的照射强度检测前照灯的发光强度和光轴偏斜量的仪器。检测时，应将检测仪放在前照灯前方 1 m 处。

2. 屏幕式前照灯检测仪

屏幕式前照灯检测仪是把前照灯的光束照射到屏幕上，从而检测发光强度和光轴偏斜量。检测时，应将检测仪放在前照灯前方 3 m 处。在固定屏幕上装有可以左右移动的活动屏幕，在活动屏幕上装有能上下移动的内部带光电池的受光器。检测时，先移动受光器和活动屏幕，根据光度计指示值最大时的位置找到主光轴的方向，然后由固定屏幕和活动屏幕上的光轴刻度尺读出光轴偏斜量，同时可从光度计的指示值得出发光强度。

3. 投影式前照灯检测仪

投影式前照灯检测仪是将前照灯光束的影像映射到投影屏上，从而检测出发光强度和光轴偏斜量，如图 8-12 所示。检测时，应将检测仪放在前照灯前方 3 m 处。

在聚光透镜的上下和左右方向装有 4 个光电池。前照灯光束的影像通过聚光透镜、光度计的光电池和反射镜后映射到投影屏上，如图 8-13 所示。检测时，通过上下与左右移动受光器使光轴偏斜指示计的指示值为零，即上下与左右光电池的受光量相等，从而找到被测前照灯主光轴的方向。然后根据投影屏上前照灯光束影像的位置，即可得出主光轴的偏斜量，同时可从光度计的指示值得出发光强度。

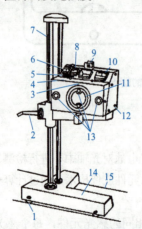

图 8-12　投影式前照灯检测仪

1—车轮；2—上下移动手柄；3—光轴刻度盘（上下）；4—光轴刻度盘（左右）；5—投影屏；6—左右偏斜指示计；7—支柱；8—上下偏斜指示计；9—车辆摆正找准器；10—光度计；11—聚光透镜；12—受光器；13—光电池；14—底座；15—导轨

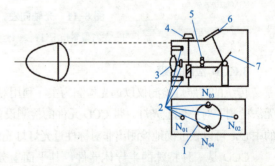

图 8-13　光束影像的映射原理

1、3—聚光透镜；2—光电池；4—光轴刻度盘；5—光度计的光电池；6—投影屏；7—反射镜

投影式前照灯检测仪不仅可以检测远光照射位置，还可以检测近光明暗截止线及其转角点的位置。当将转角点的位置调整到投影屏上的零点位置后，通过配光布置图上规定点设置的光

电管输出值便可测得近光配光特性,这是投影式前照灯检测仪的主要特点。

4. 自动追踪光轴式前照灯检测仪

自动追踪光轴式前照灯检测仪是用受光器自动追踪光轴的方法来检测发光强度和光轴偏斜量的,如图 8-14 所示。检测时,应将检测仪放在前照灯前方 3 m 处。

在受光器的面板上,聚光透镜的上、下与左、右共装有 4 个光电池,受光器的内部也装有 4 个光电池,它们分别构成主、副受光器。另外,还有由两组光电池电流差所控制的能使受光器沿上下和水平方向移动的驱动和传动装置,如图 8-15 所示。

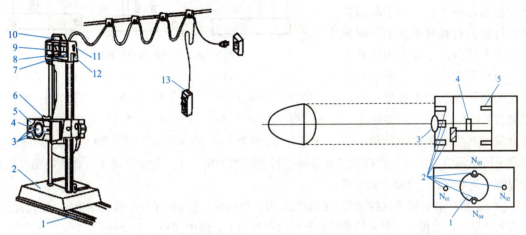

图 8-14 自动追踪光轴式前照灯检测仪

1—导轨;2—控制箱;3—光电池;4—聚光透镜;5—受光器;6—车辆摆正找准器;7—上下偏斜指示计;8—光度计;9—左右偏斜指示计;10—在用显示器;11—电源开关;12—保险丝;13—控制盒

图 8-15 自动追踪光轴式前照灯检测仪受光器的构造

1、3—聚光透镜;2—主受光器光电池;4—中央光电池;5—副受光器光电池

在检测过程中,若前照灯光束照射方向偏斜,则主、副受光器上下或左右光电池的受光量不同,它们分别产生的电流也不再相同,其电流的差值使控制受光器上下移动的电动机或使控制箱左右移动的电动机运转,并通过钢丝绳牵动受光器上下移动或驱动控制箱在轨道上左右移动,直至受光器上下、左右光电池的受光量相等为止。这就是所谓的自动追踪光轴,追踪时受光器的位移由光轴偏斜指示计指示,发光强度由光度计指示。

5. 电脑式前照灯检测仪

电脑式前照灯检测仪主要由机架、光学机构和电路板组成,如图 8-16 所示。

机架由上箱、中箱、下箱和立板组成,各部分的组成如下:

(1)上箱。上箱主要包括仪器的各种接口,有 7 芯和 14 芯的上、中箱连线接口,串行口、电源接口,熔丝座(熔丝为 5 A)等,仪器的电源为交流 220 V,在上箱通过一个滤波器(减小电源的干扰)将电源输送到各相关器件(变压器和开关电源)上。

(2)中箱。中箱在整台检测仪中占有非常重要的位置,中箱内装有前、后置 CCD 和两块 DSP 板及整个光学回路,用于拍摄机动车前照灯的发光体表面图像和模拟 10 m 远处该前照灯的成像，两块DSP板用于处理、分析这些图像。另外，中箱上还装有一块硅光电池，用于检测该前照灯的发光强度。

（3）下箱。下箱为检测仪行走的驱动结构，装有检测仪行走所需要的直流电动机、减速器（上下和左右各一个）、用于限制检测仪行走的行程开关（上下限位开关在下箱内部，左右限位开关在下箱后部的外侧）、用于测量高度的高精度多圈电位器（最大阻值为1kΩ）及用于行走的主、副动轮（其中一个主动轮和一个副动轮可以调节，保证整台检测仪在导轨上行走时四个轮子在一个水平面上）和给检测仪提供电源的开关电源、离合器、制动器。

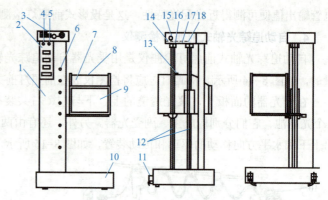

图8-16 电脑式前照灯检测仪

1—立板；2—显示面板；3—上箱；4—远光测量指示灯；5—近光测量指示灯；6—立柱光电池；7—光电箱（中箱）；8—准尖；9—透镜；10—下箱；11—行程开关；12—立柱；13—水准泡；14—熔丝盒；15—电源开关；16—电源插孔；17—串行通信和标定器接口；18—控制器接口

（4）立板内装有检测仪的大部分控制线路板，包括显示板（用于显示检测结果）、放大板（用于放大信号）、主板（对整台检测仪的动作进行控制）、继电器板、制动板等。

（5）电脑式前照灯检测仪远光的测量采用前置CCD进行定位，用硅光电池检测前照灯的发光强度，用后置CCD拍得前照灯成像图形后，由DSP进行处理计算，得出该前照灯的上下、左右偏差。近光的测量采用前置CCD进行定位，用后置CCD拍得前照灯成像图形后，由DSP进行处理计算，得出该前照灯的明暗截止线拐点及上下、左右偏差。

六、汽车前照灯的检测与分析

1. 准备工作

（1）前照灯检测仪的准备。

1）在前照灯检测仪不受光的情况下，检查光度计和光轴偏斜量指示计的指针是否对准机械零点，若指针失准，则可用零点调整螺钉进行调整。

2）检查聚光透镜和反射镜的镜面上有无污物，若有，则可用柔软的布料或镜头纸等擦拭干净。

3）检查导轨是否粘有泥土等杂物，若有，则应清除干净。

（2）车辆的准备。

1）清除前照灯上的污垢。

2）轮胎气压应符合汽车制造厂的规定。

3）前照灯开关和变光开关应处于良好状态。

4）汽车蓄电池和充电系统应处于良好状态。

2. 检测注意事项

（1）前照灯检测仪的底座一定要保持水平。受检车辆的停车位置也会直接影响检测结果，若停车位置没和轨道垂直或没按要求的距离停车，则会产生找不到光源中心或灯光偏差较大的问题。所以，要求操作人员一定要垂直于检测仪轨道停车，并按要求及时更换远、近光，才能测得较为准确的数据。

（2）前照灯检测仪不要受外来光线的影响。在仪器正常的前提下，对前照灯远、近光检测影响最大的就是车间环境和受检车辆的停车位置。车间环境主要是指检测仪在整个行驶轨迹上不得受到阳光或外来光的照射，否则会影响检测仪自动寻找光源中心，同时对检测结果也会产生较大的影响。

（3）必须在汽车保持空载并乘坐一名驾驶员的状态下进行检测。

（4）当汽车有四只前照灯时，须将辅助照明灯遮住后再进行测量。

（5）开亮前照灯照射受光器，必须使光电池的灵敏度稳定后再进行检测。

（6）检测仪不用时，应用罩子把受光器盖好。

3. 检测步骤

由于前照灯检测仪的厂牌、形式不同，检测其发光强度和光轴偏斜量的具体方法也不完全相同，因此仅对通用的使用方法介绍如下：

（1）将被检汽车尽可能沿与前照灯检测仪的轨道垂直的方向驶近检测仪，直至前照灯与检测仪受光器之间达到规定的检测距离（3 m、1 m、0.5 m 或 0.3 m）。

（2）用车辆摆正找准器使检测仪与被检汽车对正。

（3）开亮前照灯（远光灯），用前照灯照准器使检测仪与被检前照灯对正。

（4）提高发动机转速，使电源系统处于充电状态。

（5）按检测程序指示器的提示打开汽车前照灯的远光。

（6）按检测程序指示器的提示打开汽车前照灯的近光。

（7）检测结束后，将前照灯检测仪沿轨道或地面退回护栏内，汽车驶出本工位。

4. 检测标准

（1）前照灯发光强度标准。《机动车运行安全技术条件》（GB 7258—2017）规定，机动车每只前照灯的远光光束发光强度应达到表 8-1 的要求，并同时打开所有前照灯（远光灯），其总的远光光束发光强度应不超过 225 000 cd。测试时，其电源系统应处于充电状态。

表 8-1　机动车前照灯发光强度标准

机动车类型	检测项目					
	新注册车辆			在用车辆		
	一灯制	二灯制	四灯制	一灯制	二灯制	四灯制
三轮汽车	8 000	6 000	—	6 000	5 000	—
最大设计车速小于 70 km/h 的汽车	—	10 000	8 000	—	8 000	6 000
其他汽车	—	18 000	15 000	—	15 000	12 000

续表

机动车类型		检测项目					
		新注册车辆			在用车辆		
		一灯制	二灯制	四灯制	一灯制	二灯制	四灯制
普通摩托车		10 000	8 000	—	8 000	6 000	—
轻便摩托车		4 000	3 000	—	3 000	2 500	—
拖拉机运输机组	标定功率＞18 kW	—	8 000	—	—	6 000	—
	标定功率≤18 kW	6 000	6 000	—	5 000	5 000	—

注：(1) 四灯制是指前照灯具有四个远光光束。采用四灯制的机动车其中两只对称的灯达到两灯制的要求时视为合格。
(2) 允许手扶拖拉机运输机组只装用一只前照灯。

国家标准对近光灯的发光强度没有做具体的规定。因为近光灯照明距离较近，一般在 40 m 左右，所以，发光强度远比远光灯要低。

(2) 前照灯光束照射位置标准。前照灯光束照射位置如图 8-17 所示，图上绘有三条垂直线和三条水平线，中间垂直线 $V—V$ 与被检车辆的纵向中心垂直面对正，两侧垂直线 $V_左—V_左$ 和 $V_右—V_右$ 分别为被检车辆左、右前照灯基准中心的垂直线。三条水平线中的 $h—h$ 线与被检车辆前照灯的基准中心等高，距地面的高度为 H（mm）；中间水平线与被检车辆前照灯远光光束的中心等高，距离地面的高度为 H_1（mm），H_1 为 $(0.85 \sim 0.9)H$；最下边的水平线与被检车辆前照灯近光光束的中心等高，距地面的高度为 H_2（mm），H_2 为 $(0.6 \sim 0.8)H$。H 如前所述，为被检车辆前照灯基准中心距地面的高度，其值视被检车型而定。

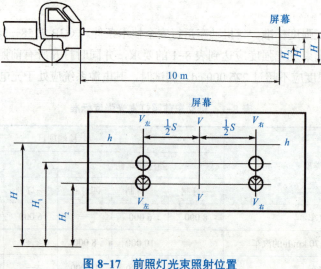

图 8-17 前照灯光束照射位置

《机动车运行安全技术条件》（GB 7258—2017）的规定：

1）在空载车状态下，汽车、摩托车前照灯近光光束照射在距离 10 m 的屏幕上，近光光束明暗截止线转角或中点的垂直方向位置，对近光光束透光面中心（基准中心，下同）高度小于等于 1 000 mm 的机动车，应不高于近光光束透光面中心所在水平面以下 50 mm 的直线且不低于近光光束透光面中心所在水平面以下 300 mm 的直线；对近光光束透光面中心高度大于 1 000 mm 的机动车，应不高于近光光束透光面中心所在水平面以下 100 mm 的直线且不低于近光光束透光面中心所在水平面以下 350 mm 的直线。除装用一只前照灯的三轮汽车和摩托车外，前照灯近光光束明暗截止线转角或中点的水平方向位置，与近光光束透光面中心所在处置面相比，向左偏移应小于等于 170 mm，向右偏移应小于等于 350 mm。

2）在空载车状态下，对于能单独调整远光光束的汽车、摩托车前照灯，前照灯远光光束照射在距离 10 m 的屏幕上，其发光强度最大点的垂直方向位置，应不高于远光光束透光面中心所在水平面（高度值为 H）以上 100 mm 的直线且不低于远光光束透光面中心所在水平面以下 $0.2H$ 的直线。除装用一只前照灯的三轮汽车和摩托车外，前照灯远光发光强度最大点的水平位置，与远光光束透光面中心所在垂直面相比，左灯向左偏移应小于等于 170 mm 且向右偏移应小于等于 350 mm，右灯向左和向右偏移均应小于等于 350 mm。

5. 检测结果分析

前照灯的技术状况检测不合格有两种情况：一是前照灯发光强度偏低；二是前照灯照射位置偏移。

（1）当左、右前照灯发光强度均偏低时，应检查前照灯反光镜是否明亮，如昏暗或镀层剥落，则应更换。检查灯泡是否老化，质量是否符合要求，否则应更换。检查蓄电池端电压是否符合要求，若蓄电池不足，则前照灯发光强度一般很难达到标准的规定，故检测时通常要求发电机处于工作状态，以满足蓄电池的电压要求。

（2）当左、右前照灯发光强度不一致时，应检查发光强度偏低的前灯的反射镜是否符合要求，是否有线路接触不良的情况。

（3）若前照灯安装位置不当或因强烈振动而错位，致使光束照射位置偏斜量超标，则应进行调整。前照灯光束照射位置偏斜的调整可借助前照灯检测仪进行。先将左右及上下光轴刻度盘旋钮置于需要调整的方位上，然后调整被检汽车前照灯的安装螺钉，直到左右及上下偏斜指示计的指针均指向零点。

任务实施

了解汽车前照灯检测设备的功能、结构原理、使用要求及操作注意事项，掌握汽车前照灯检验的标准及检测方法，按照相应的任务工单（表 8-2）要求完成汽车前照灯检验。

表 8-2　任务工单

班　级		姓　名		学　号	
汽车前照灯检测					

1. 填写车辆信息。
车辆 VIN 码：_____

车型：_____　　生产年份：_____　　轮胎气压：左前轮_____　右前轮_____

前照灯形式：　两灯制（　）；　四灯制（　）

2. 灯光检测仪的型号及功能认识。

3. 被检测汽车前照灯的评价指标。

4. 汽车前照灯检测数据记录。
（1）左前照灯：
远光发光强度为_____　　　　远光光轴偏移量为_____
近光光轴偏移量为_____

（2）右前照灯：
远光发光强度为_____　　　　远光光轴偏移量为_____
近光光轴偏移量为_____

5. 对检测结果进行分析。

自我评价（个人技能掌握程度）：　□非常熟练　　□比较熟练　　□一般熟练　　□不熟练

教师评语（包括工作单填写情况、语言表达、态度及沟通技巧等方面，并按等级制给出成绩）

　　　　　　　　　　　　　　　实训记录成绩_____　　教师签字：_____　　年　月　日

习题与思考

1. 影响汽车前照灯技术状况的因素有哪些？
2. 简述汽车前照灯发光强度和光轴偏斜量的检测原理。
3. 简述汽车前照灯的检测步骤。

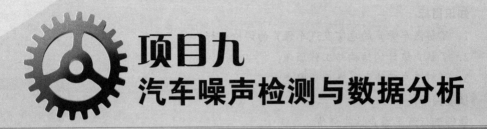

项目九
汽车噪声检测与数据分析

- 一、噪声的主要物理参数
- 二、噪声的评价指标
- 三、声级计
- 四、噪声检测方法
- 五、汽车噪声的类型及影响因素

知识目标：
1. 了解汽车噪声的危害及汽车噪声的评价指标；
2. 了解声级计的结构与工作原理；
3. 了解汽车噪声来源及影响因素。

技能目标：
能够进行汽车噪声性能评价。

素养目标：
1. 能够遵守安全操作规范，具有安全意识；
2. 能够爱岗敬业，具有道德意识。

保护环境、人人有责。良好的工作、生活环境不只是要求青山绿水，还要求有安静祥和的氛围，噪声作为一种严重的公害已日益引起人们的关注，目前世界各国已纷纷制定出控制噪声的标准。噪声、振动与舒适性也是给汽车用户最直接的感受，是评价汽车品质好坏的重要指标。通常将噪声、振动与舒适性的英文缩写为NVH（Noise、Vibration、Harshness），统称为车辆的NVH问题。汽车所有系统，如发动机、底盘、车身等都会带来NVH问题。有统计资料显示，汽车整车约有1/3的故障问题是和车辆的NVH问题有关系，为提升汽车品质，各大汽车生产厂商和零部件生产企业大量的研发费用都消耗在解决车辆NVH问题上。虽然NVH问题是在汽车设计生产阶段就要解决的问题，由于生产成本、材料及技术设备等原因，当车辆进入市场后其品质已经定型，但在车辆使用与维护阶段如果不了解NVH问题的生成机理和控制方法，则可能会导致NVH问题加剧，降低汽车品质。长期在噪声环境中生活，容易使人产生疲劳和注意力分散，因而危害比较大。所以，噪声也是一种环境污染，必须对其加以控制。

一、噪声的主要物理参数

噪声的一般定义：频率和声强杂乱无章的声音组合，并希望利用一定的控制措施消除掉的声音总称，及其造成对人和环境的影响。更人性化的描述是，人们不喜欢的声音就是噪声。噪声不仅有声学方面的性质，而且还具有生理学、心理学方面的含义，包括声音产生的不舒适程度和对人体影响程度等内容。噪声是一种声波，具有一切声波所具有的运动特点和性质。

随着汽车向快速和大功率方面的发展，汽车噪声已成为城市的主要噪声源。汽车噪声主要包括发动机的机械噪声、燃烧噪声、进排气噪声和风扇噪声、底盘的机械噪声、制动噪声和轮胎噪声、车厢振动噪声、货物撞击噪声、喇叭噪声和转向、倒车时的蜂鸣声等噪声。

1. 声压和声压级

噪声的主要物理参数有声压与声压级、声强与声强级和声功率与声功率级。其中，声压与声压级是表示声音强弱的最基本参数。

声压是指声波的存在引起的在弹性介质中压力的变化值。声音的强弱取决于声压，声压越大听到的声音越强。人耳可以听到的声压范围是 $2×10^{-5}$ Pa（听阈声压）～ 20 Pa（痛阈声压），由于两者相差 100 万倍，因而用声压的绝对值表示声音的强弱会感到很不方便。所以，人们常用声压级来表示声音的强弱。

声压级是指某点的声压 P 与基准声压（听阈声压）P_0 的比值取常用对数再乘以 20 的值 $\left(L_p = 20 \lg \dfrac{P}{P_0} \right)$，单位为分贝（dB）。可闻声声压级范围为 0 ～ 120 dB。

2. 频谱

人耳对声音的感觉不仅与声压有关，还与声音的频率有关。人耳可闻声音的频率范围为 20 ～ 20 000 Hz。一般的声源并不是仅发出单一频率的声音，而是发出具有很多频率成分的复杂声音。声音听起来之所以会有很大的差别，就是因为它们的组成成分不同造成的。因此，为全面了解一个声源的特性，仅知道它在某一频率下的声压级和声功率级是不够的，还必须知道它的各种频率成分和相应的声音强度，这就是频谱分析。噪声的频谱也是噪声的评价指标之一。以声音频率（Hz）为横坐标、以声音强度（如声压级 dB）为纵坐标绘制的噪声测量图形，称为频谱图。

二、噪声的评价指标

1. 响度级

可用与人耳生理感觉相适应的指标来评价声音的强弱，即响度级，单位为方。往往是虽然声压级相同，但由于频率不同，故听起来并不一样响；相反，不同频率的声音，虽然声压级不同，但有时听起来却一样响。

选取 1 000 Hz 的纯音为基准音，其噪声听起来与该纯音一样响，该噪声的响度级就等于这个纯音声压级的分贝数。响度级是表示声音响度的主观量，它把声压级和频率用一个概念统一起来。

2. 噪声级

由于用声压级测定的声音强弱与人们的生理感觉往往不一样，因而对噪声的评价常采用与人耳生理感觉相适应的指标。

为了模拟人耳在不同频率下有不同的灵敏性，在声级计内设有一种能够模拟人耳的听觉特性，把电信号修正为听觉近似值的网络，这种网络称为计权网络。通过计权网络测得的声压级已不再是客观物理量的声压级，而是经过听感修正的声压级，称为计权声级或噪声级。

国际电工委员会（IEC）对声学仪器规定了 A、B、C 等几种国际标准频率计权网络，它们是参考国际标准等响曲线设计的。由于 A 计权网络的特性曲线接近人耳的听感特性，故目前普遍采用 A 计权网络对噪声进行测量和评价，记作 dB（A）。

三、声级计

在汽车噪声的测量方法中,国家标准规定使用的仪器是声级计。声级计可以用来检测机动车的行驶噪声、排气噪声和喇叭声音响度级等。

声级计按所表现出的精度分为精密声级计和普通声级计;根据声级计所用的电源不同,可将声级计分为交流式声级计和用干电池供电的直流式声级计,后者也可称为便携式声级计,其具有体积小、质量轻和现场使用方便等优点。

声级计一般由传声器、放大器、衰减器、计权网络、检波器、指示表头和电源等组成。其工作原理是:被测的声波通过传声器被转换为电压信号,根据电压信号的大小选择衰减器或放大器,将放大后的电压信号送入计权网络进行处理,最后经过检波器并在以 dB 为标度的表头上指示出噪声数值。图 9-1 所示为我国生产的 ND2 型精密声级计,其组成如图 9-2 所示。

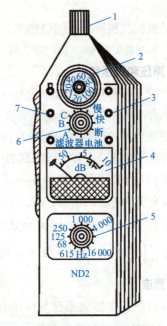

图 9-1 ND2 型精密声级计

1—传声器;2—衰减器;3—输出放大器;4—指示表头;
5—滤波器旋钮;6—计权网络旋钮;7—外接滤波器

图 9-2 ND2 型精密声级计的组成

1. 传声器

传声器是将声压信号转变为电压信号的装置,也称为话筒,是声级计的传感器。常见的传声器有动圈式和电容式等多种形式。

(1)动圈式传声器由振动膜片、可动线圈、永久磁铁和变压器等组成。振动膜片受到声压作用后开始振动,并带动着和它装在一起的可动线圈在磁场内振动,以产生感应电流。该电流根据振动膜片受到的声压大小而变化。声压越大,产生的电流越大;声压越小,产生的电流越小。

(2)电容式传声器主要由金属膜片和靠得很近的金属电极组成,它实质上是一个平板电容。金属膜片与金属电极构成了平板电容的两个极板。金属膜片受到声压作用后发生变形,使两个极板之间的距离发生变化,电容量也发生变化,从而产生交变电压,其波形在传声器线性范围内与声压级波形成比例,实现了将声压信号转变为电压信号的功能。电容式传声器是声学测量中比较理想的传声器。它具有动态范围大、频率响应平直、灵敏度高,以及在一般测量环境中稳定性好等优点,因而应用广泛。

2. 放大器和衰减器

目前流行的许多国产与进口的声级计在放大线路中都采用两级放大器,即输入放大器和输出放大器,其作用是将微弱的电压信号放大。输入衰减器和输出衰减器是用来改变输入信号和输出信号衰减量的，以便使指示表头的指针指在适当的位置上。衰减器每一挡的衰减量为 10 dB。输入放大器使用的衰减器调节范围为测量低端(如 0～70 dB)，输出放大器使用的衰减器调节范围为测量高端(如 70～120 dB)。输入和输出衰减器的刻度盘常做成不同的颜色，以黑色刻度盘与透明刻度盘配对为多。由于许多声级计的高、低端以 70 dB 为界限，故在旋转时要防止超过界限，以免损坏装置。

3. 计权网络

计权网络一般有 A、B、C 三种。A 计权网络可模拟 55 dB 以下低强度噪声的频率特性，B 计权网络可模拟 55～85 dB 中等强度噪声的频率特性，C 计权网络可模拟高强度噪声的频率特性。三者的主要区别是对噪声低频成分的衰减程度：A 衰减最多，B 次之，C 最少。A 计权网络由于其特性曲线接近人耳的听感特性，因此，是目前世界上噪声测量中应用较广泛的一种计权网络。B 计权网络、C 计权网络应用较少。

从声级计上得出的噪声级读数必须注明采用的是何种计权网络。

4. 检波器和指示表头

为了使经过放大的电压信号通过指示表头显示出来，声级计还需要有检波器，以便把迅速变化的电压信号转变成变化较慢的直流电压信号。直流电压的大小要正比于输入信号的大小。根据测量的需要，检波器有峰值检波器、平均值检波器和均方根值检波器之分。峰值检波器能给出一定时间间隔内的最大值，平均值检波器能在一定的时间间隔内测量其绝对平均值。除像枪炮声那样的脉冲声需要测量峰值外，在多数的噪声测量中均采用均方根值检波器。

均方根值检波器能对交流信号进行平方、平均和开方，得出电压的均方根值，最后将均方根电压信号输送到指示表头。指示表头是一只电表，只要对其刻度进行一定的标定，就可直接读出噪声级的 dB 值。声级计表头阻尼一般都有"快"和"慢"两个挡。"快"挡的平均时间为 0.27 s，很接近于人耳听感的生理平均时间；"慢"挡的平均时间为 1.05 s。当对稳态噪声进行测量或需要记录声级变化过程时，使用"快"挡比较合适；当被测噪声的波动比较大时，使用"慢"挡比较合适。

为适应测量现场的需要，声级计一般都备有三脚支架，以便根据需要将声级计固定在三脚支架上。

声级计面板上一般还备有一些插孔。这些插孔如果与便携式倍频带滤波器相连，则可组成小型现场使用的简易频谱分析系统；如果与录音机组合，则可把现场噪声录制在磁带上存储下来，待以后再进行更详细的研究；如果与示波器组合，则可观察到声压变化的波形，并可存储波形或用照相机、摄像机把波形摄制下来。还可以把分析仪、记录仪等仪器与声级计组合、配套使用，这要根据测试条件和测试要求而定。

四、噪声检测方法

1. 准备工作

(1) 声级计的准备。

1) 在未接通电源时，先检查声级计仪表指针是否在机械零点上。若不在零点，可用零点调整螺钉使指针与零点重合。

2) 检查电池容量，把声级计功能开关对准"电池"。此时，声级计仪表指针应达到额定红线或规定区域，否则读数不准。打开后盖便可更换电池。

3）打开电源开关，预热仪器 10 min。

4）对声级计进行校准。每次测量前或使用一段时间后，必须对声级计的电路和传声器进行校准。声级计上一般都配有电路校准的"参考"位置，可校验放大器的工作是否正常。如不正常，应调节微调电位器。电路校准后，再利用已知灵敏度的标准传声器对声级计上的传声器进行对比校准。常用的标准传声器有声级校准器和活塞式发声器，它们的内部都有一个可发出恒定额率、恒定声级的机械装置，因而很容易对比出被检传声器的灵敏度。声级校准器产生的声压级为 94 dB，频率为 1 000 Hz；活塞式发声器产生的声压级为 124 dB，频率为 250 Hz。

5）将声级计的功能开关对准"线性""快"挡。如果此时在室内，由于一般办公室内的环境噪声为 40 ~ 60 dB，故声级计上应有相应的示值。变换衰减器刻度盘，表头示值应相应变化 10 dB 左右。

6）检查计权网络。接以上步骤，将"线性"位置依次变为"C""B""A"计权网络。由于室内环境噪声多为低频成分，故经频率计权后的噪声级示值将低于线性值，而且应依次递减。

7）考查"快""慢"挡。将声级计衰减器刻度盘调至高 dB 值处（如 90 dB），操作人员断续发出声响，并注意观察"快"挡时的指针摆动能否跟上发声速度，"慢"挡时的指针摆动是否明显迟缓。这是"快""慢"两挡所要求的表头阻尼程度的基本特征。

8）经过上述检查和校准后，声级计便可投入使用。在不知道被测声级为多大时，必须把衰减器刻度盘预先放在最大衰减位置上（120 dB 处），然后在实测中逐步旋至被测声级所需要的衰减挡。

（2）测量环境

1）测量场地。

①测量场地应为开阔的，由混凝土、沥青等坚硬材料所构成的平坦地面。其边缘至车辆外廓至少 3 m，如图 9-3 所示。测量场地之外的较大障碍物（如停放的车辆、建筑物、广告牌、树木、平行的墙等），距离传声器不得小于 3 m。

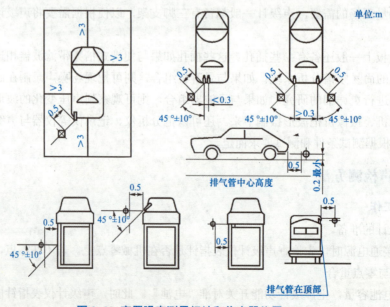

图 9-3 定置噪声测量场地和传声器位置（m）

②除测量人员和驾驶员外,测量现场不得有影响测量的其他人员。

2)背景噪声。

①测量过程中,传声器位置处的背景噪声(包括风的影响)应比被测噪声低 10 dB(A)。

②如果背景噪声比测量噪声低 6～10 dB(A),测量结果应减去表 9-1 中的修正值。若差值小于 6 dB(A),测量无效。这里所指的背景噪声是指车辆以外的噪声。

表 9-1　背景噪声修正值

测量噪声与背景噪声差值	6～8	9～10	>10
修正值	1.0	0.5	0

3)风速。

①风速超过 2 m/s 时,声级计应使用防风罩,同时注意阵风对测量的影响。

②测量的风速大于 5 m/s,测量无效。

4)测量仪器。

①噪声测量仪器。

a. 声级计或相当声级计的其他测量系统应符合《电声学 声级计 第 1 部分:规范》(GB/T 3785.1—2010)中对Ⅰ型或Ⅱ型仪器的要求。

b. 测量使用声级计的 A 计权、"快"挡。

c. 测量前后,仪器应按规定进行校准,两次校准值相差不应超过 1 dB,校准器准确度应优于或等于 ±0.5 dB。

②测量发动机转速的仪器。发动机转速表准确度应优于 3%。

2. 测试步骤

主要检验和控制汽车定置噪声、客车车内噪声、驾驶员耳旁噪声和喇叭声级。

(1)汽车定置噪声检验。汽车定置噪声是指被检车辆定置(不行驶)在测量场地上,发动机处于空载运转状态,用这种方法得到的测量数据可评价、检查机动车辆的主要噪声源——排气噪声的水平。

1)车辆位置和状态。

①车辆尽量置于测量场地的中央,变速器挂空挡,拉紧驻车制动器,离合器接合。

②发动机机罩、车窗与车门应关闭,车辆的空调器及其他辅助装置应关闭。

③测量时,发动机冷却液温度、机油油温应符合生产厂的规定。

2)测量次数。每类试验的每个测点重复进行试验,直到连续出现 3 个读数的变化范围在 2 dB 之内为止,并取其算术平均值作为测量结果。

3)测量程序。

①传声器位置。

a. 传声器与排气口端等高,在任何情况下,距离地面不得小于 0.2 m。

b. 传声器的参考轴应与地面平行,并通过排气口气流方向且垂直地面的平面,呈 45°±10° 夹角。传声器朝向排气口,距排气口端 0.5 m,放在车辆外侧。

c. 车辆装有两根或更多根排气管,且排气管之间的间隔不大于 0.3 m,并连接于一个消声器时，只需取一个测量位置。传声器应选择位于最靠近车辆外侧的排气管。如果两根或两根以上的排气管同时在垂直于地面的直线上，则选择离地面最高的排气管。

d. 装有多根排气管，并且各排气管的间隔又大于 0.3 m 的车辆，对每一根排气管都要测量，并记录下其最高声级。

e. 排气管垂直向上的车辆，传声器放置高度应与排气管口等高，传声器朝上，其参考轴应垂直地面。传声器应放在离排气管较近的车辆一侧，并距离排气口端 0.5 m。

f. 车辆由于设计原因（如备胎、油箱、蓄电池等）不能满足放置条件时，应绘制出测点图，并标注传声器选择的位置。传声器朝向排气口，放在尽可能满足上述条件，并距最近障碍物大于 0.2 m 的地方。

②发动机运转条件：发动机取 3/4 额定转速 ±50 r/min。

③测量时，当发动机稳定在上述转速后，测量由稳定转速尽快减速到怠速过程的噪声，记录最高声级值。

（2）汽车驾驶员耳旁噪声检测。

1）基本要求。

①环境噪声应低于被测噪声值至少 10 dB（A）。

②声级计应置于 "A" 计权、"快" 挡。

2）测试步骤。

①将声级计按图 9-4 所示的测点位置放置，声级计的传声器应朝向驾驶员耳朵方向。

②关闭车辆门窗。

③车辆应处于静止状态且变速器置于空挡，启动发动机并使其处于额定转速状态。

④从声级计上读取数据。

（3）汽车喇叭噪声级的检测。

1）将声级计安放于汽车前 2 m 处，距离地面的高度为 1.2 m，如图 9-5 所示。

2）声级计用 "A" 计权网络、"快" 挡进行测量，按下喇叭开关读取声级计表头最大读数。测量时应注意不被偶然的其他声源峰值所干扰。测量次数宜在 2 次以上，并注意监听喇叭声是否悦耳。

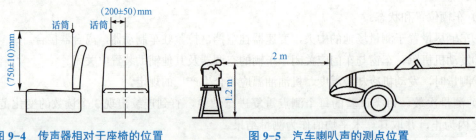

图 9-4　传感器相对于座椅的位置　　图 9-5　汽车喇叭声的测点位置

（4）车内噪声测量方法。

1）测量条件。

①测量跑道应有足够试验需要的长度，应是平直、干燥的沥青路面或混凝土路面。

②测量时风速（指相对于地面）应不大于 3 m/s。

③测量时车辆门窗应关闭。车内带有其他是噪声源的辅助设备，测量时是否开动，应按正常使用情况而定。

④车内本底噪声比所测车内噪声至少低 10 dB，并保证测量不被偶然的其他声源所干扰。

⑤车内除驾驶员和测量人员外，不应有其他人员。

2）测点位置。

①车内噪声测量通常在人耳附近布置测点，传声器朝车辆前进方向。

②驾驶室内噪声测点的位置如图 9-4 所示。

③载客车室内噪声测点可选在车厢中部及最后一排座的中间位置，传声器高度参考图 9-4。

3）测量方法。

①车辆以常用挡位、50 km/h 以上的不同车速匀速行驶，分别进行测量。

②用声级计"慢"挡测量"A""C"计权声级，分别读取表头指针最大读数的平均值，测量结果记入规定的表格。

3. 检测标准

（1）驾驶员耳旁噪声限值。《机动车运行安全技术条件》（GB 7258—2017）规定：汽车（纯电动汽车、燃料电池汽车和低速汽车除外）驾驶人耳旁噪声声级应小于等于 90 dB（A）。

（2）喇叭噪声级的限值。《机动车运行安全技术条件》（GB 7258—2017）规定：机动车（手扶拖拉机运输机组除外）应设置具有连续发声功能的喇叭，喇叭声级在距车前 2 m、离地高 1.2 m 处测量时，发动机最大净功率（或电机额定功率总和）：7 kW 以下的摩托车为 80～112 dB（A），其他机动车为 90～115 dB（A）。乘用车、专用校车喇叭在车钥匙取下及车门锁止时在车内应仍能正常使用。

五、汽车噪声的类型及影响因素

汽车是一个高速运动的复杂组合式噪声源，由行驶的汽车产生的这种综合的声辐射称为汽车噪声。汽车发动机和传动系工作时产生的振动、高速行驶中汽车轮胎在地面上的滚动、车身与空气的作用是产生汽车噪声的根本原因。

汽车噪声来源主要分为发动机噪声（含燃烧噪声、机械噪声、进气噪声、排气噪声和风扇噪声等）、传动系统噪声（含变速器噪声、传动轴噪声及驱动桥噪声等）、轮胎噪声、制动噪声、气动噪声、车身结构噪声等几种，由于车辆噪声的复杂性，噪声源之间可能会相互影响而并非仅是简单的并列关系，如图 9-6 所示。汽车的这些噪声源主要引起车外噪声和车内噪声，车外噪声是交通噪声的重要公害源，车内噪声关系到车辆乘坐的舒适性。

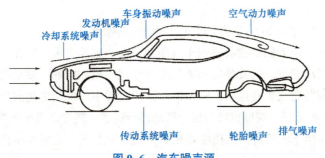

图 9-6　汽车噪声源

在汽车的使用中，为了有效地控制汽车噪声，首先必须了解汽车的各种噪声源、噪声性质与产生机理及影响噪声水平的因素，以便在汽车噪声指标检测不合格时，分析和判断汽车噪声指标不合格的原因、可能存在的故障及排除方法。

根据营运车辆的实际情况，《机动车安全技术检验项目和方法》(GB 38900—2020)中规定主要检验和控制汽车定置噪声、客车车内噪声、驾驶人耳旁噪声和喇叭噪声。影响上述噪声结果的主要是发动机噪声。

1. 噪声的类型

噪声和振动在本质上是相同的，一个振源可发生振动，一个共振系统使振动加大。振动会通过传递系统传给振动元件从而使其产生噪声。处理振动和噪声的最好方法就是消除振动源。减小振动力。然而有些振动力是很难减小的，除非是特种车辆。如当汽车行驶时，发动机内进行旋转扭矩的变换会产生振动。要彻底消除轮胎的不平衡性也是不可能的。取而代之的最有效的方法就是使不平衡减小到某一程度，以致不再产生振动和噪声。下面描述几种常见的噪声类型。

（1）隆隆声。隆隆声属于一种低频内部噪声，频率为 20～60 Hz，有时会感到耳朵有压迫感，噪声类似保龄球在球道上滚动产生的沉雷声或低音鼓声。此类型的噪声通常会被描述成嗡嗡声、轰鸣声、呻吟声、吼鸣声、隆隆声及哼哼声等。隆隆声可能会伴有振动和颠簸的感觉。

（2）呻吟或嗡嗡声。呻吟或嗡嗡声是一种持续低频噪声，频率为 60～120 Hz，比隆隆声高一点。这种噪声类似蜜蜂飞舞或在汽水瓶口吹气的声音。此类型的噪声通常会被描述成哼哼声、嗡嗡作响或共鸣等。呻吟或嗡嗡声可能伴有喘振的感觉，应注重检查动力系悬装部件及排气系统。

（3）呼啸声。呼啸声属于 120～300 Hz 的一种中频振动噪声，这种声音类似风呼啸声。

（4）鸣鸣声。鸣鸣声属于一种长高音节噪声，其频率在 300～500 Hz 的范围内。鸣鸣声通常与相互啮合的齿轮或齿轮噪声有关。

2. 汽车噪声的影响因素

（1）发动机噪声的影响。发动机噪声中，除发动机机体发出的机械噪声外，还包括进气系统噪声。高速气体经空气滤清器、进气管、气门进入汽缸，在流动过程中，会产生一种很强的气动噪声。发动机产生的噪声一般频率比较低且与转速相关。在生产研发过程中对发动机噪声的控制措施如下：

1）改善发动机燃烧过程以降低燃烧爆发的冲击；

2）改善隔振装置，降低由此冲击产生的激后力引起的发动机各部件振动；

3）加装隔声装置，发动机运转的噪声主要由挡火墙和驾驶室的前底板部位传入驾驶舱，通过在挡火墙及底板部位粘贴带异型吸音槽的吸声棉来抑制噪声传递。通过加装机盖隔声棉降低发动机辐射噪声。

4）改进进气消声装置，减小发动机进气过程中气动噪声。

在汽车使用过程中，人们经常会感到车身振动及噪声突然变大，坐在车内或手扶着车身能够感觉到发动机的振动频率，这就是发动机与车身出现了隔振问题。发动机与车身连接采用橡胶隔振器或液压隔振器完成柔性连接。隔振器在使用过程中可能会老化或失效，其他安装的附件（如加装的发动机底护板）变形也可能成为振动的传递者，使发动机噪声控制效果受到影响。

例如，对于很多自动挡车辆而言，当挡位处在 P 挡或 N 挡位时，感觉车辆的振动较小，挂入 D

挡位时会感觉车辆振动明显增大，其原因就是隔振器的隔振效果不佳导致。

汽车维护中值得注意的是对于橡胶式的隔振器，橡胶的刚度及安装位置的变化都会影响隔振的效果。

1）燃烧噪声。燃料的不正常燃烧会使燃烧噪声增大。发动机燃烧噪声是混合气燃烧时，使汽缸内压力急剧上升产生的动负荷和冲击波引起的高频振动，经气缸盖、气缸套、活塞、连杆、曲轴及主轴承传播而辐射出来的噪声。

虽然汽油机的正常燃烧噪声在发动机总的噪声中占很次要的地位。但是，对爆震和表面点火等不正常燃烧时所产生的噪声却应该给予重视。当爆震时，气缸内和气体压力急剧上升，能产生 3～6 kHz 的高频爆震噪声"敲缸"，这主要是由于汽油品质不良和点火提前角过大等因素造成的。对于压缩比较高的汽油机，由于积炭较多，在温度较高时，易引起表面点火，从而导致气缸内压力剧增，"粗暴燃烧"会产生 0.5～2 kHz 的噪声。因此，及时的清理积炭是降低发动机粗暴燃烧的好方法。

2）机械噪声。发动机是多声源的复杂动力机械。机械噪声按声源分类有曲柄连杆机构噪声、传动机构噪声（如正时齿轮声、链条传动声和带传动声）、柴油机供给系统噪声（喷油泵噪声、喷油器噪声及喷油管噪声）、配气机构噪声（气门开闭冲击声、配气机构冲击声和气门弹簧振动声）及其他机械噪声（发电机噪声、空气压缩机噪声、液压泵噪声和冷却系噪声）。

机械噪声是发动机运转过程中，运动部件受气体压力和运动惯性力的周期变化所引起的振动或相互冲击而产生的。其中，活塞对缸壁的敲击，通常是发动机的最大机械噪声源，活塞与缸壁的间隙及气缸的润滑条件是其重要的影响因素。配合副之间的间隙及润滑条件，同样是其他运动部件产生机械噪声的影响因素。在使用中，随发动机技术状况的变化，如因磨损使各配合间隙增大、润滑条件变差及连接件和紧固件松动等，都会使机械噪声增大。因此，使用中加强发动机各机构的维护，保持其技术状况良好，可以避免机械噪声的增大。

3）进、排气噪声。进、排气噪声是由于发动机在进、排气过程中的气体压力波动和气体流动引起的振动而产生的噪声，按照噪声形成的机理，其都属于空气动力噪声。其中排气噪声是仅次于发动机本体噪声并与风扇噪声同等级的噪声源，有时往往比发动机本体噪声高 10～15 dB（A）。进气噪声比排气噪声小，但是它所持有的低频成分可使车身发生共振，是产生车内噪声的原因之一。进、排气噪声主要包括从吸气、排气部位放射出的空气声，进、排气系统零件表面激发声及排气系统的漏气声。

排气噪声包括尾管口的噪声、排气管和排气系统部件的辐射噪声、排气脉冲噪声。尾管口的噪声与发动机转速有关，特别是在低转速的情况下，一般转速在 3 500 rpm 以下，发动机燃烧产生的噪声占主要成分，噪声频率比较低。在高转速情况下，如在 3 500 rpm 以上，空气流与排气管的摩擦噪声非常大，摩擦噪声占主要成分，这种噪声与发动机的转速没有关系。摩擦噪声的频率较高，频带也比较宽。通过增加管道的直径和增加排气容积可以减少尾管噪声。

排气系统中有很多管道元件和板壳结构，如消声器、共振器、催化器、管道等。通过改变排气管道和消声元件的结构减小辐射噪声。比如采用双层管或者双层板结构替代单层管或者单层板的结构。

排气系统中还有一个声源是脉冲噪声。当排气管结构有突然过渡时，气流会对管壁产生冲击而增大脉冲噪声。可以通过圆滑过渡排气管道结构减小其脉冲噪声。

汽车使用与维护的过程中主要降噪方法如下：

①维修或更换排气管道时管道过渡要圆滑，不能有突变的结构。

②在不增加排气阻力的条件下改善消声器的结构，以降低排气出口噪声。

③在排气口对排气噪声施加与其幅值大小相等、相位相反的二次声源或振动源，可自动地消除存在的振动噪声问题，实现主动降低噪声。如在部分车型的消声器上装有用来改变振动频率类似"平衡重"的装置，在维修的过程要注意正确安装。

④维修过程中应注意保持整个消声器是与发动机与车身柔性连接，及时更换老化的隔振元件。

4）风扇噪声。在风冷发动机中，风扇噪声是重要的噪声源。特别是近年来，一些车辆由于安装隔声装置和装设车内空调系统及排气净化装置等原因，使发动机罩内温度上升，风扇负荷加大，噪声变得更加严重。

风扇运转过程中，由散热器隔栅吸入的冷却气流，经散热器风扇叶片吸入，从发动机间隙排出，气流运动的这一过程产生了旋转噪声和涡流噪声。影响风扇噪声的因素，除风扇的结构材料和效率等因素外，在使用中正确维护是降低风扇噪声的有效途径。例如，在使用中一定要保持风扇、散热器、导风罩的相对位置，因为风扇与散热器之间具有适当的距离及风扇与风罩之间具有适当的间隙，对降低其噪声是有意的。试验表明，风扇与散热器的最佳距离为 100～200 mm（载货汽车）。这样，既能充分发挥风扇的扇热能力，又能使风扇噪声最小。随着风扇与散热器距离的增加，风扇的冷却能力、流量和噪声都要增加。风扇前后的导风罩及其他零部件是产生涡流噪声的重要来源之一，因此，它对风扇噪声的影响也很大。在风冷发动机上，为了减少液力损失，风扇入口处呈流线型，风扇及导风罩组成的气流通道形成光滑的表面，并设置导向装置，以改善冷却风流动状态，从而降低冷却系统的噪声。风扇和导向罩之间具有适当的间隙，间隙过小，会使噪声明显增大，这一间隙通常为叶轮外径的59%。因此，在使用中，应经常检查风扇和导向罩是否松动，风扇叶片是否变形，如有松动和变形，应予以紧固和校正，保持风扇、散热器和导风罩的相对位置关系。

（2）汽车底盘噪声的影响。底盘噪声主要包括由于轮胎滚动而形成的轮胎噪声、齿轮啮合和振动而产生的变速器、驱动桥噪声，旋转和振动传递而产生的传动轴噪声，汽车行驶引起的空气脉动产生的空气动力噪声等几个方面。从对汽车总噪声贡献大小来看，底盘噪声一般在汽车行驶速度较高时对汽车总噪声影响较大，而且以轮胎噪声为最。因此，要保证轮胎的平衡状态。底盘的其他噪声，相对于发动机噪声而言，能量较小。

1）传动系统噪声。在传动系统中，噪声源主要包括变速器、分动器、传动轴、差速器和减速器等。传动系统噪声是由发动机传来的振动引起离合器盖、变速器盖等辐射出的噪声及齿轮啮合激振引起壳体辐射发出的噪声。这些噪声既有内部齿轮和轴承运转引起的，也有其他机构传递来的。传动系统的噪声是在一辆车出厂前就决定了的，汽车使用与维护的过程中只能保证传动系统原有性能的稳定，很难通过后期的降噪措施得到根本性的改善。

2）轮胎噪声。轮胎噪声是由轮胎与路面摩擦所引起的，是构成底盘噪声的主要因素。随着汽车本身的噪声不断降低，汽车速度不断提高，轮胎噪声对汽车品质的影响越来越大。

①轮胎在路面上滚动产生的噪声。轮胎噪声来自泵气效应和轮胎的振动。所谓的泵气效应是指

轮胎高速滚动时引起轮胎变形，使得轮胎花纹与路面之间的空气受挤压。随着轮胎滚动，空气又在轮胎离开接触面时被释放，这样连续的"挤压释放"，空气就迸发出噪声。轮胎与路面摩擦噪声的频率和大小取决于轮胎的轮齿宽度、深度、形状及轮齿间的距离、路面状况和行车速度等。比如，轮胎的轮齿不平衡，噪声会增加；路面湿润会增加 1 000 Hz 以上的噪声；在 0℃～40℃，温度增加，其噪声降低；在 40～140 km/h 的速度，速度增加一倍，辐射噪声增加约 10 dB。

②胎体和花纹部分振动引起的轮胎振动噪声。轮胎振动与轮胎的刚度和阻尼有关，刚度增大，阻尼减少，轮胎的振动就会增大，噪声也相应增大。

汽车使用与维护的过程中降低轮胎噪声，可以采用高阻尼橡胶材料、多种花纹节距胎面的轮胎，调整好轮胎的气压和负载动平衡以减少自激振动，注意检查轮胎的磨损状况，避免胎面的不正常磨损等；也可以在轮罩内加装吸声材料阻隔胎噪向驾驶舱的传播。

3）制动噪声。汽车制动而产生的噪声主要有制动器的尖叫声、轮胎与地面的摩擦声及车身板件的震颤声等，制动噪声一般是指制动器工作时产生的鸣叫。

汽车使用与维护的过程中应合理使用制动器及时维护保持制动器良好状态。如车辆下坡时长时间制动会因高温造成刹车盘损坏，日后再工作的时候就会发生尖锐的鸣叫。对制动噪声处理的方式可以通过粘贴吸声棉或隔声垫来减缓车辆紧急制动时引起的车身板件震颤。值得注意的是部分车型制动系统中在制动器部位增加了避震装置，减小制动系统在制动过程中的共振。在汽车制动系统维护的过程中切不可将其当作装饰部件忽略掉。

（3）风噪声的影响。汽车在怠速和低速运行时，主要噪声来自发动机和其他动力系统（如进排气系统）。当车速达到 50 km/h 时，路面的噪声明显增加；当车速达到 80 km/h 时，路面噪声可能大于发动机噪声，甚至掩盖发动机噪声，成为汽车的主要噪声源。当汽车速度继续增加到达 100 km/h 时，风噪就开始出现。当车速达到 120 km/h 时，风噪成为汽车的主要噪声源。

行驶中的汽车与空气有相对运动。运动的空气作用在车身上，对车内产生的噪声定义为风噪，也称为气动噪声。运动的空气与车身各个部位（如反光镜、天线等附件）的摩擦产生了不同形式的噪声源，通过车门、密封条、车身板、门窗玻璃等传到乘员的耳朵里，如图 9-7 所示。风噪声随车速和风向而变化（车速越快，风噪声越大）。顺风高速行驶时，风噪声较小。风噪声的类型可以分为紊流噪声、漏气噪声、簧片噪声、空腔噪声和风颤振噪声等。

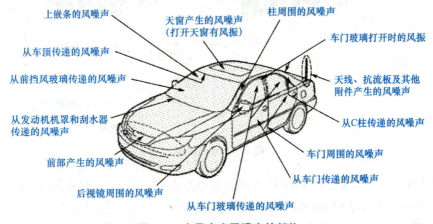

图 9-7　容易产生风噪声的部位

1）紊流噪声。空气作用在车身上，形成涡流并在车身表面产生了压力波动，这种涡流扰动产生的噪声称为紊流（脉动）噪声；通过车身整体设计保持流畅，使得气流与车身之间的脉动尽可能小。台阶使气流加速并产生紊流，引起空气振动。此时如果自然风变化，将产生紊流噪声，如图9-8所示。

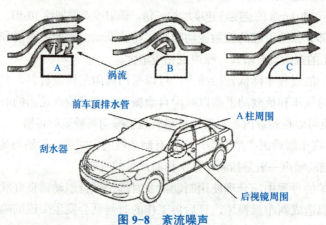

图9-8 紊流噪声

①空气与截面A的端部相撞产生涡流，对车身产生压力即形成风噪声。
②涡流在截面B对车身产生压力形成风噪声。
③平稳流动在截面C可产生轻微的风噪声。

2）漏气噪声。车外的风声会穿过车身的缝隙进入室内，如汽车运动时，相邻部件（如车门与车身）之间就可能出现缝隙，车外的噪声就会穿过缝隙进入室内。这种透过缝隙的风噪声称为漏气（气吸）噪声；车身气密性不好产生漏气噪声，外部噪声进入车内或车内空气吸到车外部，如图9-9所示。保证车身良好的静态密封和动态密封避免或减小吸气噪声。

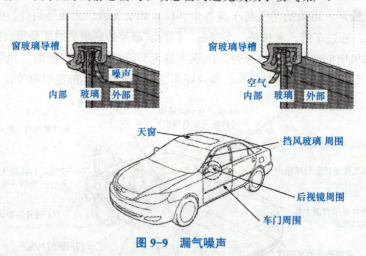

图9-9 漏气噪声

3）簧片噪声。空气通过窄缝并产生振动，又引发边缘振动而产生簧片噪声。在边缘的上、下部分之间有压力差引起边缘振动，如图9-10所示。

4）空腔噪声。车身外部部件之间都有间隙，如A柱和车门之间的间隙。如果这些间隙大，就形成了一些小的空腔。当风吹到这些小空腔时,气流在里面振荡,并产生噪声。这种噪声就称为空腔噪声。通过减小车身外板之间的缝隙和空腔,来减小或避免气流吹入缝隙和空腔后产生共鸣声。空气通过狭缝引起加速形成的空腔噪声,包括图 9-11 所示的流振噪声、凹腔噪声和风吹声三种类型,如天线柱就是产生风吹声的一个样例。

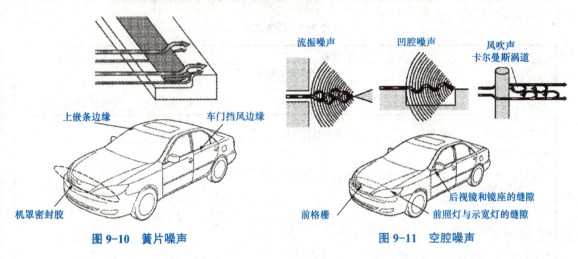

图 9-10　簧片噪声　　　　　　　图 9-11　空腔噪声

5)风颤振噪声。当打开天窗或玻璃窗时,车身就像一个共振腔而发出低频的轰鸣声,这类噪声称为风颤振噪声;通过设计合理的天窗导流罩,使气流流过导流罩后不进入车内,而是直接落到天窗后面的车身上,避免车外气流与车内空腔的相互作用,如图 9-12 所示。

车身表面突出物体把沿车身表面流动的气流分离而产生紊流,这种紊流通过车身板等部件传入车内部,这时乘员听到的就是风噪声,如图 9-13 所示。

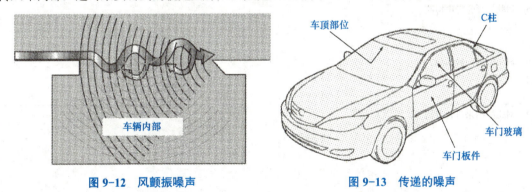

图 9-12　风颤振噪声　　　　　　　图 9-13　传递的噪声

由于风噪声源定位比较困难,所以,消除风噪声也很不容易。汽车使用与维护的过程中降低风噪的主要措施是保证或加强车身的密封性,防止密封件老化或破损;保证外围附件安装与车身的紧密贴合,减少加装凸起结构部件。如天线安装时,应尽量选择风噪小的形状圆滑"鲨鱼鳍"式或螺旋式天线,如果是选择的普通柱式天线,可以在天线上螺旋式地缠绕一层铁丝或胶条,目的是打破紊流,使其不能发出单频噪声。

 **任务实施**

了解汽车噪声检测设备的功能、结构原理、使用要求及操作注意事项,掌握汽车噪声检验的标准及检测方法,按照相应的任务工单(表 9-2)要求完成汽车噪声检测。

表 9-2　任务工单

班级		姓名		学号	
汽车噪声检测					
1. 填写车辆信息。 车辆 VIN 码:_____ 车型:_____　生产年份:_____　车辆行驶里程:_____　车辆总质量:_____					
2. 检测环境。 天气:_____　气温:_____　风速:_____　背景噪声:_____					
3. 检测车辆的噪声的评价指标。 					
4. 汽车定置噪声检测。 (1)尾气排放噪声_____ (2)发动机噪声_____					
5. 驾驶员耳旁噪声检测。 					
6. 汽车喇叭声级检测。 					
7. 对检测结果进行分析。 					
自我评价(个人技能掌握程度):□非常熟练　□比较熟练　□一般熟练　□不熟练					
教师评语(包括工作单填写情况、语言表达、态度及沟通技巧等方面,并按等级制给出成绩) 					

实训记录成绩_____　教师签字:_____　　年　　月　　日

习题与思考

1. 为什么要进行汽车噪声的检测？
2. 汽车噪声的评价指标有哪些？其含义是什么？
3. 简要说明声级计的结构和工作原理。

参 考 文 献

[1] 顾惠烽，等 . 汽车总线系统原理与故障检修［M］. 北京：化学工业出版社，2020.

[2] 刘显臣 . 汽车 NVH 性能开发［M］. 北京：机械工业出版社，2017.

[3] 周晓飞 . 汽车传感器维修百日通［M］. 北京：化学工业出版社，2019.

[4] 郭俊辉 . 总监这样分析汽车数据流［M］. 北京：机械工业出版社，2019.

[5] 王忠良，吴兴敏，隋明轩 . 汽车使用性能与检测［M］. 北京：北京理工大学出版社，2014.

[6] 栾庭森 . 汽车使用性能与检测技术［M］. 哈尔滨：哈尔滨工业大学出版社，2014.

[7] 谭本忠 . 汽车波形与数据流分析［M］.2 版 . 北京：机械工业出版社，2013.